Rahm/Rabenstein/Nerowski
Basiswissen Ganztagsschule

Reihe »BildungsWissen Lehramt«
Herausgegeben von Eiko Jürgens

Band 28

Sibylle Rahm/Kerstin Rabenstein/Christian Nerowski

Basiswissen Ganztagsschule

Konzepte, Erwartungen, Perspektiven

Prof. Dr. Sibylle Rahm bekleidet den Lehrstuhl für Schulpädagogik an der Universität Bamberg.

Prof. Dr. Kerstin Rabenstein ist im Arbeitsbereich Schulpädagogik/Empirische Unterrichtsforschung und Schulentwicklung an der Universität Göttingen tätig.

Dr. Christian Nerowski ist akademischer Rat am Lehrstuhl für Schulpädagogik an der Universität Bamberg.

Dieses Buch ist auch als E-Book erhältlich
(ISBN 978-3-407-29400-5).

www.beltz.de

Lektorat: Dr. Erik Zyber
Herstellung: Lore Amann
Satz: Beltz Bad Langensalza GmbH, Bad Langensalza
Druck und Bindung: Beltz Bad Langensalza GmbH, Bad Langensalza
Umschlagabbildung: iStock © Jammydesign
Reihengestaltung: glas ag, Seeheim-Jugenheim
Umschlaggestaltung: Sarah Veith
Printed in Germany

ISBN 978-3-407-25726-0

Inhalt

Einleitung

In diesem Buch wird das Modell Ganztagsschule als ein historisch entwickeltes Schulreformmodellprojekt vorgestellt, das gegenwärtig von vielen Seiten mit Erwartungen an einen veränderten Unterricht und eine bessere Schule belegt wird. Im ersten Kapitel wird der Begriff Ganztagsschule in seinen Bedeutungszusammenhängen entwickelt. Herangezogen werden dafür die Begriffe von Ganztagsschule, die zentrale Akteure in der Ganztagsschuldiskussion verwenden. Deutlich wird in diesem Zusammenhang, dass »die« Ganztagsschule ein Konstrukt ist, das zudem mit hohen Erwartungen verbunden ist.

Diesen Erwartungen widmet sich das zweite Kapitel. In dem nur schwer überschaubaren Diskurs zur Ganztagsschule werden Erwartungen bezüglich eines Ausbaus der formellen und der nicht formellen Bildung, einer Steigerung des Wohlbefindens der Kinder und Jugendlichen sowie einer besseren Vereinbarkeit von Familie und Beruf ausgemacht. Geklärt wird, welchen Erwartungen mit welchen Maßnahmen begegnet werden soll. Einige der formulierten Erwartungen an eine ganztägige Beschulung von Kindern und Jugendlichen sind indes nicht neu.

Ein Blick in die Schulgeschichte, der im dritten Kapitel unternommen wird, zeigt, dass die Ganztagsschule deutliche Bezüge zu reformpädagogischen Ansätzen aufweist. Diese Traditionslinien können auch als Hypothek betrachtet werden. Tendenzen von reformpädagogischen Schulentwürfen, an völkische Gemeinschaftsvorstellungen anzuschließen, werden ebenso diskutiert wie die in die letzten Jahrzehnte zurückreichenden Formen des Machtmissbrauchs in reformpädagogischen Einrichtungen, die erst gegenwärtig öffentlich besprechbar geworden sind.

Die empirische Forschung spielt eine bedeutende Rolle in der Ganztagsschulentwicklung. Im vierten Kapitel werden Befunde zu der Frage der erweiterten und verbesserten, weil individualisierten Förderung an Ganztagsschulen diskutiert. Im Mittelpunkt stehen Förderangebote und Angebote der Hausaufgabenbetreuung. Referiert werden qualitative ebenso wie quantitative Forschungsergebnisse. Die Frage des Umgangs mit Hausaufgaben an Ganztagsschulen spielt in dem Kapitel eine zentrale Rolle.

Im fünften Kapitel wird der Blick auf die Freizeit gerichtet, die Schüler und Schülerinnen in der Schule verbringen. Insbesondere die Frage, ob und wie sich Freundschaften durch Ganztagsschule verändern und wie Freizeit in der Schule von den Schülern und Schülerinnen erlebt und beschrieben wird, sind Gegenstand der Darstellung.

Im sechsten Kapitel geht es dann um die Veränderungen beim pädagogischen Personal und bei der Kooperation unter Professionellen, die notwendig sind, um eine veränderte Organisation von Schule und Unterricht, wie sie die Ganztagsschule mit sich bringt, zu ermöglichen. Welchen Nutzen diese Themen für die Qualifizierung angehender Pädagoginnen und Pädagogen haben, wollen wir im Folgenden exemplarisch in Bezug auf drei zentrale Diskurse zeigen.

1. *Die Auseinandersetzung mit Erwartungsdiskursen macht Interessenkonstellationen in der Ganztagsschulentwicklung sichtbar*

Schule ist eine gesellschaftliche Einrichtung, die der Tradierung von Kulturen und der Qualifikation der nachwachsenden Generation dient. Um ihre Gestaltung werden intensive Auseinandersetzungen geführt, in denen es um die Zwecke von Schule und Schulbildung geht und um die zur Erreichung dieser Zwecke eingesetzten Mittel. Schule wird von vielen Akteuren, die aus je unterschiedlichen Perspektiven – gemäß ihrer Positionierungen in unserer Gesellschaft – Erwartungen an Schule formulieren, mitgestaltet. Würde die Gestaltung von Schule in der Öffentlichkeit nicht diskutiert, so liefe sie Gefahr, einseitig im Sinne der Interessen einer herrschenden Partei gesteuert zu werden. Die kontroverse Diskussion von Ganztagsschule ist mithin Ausdruck einer föderalen Demokratie, in der Meinungsvielfalt gepflegt wird.

Erwartungsdiskurse sind darüber hinaus Ausdruck eines kollektiven Ringens um ein zeitgemäßes Bildungsverständnis. Zieldebatten bilden Denkbewegungen um den Sinn und das Ziel von Bildung ab. Was erwarten wir von der Ganztagsschule? Wie sähe eine Schule aus, die wir als bildungsgerecht bezeichnen würden? Wie stellen wir uns glückliche Kinder vor? Mit welchen Ressourcen sollten sie ausgestattet sein, um den Herausforderungen der Zukunft gewachsen zu sein? Erwartungsdiskurse sind also Ausdruck einer Verständigung über die normativen Orientierungen unserer Gesellschaft. Neben dem bildungsökonomischen Interesse an einer Steigerung von Schulleistungen im internationalen Vergleich geht es in der Ganztagsschulentwicklung auch um das gesellschaftliche Miteinander im Sinne einer Pädagogik der Vielfalt (Prengel 2006).

2. *Die Reflexion der Ganztagsschulgeschichte als auf Dauer gestellte Kritik an der modernen Schule gibt Aufschluss über Vorstellungen, wie Schule anders sein soll*

Der Exkurs in die Schulgeschichte zeigt, dass die Ganztagsschule historische Wurzeln hat. Der Aufweis der historischen Verankerung in der Reformpädagogik weitet den Horizont und verhindert eine allzu starke Reformeuphorie. In der Geschichte hat es bereits bedeutsame Reformer gegeben, die den Ganztag als unerlässliche Grundlage einer Reformschule betrachtet haben. Sie haben schon an der Wende vom 19. zum 20. Jahrhundert Konsequenzen aus dieser Erkenntnis gezogen und in ihren Internaten und Tagesschulen den Ganztag praktiziert. Die Ganztagsschule ist also ein in der (deutschen) Schulgeschichte begründetes und entwickeltes Konstrukt und als solches zur Kenntnis zu nehmen.

Zugleich sind die reformpädagogischen Ansätze Ideengeber für die Ganztagsschule. Nicht nur die Theorie, auch die gute Praxis des Ganztages sind es wert, berücksichtigt zu werden. Gerade unter bildungstheoretischer Perspektive ist die historische Forschung zu diesem schulgeschichtlichen Bereich unerlässlich.

Die Hypothek reformpädagogischer Praxis, in der sexualisierter Missbrauch von Kindern und Jugendlichen und sexualisierte Gewalt gegen sie zum Alltag gehörten, kann als Hinweis verstanden werden, die Begrenzungen institutionalisierter Erziehung und Bildung stets ebenso aufmerksam zu beobachten wie ihre Potenziale. Diskutiert werden müssen insbesondere Risiken einer Entgrenzung der Sozialbeziehungen zwischen Pädagogen und ihrer Klientel hin zu einer zu großen Nähe etwa zwischen Erziehern und Schülern. Es muss überlegt werden, wie Entgrenzungen des formalisierten Verhältnisses strukturell verhindert werden können. Es bedarf also nicht nur einer Professionalisierung der Lehrkräfte und des pädagogischen Personals, sondern auch einer öffentlichen Kontrolle, in der Missbrauch geahndet wird.

Die Erforschung der Ganztagsschulgeschichte ist also nicht nur eine gute Ausgangsbedingung dafür, vor dem Hintergrund historischen Wissens geeignete strukturelle Bedingungen für den Ganztag zu schaffen und das pädagogische Personal zu professionalisieren, sondern auch eine Einladung zum Diskurs. Das Wissen um Fehlentwicklungen in der Geschichte kann dazu beitragen, die Organisation der Ganztagsschule zu verbessern und dem pädagogischen Personal gezielt geeignete Fortbildungsveranstaltungen anzubieten.

3. *Am Beispiel von Ganztagsschulen lassen sich gegenwärtig bedeutsame Entwicklungen und Transformationen von Schule und Unterricht in Deutschland beobachten und erforschen*

Die Ganztagsschulforschung hat seit Beginn der neueren Ganztagsschulentwicklung eine prominente Rolle im Diskurs gespielt. Nicht nur wurden Forschungsgelder vergeben, vielmehr wurden auch Forschungskooperationen sowie Kooperationen zwischen Forschung und Entwicklungsvorhaben initiiert. Der Transfer von Forschungsergebnissen in den Diskurs zur Ganztagsschulentwicklung wurde mithilfe von Internetseiten, Tagungen und Netzwerken in einer bis dahin noch kaum bekannten Art und Weise vorbereitet und modelliert. Die Studie zur Entwicklung von Ganztagsschulen (StEG) erlaubt mit der längsschnittlichen bundesweiten Befragung von Schulleitungen, Schülerinnen und Schülern, Lehrkräften bzw. Pädagoginnen und Pädagogen sowie Eltern eine umfassende Beobachtung der Entwicklung über die Einzelschule und das einzelne Bundesland hinweg. Qualitative Studien mit dem Fokus auf einzelne Aspekte der Ganztagsschulentwicklung – Unterricht und erweiterte Lernangebote, multiprofessionelle Kooperation, Förderung, Bewegung oder Musik – erlauben darüber hinaus die Beobachtung der alltäglichen Entwicklung.

In Ganztagsschulen können Fragen der Schul- und Unterrichtsforschung wie zum Beispiel die Frage nach der Nützlichkeit der Hausaufgaben oder der Passung von Förderangeboten auf Bedarfe der Kinder und Jugendlichen empirisch untersucht werden. Unter den spezifischen Rahmenbedingungen des Ganztags lässt sich überprüfen, welche Effekte pädagogische Maßnahmen unter Vorgabe eines »Mehr an Zeit« haben. In der Ganztagsschule können – in Kooperation von Schul- und Sozialpädagogik – die Bedingungen des Aufwachsens von Kindern und der Einfluss von Schule untersucht werden. Auch die Erforschung der Kooperation von verschiedenen pädagogischen Berufsgruppen im Ganztag erfordert einen disziplinübergreifenden forschenden Zugang. Ganztagsschulen können somit als geeignete Forschungslabore für aktuelle Fragen der Schul-, der Unterrichts- und der Professionsforschung gelten. In ihrem Bemühen um die Aufdeckung von empirischen Gegebenheiten in Schule, Unterricht und Profession tragen sie bei zur Suche nach Antworten auf gesellschaftliche Herausforderungen. Ganztagsschulen sind Entwicklungs- und Forschungsfelder zugleich.

In jede Reform ist die Differenz von Anspruch und Wirklichkeit eingeschrieben. Im Vorfeld formulierte Ansprüche und Erwartungen an Reformen dienen auch ihrer Legitimierung und praktischen Durchsetzung. Was jenseits der Frage nach den erhofften und erreichten Effekten von Ganztagsschule bleibt, ist die Frage, wie sich Schule und Unterricht mit dem Einzug der Ganztagsschule verändern. In diesem Prozess kann gleichsam beobachtet werden, wie die Differenz von Anspruch an eine Reform und ihre Wirklichkeit permanent bearbeitet wird – von Bildungspolitikern, Schulleitungen und Wissenschaftlern. Insofern ändert sich auch mit der Realisierung von Ganztagsschulen sukzessive das, was wir von ihr erwarten können. Die Diskussion um Ganztagsschulen kompetent zu führen, ist das Anliegen dieses Buchs. Für die Unterstützung bei der Fertigstellung des Manuskripts danken wir herzlich Sylvia Anderson, Barbara Eggers und Hannelore Heuer.

Christian Nerowski

1 Der Begriff Ganztagsschule und seine Differenzierungen

Seit Anfang der 2000er Jahre wurde das Ganztagsangebot in Deutschland enorm ausgebaut. Damit einher ging eine Intensivierung des Diskurses um Ganztagsschulen: Die Zahlen der Publikationen, Tagungen und auch der universitären Lehrveranstaltungen zu dem Thema sind stark gestiegen. Um eine Orientierung in diesem Diskurs zu ermöglichen, sollen in diesem Kapitel zwei grundlegende Aspekte geklärt werden: In Kapitel 1.1 wird die Frage beantwortet, was man überhaupt unter einer Ganztagsschule versteht. Kapitel 1.2 widmet sich der Frage, welche Arten von Ganztagsschulen unterschieden werden können.

1.1 Der Begriff Ganztagsschule

1.1.1 Warum ist eine Auseinandersetzung mit Begriffen notwendig?

Der Begriff Ganztagsschule ist geläufiger Bestandteil des öffentlichen Diskurses. Er wird verwendet von Politikern, Journalisten, Eltern, Schülern und vielen weiteren Personengruppen. Für alltägliche Unterhaltungen (»Meine Schwester geht jetzt auf eine Ganztagsschule«) ist eine ungefähre Vorstellung von der Bedeutung des Begriffs ausreichend. So dürfte gemeinhin anerkannt sein, dass an einer Ganztagsschule die Schulzeit auf den Nachmittag ausgedehnt ist.

Grenzen des alltagssprachlichen Begriffs

Die alltagssprachliche Bestimmung von Ganztagsschule gerät bei einer tiefer gehenden Beschäftigung mit der Thematik jedoch an ihre Grenzen. Beispielsweise fällt die Einordnung des Nachmittagsunterrichts schwer: Ist nicht jedes Gymnasium allein aufgrund des Nachmittagsunterrichts eine Ganztagsschule? Hat dann nicht jedes Gymnasium Anspruch auf die den Ganztagsschulen zustehenden finanziellen Mittel? Diese Fragen können auf der Basis eines alltagssprachlichen Ganztagsschulbegriffs nicht eindeutig beantwortet werden. Die zugrunde liegende Bestimmung von »Schule auch am Nachmittag« ist nicht präzise genug, um die Frage angemessen zu beantworten.

Notwendigkeit einer Begriffspräzisierung

Genauso machen empirische Forschungen und Statistiken zu Ganztagsschulen nur dann Sinn, wenn hinreichend deutlich ist, was genau mit dem Begriff Ganztagsschule gemeint ist. Nur wenn explizit geregelt ist, welche Merkmale eine Ganztagsschule aufweist, können auch die für Ganztagsschulen bestimmten finanziellen Mittel von der Schulverwaltung transparent verteilt werden. Möchte man Erwartungen an Ganztagsschulen diskutieren, so ist eine präzise begriffliche Unterscheidung von Ganztags- und Halbtagsschule unumgänglich.

Ein Begriff kann generell als die Verknüpfung eines Sachverhalts oder Phänomens mit einem sprachlichen Zeichen (einem Wort) verstanden werden (Opp 2005, S. 106 f.). Während diese Verknüpfung im Alltagssprachgebrauch oftmals nur diffus besteht, zeichnen sich wissenschaftliche Begriffe durch eine hohe Präzision und Exaktheit aus (vgl. Brezinka 1990, S. 25–35). In Begriffsdefinitionen wird vereinbart bzw. festgelegt, welche Bedeutungsfacetten einem Wort zugeschrieben sind. Es wird also konkretisiert, welche Merkmale eine Ganztagsschule aufweisen muss.

Im Folgenden werden zwei in der Ganztagsschuldebatte prominent vertretene Definitionen von Ganztagsschule diskutiert: der Ganztagsschulbegriff der Kultusministerkonferenz (Kapitel 1.1.2) sowie der Ganztagsschulbegriff des Ganztagsschulverbandes (Kapitel 1.1.3).

1.1.2 *Der Ganztagsschulbegriff der Kultusministerkonferenz*

Ein sowohl in der Erziehungswissenschaft als auch in der Bildungspolitik weitverbreiteter Ganztagsschulbegriff stammt von der Kultusministerkonferenz (KMK), einem Gremium zur Koordinierung der bildungspolitischen Vorhaben der einzelnen Bundesländer.[1] Der von ihr formulierte Ganztagsschulbegriff ist Grundlage aller länderspezifischen Bestimmungen von Ganztagsschule. Festgelegt wird das Folgende:

»Unter Ganztagsschulen werden Schulen verstanden, bei denen im Primar- oder Sekundarbereich I:

- an mindestens drei Tagen in der Woche ein ganztägiges Angebot für die Schülerinnen und Schüler bereitgestellt wird, das täglich mindestens sieben Zeitstunden umfasst,

---

1 Mit dem deutschen Bildungsföderalismus wird die Verantwortlichkeit für das Schulsystem den einzelnen Bundesländern zugeschrieben. Um das Vorgehen der jeweiligen Kultusministerien aufeinander abzustimmen, wurde schon im Jahr 1948 die Kultusministerkonferenz gegründet. Ihr gehören alle für den Bildungsbereich der Bundesländer zuständigen Minister an (vgl. Füssel/Leschinsky 2008, S. 157–163).

- an allen Tagen des Ganztagsbetriebs den teilnehmenden Schülerinnen und Schülern ein Mittagessen bereitgestellt wird.
- die Ganztagsangebote unter Aufsicht und Verantwortung der Schulleitung organisiert, in enger Kooperation mit der Schulleitung durchgeführt werden und in einem konzeptionellen Zusammenhang mit dem Unterricht stehen.« (KMK 2014, S. 9)

In dieser Begriffsdefinition werden fünf Kriterien bestimmt:

1. Der Begriff der Ganztagsschulen bezieht sich nur auf den Primarbereich und den Sekundarbereich I. Damit beinhaltet der Begriff nur Grundschulen sowie weiterführende Schulen bis zur 10. Klasse. Die gymnasiale Oberstufe, berufliche Schulen und der Vorschulbereich sind in diesem Begriff der Ganztagsschule nicht enthalten.
2. Ganztagsschulen halten an drei oder mehr Tagen pro Woche ein Angebot von mindestens sieben Zeitstunden, also etwa von 8 bis 15 Uhr, für die Schülerinnen und Schüler bereit. Der vormittägliche Unterricht ist darin eingerechnet. Unabhängig davon ist die Frage, wie viele Schülerinnen und Schüler an diesem Angebot in welchem Umfang tatsächlich teilnehmen.
3. An Ganztagsschulen wird für die Schülerinnen und Schüler ein Mittagessen zur Verfügung gestellt. Dies muss jedoch nicht an jedem Tag der Fall sein, sondern nur an den Tagen mit Nachmittagsangebot.
4. Die Schulleitung trägt die Verantwortung für die Angebote der Ganztagsschule. Damit wird zum einen die Gestaltungsautonomie der Einzelschule gegenüber der Schulverwaltung (Schulämter, Ministerialbeauftragte, Ministerium) betont, obwohl die Schulverwaltung durchaus Rahmenbedingungen setzt. Zum anderen wird die führende Rolle der Schulleitung im Vergleich zu anderen relevanten Institutionen in der Ganztagsschulentwicklung (z. B. Eltern, Stadtverwaltung oder Wirtschaftsunternehmen) herausgestellt.
5. Die nachmittäglichen Angebote stehen in einem konzeptionellen Zusammenhang mit dem Unterricht. Hiermit wird der Unterricht als maßgebliches Element der Ganztagsschule benannt. Eine Schule, die am Nachmittag nur Spiele zum Zeitvertreib anbietet, ist keine Ganztagsschule.

Formale Präzision des KMK-Begriffs

Positiv hervorzuheben ist die Genauigkeit des Ganztagsschulbegriffs der Kultusministerkonferenz. Das alltagssprachliche Verständnis von Ganztagsschule wird präzisiert: Allein der Nachmittagsunterricht macht eine Schule noch nicht zur Ganztagsschule. Darüber hinaus müssen Schulstufe, Zeitumfang der Angebote und das Mittagessensangebot beachtet werden. Zudem ist ein Konzept für die Verknüpfung von Vormittagsunterricht und Nachmittagsangebot erforderlich. Mithilfe dieser Kriterien ist eine eindeutige Unterscheidung von Ganztagsschule und Halbtagsschule möglich.

Kaum Aussagen zur inhaltlichen Gestaltung

Kritisch muss angemerkt werden, dass über die inhaltliche Ausgestaltung der Ganztagsangebote kaum Aussagen getroffen werden. Der geforderte konzeptionelle Zusammenhang zwischen Unterricht und Nachmittagsangeboten erweist sich dabei als recht vages Kriterium: Bei den meisten Freizeitaktivitäten kann problemlos ein Bezug zum Sport- oder Kunstunterricht hergestellt werden. Mit der Definition der Kultusministerkonferenz liegen also nur »Minimalanforderungen« (Kielblock/Stecher 2014, S. 17) oder ein »Minimum an Standardsetzung« (Rekus 2005, S. 282) vor, die insbesondere formal-organisatorische Aspekte betreffen. Die Fragen nach der Art der Nachmittagsangebote oder der Gestaltung des Unterrichts werden hingegen nicht angesprochen. Anders ist dies im Ganztagsschulbegriff des Ganztagsschulverbandes, der im Kapitel 1.1.3 diskutiert wird.

Exkurs: Ausbau der Ganztagsschulen

Relevanz erhält der Ganztagsschulbegriff der Kultusministerkonferenz im Zusammenhang mit statistischen Erhebungen. Mithilfe dieser Definition kann präzise bestimmt werden, ob eine Schule eine Ganztagsschule ist oder nicht. Es können dann Statistiken erstellt werden, die über Anzahl und Anteil der Ganztagsschulen im Bundesgebiet und in den einzelnen Ländern informieren.

Ganztagsschule oder Ganztagsschüler?

Für eine möglichst realitätsnahe Erfassung des Ganztagsschulausbaus ist allerdings nicht nur die Frage nach dem Ausbau, sondern auch (bzw. vor allem) die Frage nach den Schülerinnen und Schülern relevant, die am Ganztagsangebot auch tatsächlich teilnehmen. Während der Anteil der Ganztagsschulen Rückschlüsse darauf zulässt, wie vielen Schülerinnen und Schülern ein Ganztagsangebot zur Verfügung steht, bildet der Anteil der Ganztagsschüler ab, wie viele von ihnen das Ganztagsangebot auch tatsächlich annehmen. Es ist denkbar, dass eine Schule den Titel Ganztagsschule trägt, aber nur ein geringer Anteil der Schülerinnen und Schüler an den Angeboten tatsächlich teilnimmt. Der alleinige Fokus auf den Anteil an Ganztagsschulen würde dann die Realität stark verzerren.

Anteil der Ganztagsschulen vs. Anteil der Ganztagsschüler

In Abbildung 1 ist sowohl der Anteil der Ganztagsschulen an allen Schulen als auch der Anteil der Ganztagsschüler an allen Schülerinnen und Schülern dargestellt.

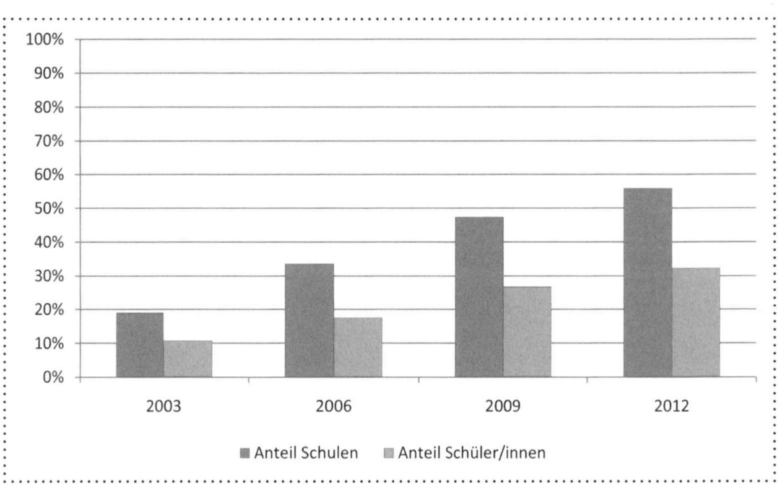

Abb. 1: Entwicklung des Anteils der Ganztagsschulen an allen Schulen sowie des Anteils der Ganztagsschüler an allen Schülerinnen und Schülern in Deutschland. Eigene Darstellung nach den Daten aus KMK 2014, S. 1, S. 30*; KMK 2008, S. 1*, S. 30* (die Seitenzahlen mit Stern beziehen sich auf den Anhang des genannten Dokuments).*

Zu sehen ist ein Anstieg sowohl des Anteils der Ganztagsschulen als auch des Anteils der Ganztagsschüler im deutschen Bundesgebiet. Während im Jahr 2003 nur knapp ein Fünftel aller Schulen Ganztagsangebote bereitstellte, sind es im Jahr 2012 über die Hälfte aller Schulen. Der Anteil der Ganztagsschüler an allen Schülerinnen und Schülern verdreifachte sich von gut einem Zehntel in 2003 auf ein knappes Drittel im Jahr 2012. Dennoch bewegt sich der Anteil der Schülerinnen und Schüler im Vergleich zu den Schulen auf einem deutlich niedrigeren Niveau: Im Jahr 2012 sind die Hälfte aller Schulen Ganztagsschulen, aber nur ein Drittel aller Schülerinnen und Schüler.

Unterschiede zwischen den Bundesländern

Wie man in Abbildung 2 sieht, sind bezüglich des Ausbaustands teilweise beträchtliche Unterschiede zwischen den einzelnen Bundesländern festzustellen.

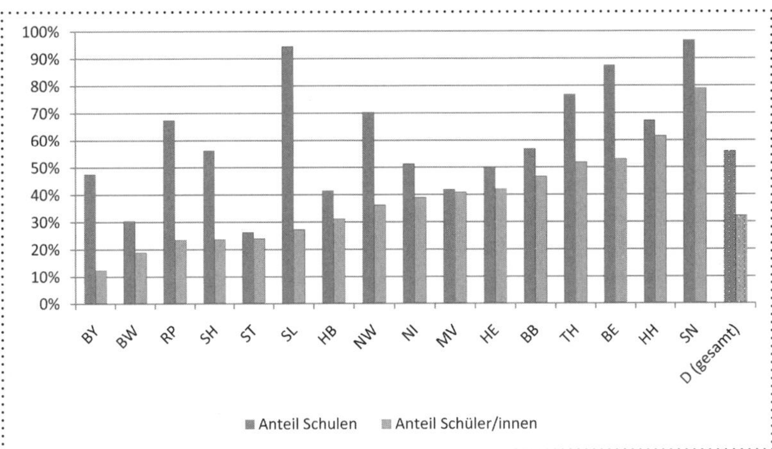

Abb. 2: Anteil der Ganztagsschulen an allen Schulen sowie der Ganztagsschüler an allen Schülerinnen und Schülern in den einzelnen Bundesländern im Jahr 2012. Darstellung aufsteigend nach Anteil der Schülerinnen und Schüler. Eigene Darstellung auf Basis der Daten in KMK 2014, S. 1, 2*, 30*, 40* (die Seitenzahlen mit Stern beziehen sich auf den Anhang des genannten Dokuments). Berücksichtigt sind sowohl private als auch öffentliche Schulen. Für Hessen, Niedersachsen und Sachsen-Anhalt wurden aufgrund der Datenlage nur öffentliche Schulen berücksichtigt.*

Der Anteil der Ganztagsschulen an allen Schulen reicht von nahezu jeder Schule im Saarland und in Sachsen bis hin zu nur etwa einem Viertel der Schulen in Sachsen-Anhalt. Das Beispiel Saarland verdeutlicht auch, dass ein hoher Anteil an Ganztagsschulen nicht mit einem hohen Anteil an Ganztagsschülern gleichbedeutend ist: Hier werden die Angebote, die an fast jeder Schule vorliegen, nur von etwa einem Viertel aller Schülerinnen und Schüler wahrgenommen. Anders in Sachsen-Anhalt, Mecklenburg-Vorpommern oder auch Hamburg, wo der Anteil der Schülerinnen und Schüler fast dem Anteil der Schulen entspricht, allerdings jeweils auf unterschiedlichem Niveau. Der Anteil der Ganztagsschüler insgesamt reicht von etwa 12 Prozent in Bayern bis zu fast 80 Prozent in Sachsen.

1.1.3 Der Ganztagsschulbegriff des Ganztagsschulverbandes

Eine weitere begriffliche Bestimmung von »Ganztagsschule« stammt vom Ganztagsschulverband GGT e.V., einer Initiative zur Förderung des Ausbaus qualitativ hochwertiger Ganztagsschulen. Zusätzlich zu den formal-organisatorischen Aspekten werden hier Merkmale einer qualitativ hochwertigen inhaltlichen Gestaltung berücksichtigt:

»Eine Ganztagsschule gewährleistet, dass

1. allen Schülerinnen und Schülern ein durchgehend strukturiertes Angebot in der Schule an mindestens vier Wochentagen und mindestens sieben Zeitstunden angeboten wird,
2. Aktivitäten der Schülerinnen und Schüler am Vormittag und am Nachmittag in einem konzeptionellen Zusammenhang stehen,
3. erweiterte Lernangebote, individuelle Fördermaßnahmen und Hausaufgaben/Schulaufgaben in die Konzeption eingebunden sind,
4. die gemeinsame und individuelle Freizeitgestaltung der Schülerinnen und Schüler als pädagogische Aufgabe im Konzept enthalten ist,
5. ihre Angebote altersgerechte Interessen und Bedürfnisse von Kindern und Jugendlichen fördernd aufgreifen,
6. alternative Unterrichtsformen wie z. B. Projektarbeit ermöglicht werden,
7. das soziale Lernen begünstigt wird,
8. die Schule den Schülerinnen und Schülern an allen Schultagen ein warmes Mittagessen anbietet,
9. eine ausreichende Ausstattung mit zusätzlichem pädagogischen Personal, mit einem erweiterten Raumangebot und mit zusätzlichen Lehr- und Lernmitteln vorhanden ist,
10. die Organisation aller Angebote unter der Aufsicht und Verantwortung der Schule steht.« (Ganztagsschulverband o. J., im Original nicht nummeriert)

Ähnlichkeiten zum Ganztagsschulbegriff der KMK

Die jeweiligen Ganztagsschulbegriffe des Ganztagsschulverbandes und der Kultusministerkonferenz weisen einige Gemeinsamkeiten, aber auch einige Unterschiede auf. Zunächst fällt auf, dass der Ganztagsschulverband einige Merkmale des Begriffs der Kultusministerkonferenz in ähnlicher Form übernimmt. So ist beispielsweise der von der Kultusministerkonferenz benannte Zusammenhang von Unterricht und Nachmittagsangeboten als Zusammenhang von Vormittagsaktivitäten und Nachmittagsaktivitäten zu finden (2). Andere Merkmale werden etwas abgeändert: So steht etwa das siebenstündige Angebot an vier Tagen und nicht nur an drei Tagen zur Verfügung (1). Auch soll das Mittagessen an allen Tagen, und nicht nur an allen Tagen des Ganztagsbetriebs zur Verfügung stehen (8). Anstelle der Schulleitung wird die Schule als höchste Autorität über die Angebote benannt (10), was die Rolle des Kollegiums gegenüber der Schulleitung etwas stärkt. Es kann also zunächst festgehalten werden, dass der Ganztagsschulverband die Anforderungen an Ganztagsschulen in manchen Details etwas erhöht, den Begriff der Kultusministerkonferenz aber weitgehend akzeptiert.

Unterschiede zum Ganztagsschulbegriff der KMK

Die zentrale Erweiterung ist jedoch die explizite und ausführliche Thematisierung der inhaltlichen Gestaltung von Ganztagsschulen in den Punkten 3 bis 7 und 9:[2]

- In der zusätzlich zur Verfügung stehenden Zeit sollen Möglichkeiten zum Erwerb von Fähigkeiten und Fertigkeiten geschaffen werden, die über den Lehrplan hinausgehen (»erweiterte Lernangebote«, Punkt 3).
- Die pädagogisch-didaktischen Aktivitäten sollen sich zumindest zeitweise an den einzelnen Schülerinnen und Schülern orientieren (»individuelle Fördermaßnahmen«, Punkt 3).
- Es wird eine Abkehr von den klassischen »Hausaufgaben« gefordert. Diese sollen in der Schulzeit als »Schulaufgaben« erledigt werden (3).
- Ganztagsschulen sollen den Schülerinnen und Schülern Angebote zur Freizeitgestaltung zur Verfügung stellen (4).
- Die Angebote der Ganztagsschule sollen sich an den Interessen und Vorlieben der Schülerinnen und Schüler orientieren (5).
- Es werden Unterrichtsformen gefordert, die sich vom Frontalunterricht unterscheiden. Neben der Projektarbeit können Frei-, Stationen- oder Wochenplanarbeit genannt werden (6).
- Unter dem »sozialen Lernen« (7) versteht man sowohl das Kooperieren beim Erlernen von Inhalten als auch den Erwerb sozialer Kompetenzen.
- Zuletzt wird gefordert, dass Ganztagsschulen angemessen mit Personal, Räumlichkeiten und Lehr-Lernmaterialien versorgt sind (9).

Der Ganztagsschulverband knüpft damit den Begriff der Ganztagsschule an inhaltliche Voraussetzungen. In der Konsequenz genügen nicht alle Schulen, die nach der Definition der Kultusministerkonferenz Ganztagsschule genannt werden, auch den Ansprüchen des Ganztagsschulverbandes. Diese Schulen können sich also nach der KMK-Maßgabe Ganztagsschule nennen, nach der Maßgabe des Ganztagsschulverbandes jedoch nicht. Anders herum gilt: Jede Schule, die die Kriterien des Ganztagsschulverbandes erfüllt, genügt auch den Kriterien der Kultusministerkonferenz. Mitunter spricht der Ganztagsschulverband von »echten Ganztagsschulen«, um die gehobenen pädagogischen Ansprüche zu verdeutlichen (z. B. Ganztagsschulverband 2013, S. 2).

2 Die inhaltliche Gestaltung von Ganztagsschulen wird in dem Kapitel »Förderangebote und Hausaufgaben an der Ganztagsschule« ausführlich diskutiert. Über die historische Verortung der Forderungen in der Reformpädagogik informiert das Kapitel »Zur (reformpädagogischen) Geschichte der Ganztagsschule«.

»Echte« Ganztagsschulen

Der Begriff der »echten« Ganztagsschule kann als Leitbild für die Schulpraxis und als Vorschlag, wie eine gute Ganztagsschule aussehen soll, verstanden werden. Der Ganztagsschulverband skizziert also ein Idealbild, das einer Schule bei der Entwicklung eines hochwertigen Ganztagsangebots als Orientierung dienen kann. Die vom Ganztagsschulverband ergänzten Aspekte werden dann nicht als deskriptive Merkmale von Ganztagsschulen betrachtet, sondern als normative Forderungen an Ganztagsschulen. Während in der Definition der Kultusministerkonferenz bestimmt wird, welche formalen und organisatorischen Kriterien eine Ganztagsschule erfüllen muss, werden in der Definition des Ganztagsschulverbandes Kriterien einer guten oder hochwertigen Ganztagsschule genannt.

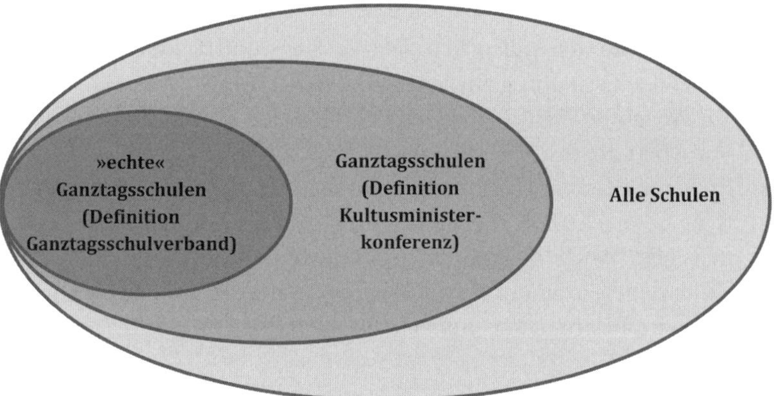

Abb. 3: Das begriffliche Verhältnis von der Ganztagsschule zur »echten« Ganztagsschule

Im Vergleich zur Kultusministerkonferenz wird vom Ganztagsschulverband bei der Bestimmung des Begriffs Ganztagsschule explizit auf Merkmale der inhaltlichen Gestaltung Bezug genommen. Allerdings sind einige Merkmale der »echten« Ganztagsschule relativ unpräzise formuliert und erschweren so die Unterscheidung einer »echten« Ganztagsschule von einer normalen Ganztagsschule.

- In Anbetracht der Tatsache, dass heutige Lehrpläne sowohl den Lehrkräften als auch den Schülerinnen und Schülern durchaus Freiheiten bei der Bestimmung der Lehr- und Lerninhalte einräumen (vgl. Nerowski 2015, S. 25), scheint die Identifizierung der »erweiterten Lernangebote« (3) schwierig.
- Die Antwort auf die Frage, was eine »ausreichende Ausstattung« (9) mit Personal, Räumlichkeiten und Materialien ist, dürfte individuell unterschiedlich ausfallen.

- Unklar ist auch die Frage, was »altersgerechte Interessen« (5) der Schülerinnen und Schüler sind und woran ein förderndes Aufgreifen zu erkennen wäre.
- Gefordert wird lediglich die »Ermöglichung« alternativer Unterrichtsformen. Das ist ein sehr schwaches Kriterium. Die *Möglichkeit* zu alternativen Unterrichtsformen besteht prinzipiell an jeder Halbtagsschule.

Die Konsequenz der begrifflichen Unschärfe ist, dass »echte« Ganztagsschulen von normalen Ganztagsschulen nur schwer zu unterscheiden sind. Es ist also nicht möglich, in einer Statistik den Ausbau »echter« Ganztagsschulen dem Ausbau normaler Ganztagsschulen gegenüberzustellen. Genauso verhindert die mangelnde Trennschärfe etwa Forschungen zu der Frage, ob eine »echte« Ganztagsschule im Vergleich zu einer normalen Ganztagsschule bessere Leistungen der Schülerinnen und Schüler hervorbringt. Auch könnten »echte« Ganztagsschulen nicht mit zusätzlichen finanziellen Mitteln (wenn es sie gäbe) bedacht werden, da sie nicht klar identifiziert werden können.

1.2 Differenzierungen des Begriffs Ganztagsschule

Im vorangegangenen Abschnitt wurde thematisiert, was unter dem Begriff Ganztagsschule zu verstehen ist. Im folgenden Abschnitt erfolgt eine Differenzierung: Es gibt nicht nur eine allgemeingültige Form von Ganztagsschulen, sondern mehrere Formen. Die Ganztagsschulen können im Hinblick auf verschiedene Kriterien voneinander unterschieden werden:

- Im Hinblick auf die Verbindlichkeit der Teilnahme der Schülerinnen und Schüler können die gebundene, die teilgebundene und die offene Ganztagsschule unterschieden werden (1.2.1).
- Im Hinblick auf die Zeitstruktur an den Schulen können die rhythmisierte Ganztagsschule und das additive Modell unterschieden werden (1.2.2).
- Im Hinblick auf Prozessmerkmale wie Angebot, Kooperation und Zielvorstellung der Beteiligten können die herkömmliche Schule, die Angebotsschule, die kooperative Schule und die rhythmisierte Schule unterschieden werden (1.2.3).
- Im Hinblick auf unterschiedliche mit der Ganztagsschule verfolgte Leitideen können die offene Schule, die Tagesheimschule und die Unterrichtsschule unterschieden werden (1.2.4).

1.2.1 *Differenzierung nach Teilnahme: Gebundene, teilgebundene und offene Ganztagsschule*

Die Differenzierung der KMK

Die gängigste Differenzierung stammt wiederum von der Kultusministerkonferenz. Auf der Basis des bereits angesprochenen Ganztagsschulbegriffs werden die voll gebundene Form, die teilweise gebundene Form und die offene Form unterschieden:

> »In der voll gebundenen Form sind alle Schülerinnen und Schüler verpflichtet, an mindestens drei Wochentagen für jeweils mindestens sieben Zeitstunden an den ganztägigen Angeboten der Schule teilzunehmen.
> In der teilweise gebundenen Form verpflichtet sich ein Teil der Schülerinnen und Schüler (z. B. einzelne Klassen oder Klassenstufen), an mindestens drei Wochentagen für jeweils mindestens sieben Zeitstunden an den ganztägigen Angeboten der Schule teilzunehmen.
> In der offenen Form können einzelne Schülerinnen und Schüler auf Wunsch an den ganztägigen Angeboten dieser Schulform teilnehmen. Für die Schülerinnen und Schüler ist ein Aufenthalt, verbunden mit einem Bildungs- und Betreuungsangebot in der Schule an mindestens drei Wochentagen von täglich mindestens sieben Zeitstunden, möglich.« (KMK 2014, S. 9 f.)

Verbindlichkeit der Teilnahme

Die Unterscheidung der drei Ganztagsschulformen erfolgt entlang der Verbindlichkeit der Teilnahme. Es wird unterschieden zwischen (1) gebundenen Ganztagsschulen, an denen alle Schülerinnen und Schüler immer an den Nachmittagsaktivitäten teilnehmen, (2) teilgebundenen Ganztagsschulen, an denen einige Schülerinnen und Schüler (z. B. klassenweise) immer an den Nachmittagsaktivitäten teilnehmen, und (3) offenen Ganztagsschulen, an denen die Schülerinnen und Schüler selbst bestimmen können, an welchen Nachmittagsaktivitäten sie teilnehmen. Bei der offenen Form müssen sich die Schülerinnen und Schüler aus organisatorischen Gründen jeweils zum Halbjahr festlegen, an welchen Angeboten sie im kommenden Halbjahr teilnehmen möchten.

Auch zu den einzelnen Ganztagsschulformen stellt die Kultusministerkonferenz Statistiken zur Verfügung. Realitätsnäher als eine Statistik der offenen, gebundenen, teilgebundenen Schulen ist wiederum eine Statistik darüber, wie viele Schülerinnen und Schüler an welcher Form der Ganztagsschule teilnehmen (vgl. S. 17). Damit muss die Kategorie »teilgebunden« nicht mehr berücksichtigt werden: Eine Schülerin nimmt entweder an den verpflichtenden Aktivitäten (gebunden) oder an den freiwilligen Aktivitäten (offen) teil. »Teilgebunden« kann nur auf Schulen, nicht aber auf Schülerinnen und Schüler zutreffen. Im bundesweiten Ländervergleich sieht das so aus:

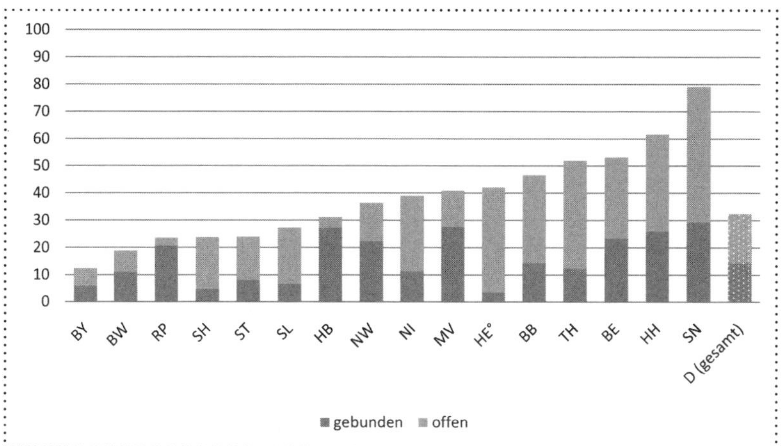

Abb. 4: Schülerinnen und Schüler differenziert nach Teilnahme am gebundenen Ganztag, am offenen Ganztag an den Ganztagsangeboten. Eigene Darstellung auf Basis von KMK 2014, S. 30, S. 40. Berücksichtigt sind sowohl private als auch öffentliche Schulen. Für Hessen, Niedersachsen und Sachsen-Anhalt liegen nur Daten der öffentlichen Schulen vor.

Unterschiede zwischen den Bundesländern

In der Abbildung 4 entspricht die Gesamthöhe der Säule dem Anteil der Ganztagsschüler an allen Schülerinnen und Schülern (vgl. Abb. 2, S. 19). An den Säulen ist zu erkennen, wie groß der Anteil der »gebundenen« und »offenen« Ganztagsschüler an allen Schülerinnen und Schülern ist. Auch wenn sich das Verhältnis in bundesweiter Betrachtung die Waage hält, gibt es beträchtliche Unterschiede zwischen den Bundesländern: Während in Bremen und Rheinland-Pfalz die Ganztagsschüler in erster Linie verpflichtend an den Aktivitäten teilnehmen, sind die Teilnahmen an den offenen Angeboten etwa in Schleswig-Holstein oder im Saarland, aber auch in Brandenburg und Thüringen deutlich höher als an den gebundenen Angeboten.

Kaum Aussagen zur inhaltlichen Gestaltung

Wiederum fällt auf, dass die Kultusministerkonferenz in der Differenzierung der Ganztagsschulformen keine Aussage zur inhaltlichen Gestaltung trifft. Zwar kann durchaus argumentiert werden, dass nur die gebundene Ganztagsschule (bzw. die gebundenen Klassen einer teilgebundenen Ganztagsschule) eine Verteilung des Unterrichts auf den ganzen Tag ermöglicht (vgl. Prüß 2009, S. 36–38), allerdings ist die Veränderung des Unterrichts kein notwendiges Merkmal. Legt man die Differenzierung der Kultusministerkonferenz zugrunde, dann ist eine gebundene Ganztagsschule eine Ganztagsschule, die für alle Schülerinnen und Schüler verpflichtend ist, unabhängig davon, wie an dieser Schule der Unterricht gestaltet ist.

Kriterien zur Vergabe finanzieller Mittel

Die Ausdifferenzierung der Kultusministerkonferenz ist vor allem deshalb relevant, weil sie die maßgebliche Grundlage für die Bestimmungen der Länder zur Vergabe finanzieller Mittel an die Ganztagsschulen darstellt. Dass in der Bildungspolitik bei der Bezuschussung von Ganztagsschulen zwischen offenen und gebundenen Ganztagsschulen unterschieden wird, ist für die Bildungspraxis von hohem Wert. Auch im erziehungswissenschaftlichen Diskurs hat sich die Unterscheidung etabliert.

1.2.2 *Differenzierung nach der Zeitstruktur: Rhythmisierte Ganztagsschule und additives Modell*

Der Aktionsrat Bildung

Der Aktionsrat Bildung ist ein Gremium aus Erziehungswissenschaftlern, das von der Vereinigung der Bayerischen Wirtschaft ins Leben gerufen wurde und sich in Expertisen zu unterschiedlichen Aspekten des deutschen Bildungssystems äußert. In der 2013 erschienenen Expertise »Zwischenbilanz Ganztagsgrundschule« wird vorgeschlagen, zwischen rhythmisierten Ganztagsschulen und additiven Ganztagsschulmodellen zu unterscheiden. Zwar würden die Statistiken der Kultusministerkonferenz »eine erste gute Orientierung« (Aktionsrat Bildung 2013, S. 32) bieten, jedoch würde mit der zugrunde liegenden Differenzierung von offenem und gebundenem Modell die konzeptionelle Ausgestaltung der jeweiligen Ganztagsschule nicht ausreichend berücksichtigt. Vorgeschlagen wird anstelle der Unterscheidung von offenen, gebundenen und teilgebundenen Ganztagsschulen die Unterscheidung von rhythmisierten Ganztagsschulen und additiven Ganztagsschulmodellen (der Aktionsrat Bildung bezieht sich dabei nur auf Ganztags*grund*schulen; die Unterscheidung kann jedoch problemlos auf alle Schularten erweitert werden). Damit werden die Schulen nicht mehr nach dem Grad der Verpflichtung für die Schülerinnen und Schüler unterschieden, sondern nach der dem Schulalltag zugrunde liegenden Zeitstruktur. Mit dieser Unterscheidung greift der Aktionsrat die von Holtappels eingeführte Unterscheidung zwischen dem »integrierten Modell« und dem »additiven Modell« von Ganztagsschulen auf (Holtappels 2007, S. 29 f.).

- *Die rhythmisierte Ganztagsschule:* Mit dem Begriff der Rhythmisierung ist eine reformpädagogische Forderung an die Ganztagsschule bezeichnet, die vor allem den Wechsel zwischen Lern-, Unterrichts- und Konzentrationsphasen auf der einen und Spiel-, Entspannungs- und Erholungsphasen auf der anderen Seite betont. In der Auffassung des Aktionsrates ist das notwendige Merkmal rhythmisierter Ganztagsschulen, dass »Fachunterrichtsstunden und andere Lern- und Freizeitphasen über den gesamten Schultag alternieren« (Aktionsrat Bildung 2013, S. 33).

- *Die additive Ganztagsschule:* Dem additiven Modell der Ganztagsschule sind alle Ganztagsschulen zuzuordnen, die nicht rhythmisiert sind. Wie bei einer Halbtagsschule üblich, werden vormittags »sämtliche Fachunterrichtstunden nacheinander« (ebd.) abgehalten, wohingegen der Nachmittag von zusätzlichen, meist freiwilligen Angeboten geprägt ist.

Unterschiede zur Differenzierung der KMK

Nun ist man geneigt, die Unterscheidungen des Aktionsrates mit den Unterscheidungen der Kultusministerkonferenz gleichzusetzen (Tendenzen dazu finden sich etwa bei Prüß 2009, S. 37, aber auch bei Holtappels 2007, S. 29). Gebundene Ganztagsschulen wären demnach per se rhythmisiert und offene Ganztagsschulen per se additiv. Es mag wohl zutreffen, dass eine Rhythmisierung im Sinne des Aktionsrates an gebundenen Ganztagsschulen einfacher zu verwirklichen ist als an offenen Ganztagsschulen. Dies liegt daran, dass unterschiedliche Aktivitäten leichter über den Tag verteilt werden können, wenn tatsächlich alle Schülerinnen und Schüler über die volle Zeitspanne anwesend sind. Jedoch können beide Begriffe nicht gleichgesetzt werden. Es existieren sowohl nicht-rhythmisierte gebundene Ganztagsschulen also auch rhythmisierte offene Ganztagsschulen (Abb. 5):

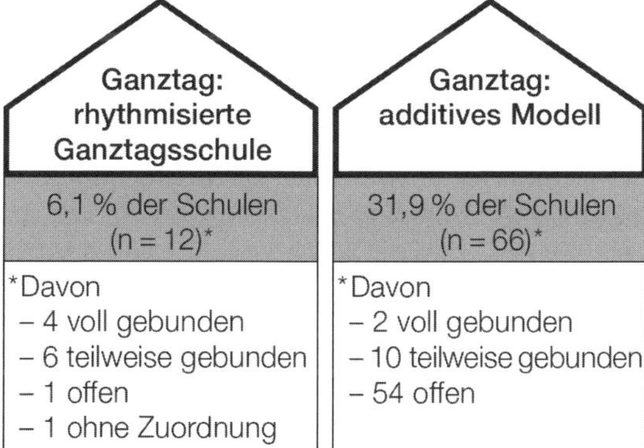

Abb. 5: Verteilung der Ganztagsschulformen an Grundschulen in Deutschland auf Basis von IGLU 2011 und TIMSS 2011 (Aktionsrat Bildung 2013, S. 35)

Empirische Befunde

Der Aktionsrat Bildung beruft sich in dieser Darstellung auf Daten von Grundschulen, die im Rahmen der Studien TIMSS 2011 und IGLU 2011 erhoben wurden. Von 181 untersuchten Schulen konnten 78 zu den Ganztagsschulen gezählt werden. Unter den zwölf als rhythmisiert identifizierten Ganztagsschulen befinden sich demnach vier gebundene, sechs teilgebundene und eine offene Ganztagsschule sowie eine weitere ohne Zuordnung. In der Gruppe der additiven Ganztagsschulen befinden sich neben 54 offenen auch zwei gebundene und zehn teilgebundene Ganztagsschulen. Es ist also keineswegs so, dass eine gebundene Ganztagsschule automatisch eine rhythmisierte Ganztagsschule und eine offene Ganztagsschule automatisch eine additive Ganztagsschule ist.

Anders als die Kultusministerkonferenz verwendet der Aktionsrat Bildung nicht den Grad der Verpflichtung, sondern die additive bzw. rhythmisierte Zeitstruktur als zentrales Kriterium zur Unterscheidung von Ganztagsschulen. Damit ist ein anderes Kriterium etabliert, das eine begriffliche Ordnung in die Vielfalt der einzelnen Ganztagsschulen bringen kann. Eine Debatte darüber, ob das Kriterium der Kultusministerkonferenz oder das Kriterium des Aktionsrates besser ist, ist weder gewinnbringend noch notwendig. Relevanter erscheint die Frage, für welche weiterführenden Problemstellungen das Kriterium des Aktionsrates zweckmäßig ist.

Rhythmisierung

Die Rhythmisierung oder auch Zeitstrukturierung ist ein zentraler Begriff des Ganztagsschuldiskurses (siehe Rabenstein 2008, 2010). Kaum ein Katalog zu Forderungen an Ganztagsschulen kommt ohne ihn aus. Auch wenn die Rhythmisierung sowohl im Ganztagsschuldiskurs als auch in der Ganztagspraxis als wertvolles Instrument der Schulentwicklung geschätzt wird, steht (momentan noch) die Frage im Raum, ob rhythmisierte Schulen tatsächlich verlässlich zu besseren Leistungen oder einer höheren Schulzufriedenheit führen. Um diese Fragen zu beantworten, sind der Begriff der rhythmisierten Ganztagsschule und damit die Unterscheidung von additivem Modell und rhythmisiertem Modell notwendig. Auch der Aktionsrat nähert sich Antworten auf diese zentralen Fragen an (Aktionsrat Bildung 2013, S. 74–84).

Unklare Erwartungen an Ganztagsschulen

Allerdings wird in der Veröffentlichung des Aktionsrates der (vermutete) Zusammenhang zwischen Rhythmisierung und den gewünschten Zwecken von und Erwartungen an Ganztagsschulen nicht ausreichend theoretisiert. Es bleibt unklar, welche der mit der Ganztagsschule verfolgten Erwartungen (vgl. ebd., S. 20) durch die Rhythmisierung erreicht werden sollen. Ferner bleiben die theoretischen Zusammenhänge, wie die Rhythmisierung beispielsweise zur Steigerung der Leistung oder der Zufriedenheit beitragen kann, im Dunkeln. Wenn nur der Unterricht anders über den Tag verteilt wird, aber ansonsten gleich bleibt, ist eine Steigerung der Leistung nicht unbedingt plausibel.

Der Begriff der rhythmisierten Ganztagsschule hat durchaus Potenzial, wichtige Fragen der Ganztagsschuldebatte zu beantworten. Jedoch muss er dazu noch konkreter auf die erziehungswissenschaftliche Theoriedebatte bezogen werden.

1.2.3 Differenzierung nach Prozessmerkmalen: herkömmliche Schule, Angebotsschule, kooperative und rhythmisierte Schule

Die Differenzierung des Deutschen Jugendinstituts

In der Expertise »Ganztagsschule als Hoffnungsträger für die Zukunft?« des Deutschen Jugendinstituts (DJI), einem Forschungsinstitut mit den Schwerpunkten Kindheit, Jugend und Familie, wird eine Differenzierung in vier Ganztagsschultypen vorgenommen:
(a) herkömmliche Schule
(b) Angebotsschule
(c) kooperative Schule
(d) rhythmisierte Schule
(Rauschenbach/Arnoldt/Steiner/Stolz 2012).

Clusteranalyse

Die vier Typen wurden auf der Basis einer Clusteranalyse gewonnen. Bei einer Clusteranalyse wird eine große Menge von Objekten in einzelne Gruppen kategorisiert. Die Gruppen werden so gebildet, dass die darin befindlichen Objekte einander möglichst ähnlich sind und sich von den Objekten anderer Gruppen möglichst stark unterscheiden. Gegenstand der Clusteranalyse in der Expertise des DJI sind 228 Ganztagsschulen, deren Daten im Rahmen der »Studie zur Entwicklung von Ganztagsschulen« (StEG) erhoben wurden. Ein Typus umfasst also mehrere Einzelschulen, die im Hinblick auf bestimmte Kriterien Ähnlichkeiten aufweisen.

Diese Kriterien sind in der Analyse des DJI vier sogenannte Prozessmerkmale, die als Besonderheit der Ganztagsschule im Vergleich zur Halbtagsschule gelten können (Rauschenbach/Arnoldt/Steiner/Stolz 2012, S. 87 f.). Die vier Prozessmerkmale wurden in Unterdimensionen differenziert und wie folgt beschrieben (ebd., S. 90–92):

Prozessmerkmale von Ganztagsschulen

- *Angebote:* Es wurde erhoben, wie oft an den Ganztagsschulen Angebote in den Bereichen (a) Leistungsförderung und fachliche Angebote, (b) Angebote zum sozialen Lernen, zum interkulturellen Lernen oder zur Mitbestimmung und (c) Freizeitangebote wie beispielsweise Sport, Musik oder Hausaufgabenbetreuung durchgeführt wurden.
- *Kooperation:* Es wurde erhoben, wie häufig in den Ganztagsschulen (a) im Unterricht kooperiert wird, etwa in Form von Teamteaching; (b) die Lehrkräfte schulbezogen im Hinblick auf Schulprogramm, Elternarbeit oder Zielsetzungen zusammenarbeiten sowie (c) eine Kooperation zwischen Lehrkräften und weiterem pädagogisch tätigen Personal (z. B. Schulsozialarbeiter) stattfindet.
- *Zeitstruktur:* Es wurde erhoben, ob in der jeweiligen Schule ein Unterrichtsrhythmus von 45 Minuten vorliegt oder ob dieser Takt im Zuge der Ganztagsschulentwicklung verändert wurde.

- *Zielvorstellung:* Es wurde erhoben, als wie relevant die Lehrkräfte und das weitere pädagogisch tätige Personal die individuelle Förderung der Schülerinnen und Schüler erachten.

Für die Bestimmung der Ähnlichkeit der einzelnen Ganztagsschulen im Hinblick auf die vier Prozessmerkmale wurde den Ganztagsschulen in den einzelnen Dimensionen ein zwei- bis fünfstufiger Wert zugewiesen. Die Angebotsdimension wurde beispielsweise unterteilt in 4 = täglich; 3 = mindestens wöchentlich; 2 = seltener; 1 = gar nicht. Diejenigen Schulen, die in allen Dimensionen in etwa die gleichen Werte aufweisen, wurden als einander ähnlich betrachtet und in ein Cluster gruppiert. Nach dieser Gruppierung wurden die einzelnen Cluster mit einem Namen versehen. Bei den vier schließlich gebildeten Ganztagsschultypen sind also die Dimensionen jeweils in ähnlicher Stärke ausgeprägt.

In Tabelle 1 sind die für den Grundschulbereich gebildeten Cluster sowie die in einem Cluster vorliegenden Durchschnittswerte angegeben (Rauschenbach/Arnoldt/Steiner/Stolz 2012, S. 98 f.):

Tab. 1: Ausprägung der Prozessmerkmale an Grundschulen (Rauschenbach/Arnoldt/Steiner/Stolz 2012, S. 99; Werte gerundet)

		herkömmliche Schule (21,1%)	Angebotsschule (15,5%)	kooperative Schule (28,2%)	rhythmisierte Schule (35,2%)
Angebote	Leistungsförderung	1,4	2,7	2,2	2,7
	Freizeit / Betreuung	2,7	3,1	2,6	3,2
	soziale Förderung	1,4	1,5	1,8	1,9
Kooperation	Kooperation im Unterricht	2,6	2,3	3,0	3,1
	schulbezogene Lehrerkooperation	2,8	2,9	3,2	3,2
	Austausch Lehrkräfte und Personal	2,3	1,6	3,1	2,7
	Zeitstruktur	2,0	2,0	2,0	1,0
Zielvorstellung	Ziel individuelle Förderung (Lehrkräfte)	3,5	3,5	3,8	3,7
	Ziel individuelle Förderung (Personal)	3,8	3,7	3,9	3,9

- *Herkömmliche Schule:* In den als herkömmliche Schule bezeichneten Ganztagsschulen liegen die Werte in allen vier Bereichen unter dem Durchschnitt. Besonders auffällig ist der geringe Wert bei den Angeboten zur Leistungsförderung. Dieser Typ entspricht dem Ganztagsschulideal am wenigsten.
- *Angebotsschule:* Die Angebotsschule zeichnet sich einerseits durch viele Angebote, vor allem im Hinblick auf Leistungsförderung und Freizeit, aus. Die Kooperation, und hier insbesondere diejenige zwischen Lehrkräften und weiterem pädagogischen Personal, ist hingegen gering ausgeprägt.
- *Kooperative Schule:* Die kooperative Schule ist vor allem durch hohe Werte in der Kooperationsdimension gekennzeichnet. Auch die Zielorientierung erreicht hier die höchsten Werte. Die Angebotshäufigkeit ist allerdings nicht besonders hoch und im Freizeitbereich sogar am niedrigsten ausgeprägt.
- *Rhythmisierte Schule:* Das Alleinstellungsmerkmal der Schulen des Clusters rhythmisierte Schule ist das Abweichen vom 45-Minuten-Takt. Außerdem sind in allen Dimensionen überdurchschnittliche Werte zu verzeichnen. Im Angebotsbereich sind die höchsten Werte zu finden. Die Kooperation zwischen Lehrkräften und weiterem pädagogischen Personal ist jedoch geringer ausgeprägt als bei der kooperativen Schule.

Für die Sekundarstufe I wurden weitgehend ähnliche Typen gebildet (Rauschenbach/Arnoldt/Steiner/Stolz 2012, S. 108 f.):

Tab. 2: Ausprägung der Prozessmerkmale an Sekundarschulen (Rauschenbach/Arnoldt/Steiner/Stolz 2012, S. 108; Werte gerundet)

		herkömmliche Schule (33,1%)	Angebots-schule (15,9%)	kooperative Angebots-schule (25,5%)	rhythmisierte Schule (25,5%)
Angebote	Leistungsförderung	1,9	2,7	2,6	2,6
	Freizeit / Betreuung	2,5	3,0	3,1	3,1
	soziale Förderung	1,6	2,0	2,1	2,0

Kooperation	Kooperation im Unterricht	2,0	1,8	2,4	2,6
	schulbezogene Lehrerkooperation	2,6	2,5	3,0	3,1
	Austausch Lehrkräfte und Personal	2,0	2,2	2,7	2,4
	Zeitstruktur	1,9	1,7	2,0	1,0
Zielvorstellung	Ziel individuelle Förderung (Lehrkräfte)	3,6	3,5	3,6	3,7
	Ziel individuelle Förderung (Personal)	3,8	3,3	3,8	3,8

- *Herkömmliche Schule:* Bei den Ganztagsschulen in dieser Kategorie sind die Kooperation und vor allem die Angebote schwach ausgeprägt. Lediglich im Bereich der Zielorientierungen konnten durchschnittliche und sogar überdurchschnittliche Werte erreicht werden.
- *Angebotsschule:* Der zweite Typ von Ganztagsschulen ist die Angebotsschule. Die Angebote sind in allen Bereichen relativ gut ausgeprägt. Allerdings weisen diese Schulen eine unterdurchschnittliche Kooperation sowie eher geringe Werte im Bereich der Zielorientierung auf.
- *Kooperative Angebotsschule:* Hier sind die Angebote ähnlich gut ausgeprägt wie bei der Angebotsschule, zudem ist die Kooperation sehr stark ausgeprägt. Das Ziel der individuellen Förderung ist bei Lehrkräften durchschnittlich, beim weiteren pädagogischen Personal relativ hoch.
- *Rhythmisierte Schule:* Die Angebote sind bei diesem Schultypus ähnlich gut ausgeprägt wie bei der Angebotsschule und der kooperativen Angebotsschule. Die Kooperation ist ähnlich wie bei der kooperativen Angebotsschule. Spezifikum dieses Schultyps ist wiederum, dass der 45-Minuten-Takt aufgebrochen wurde.

In der Expertise des Deutschen Jugendinstituts werden entlang der Vergleichsdimensionen Angebote, Kooperation, Zeitstruktur und Zielvorstellungen die vier Ganztagsschultypen herkömmliche Schule, kooperative Schule, (kooperative) Angebotsschule und rhythmisierte Schule unterschieden. Diese Unterscheidung soll im Folgenden kommentiert und zu den Unterscheidungen der Kultusministerkonferenz und des Aktionsrates in Beziehung gesetzt werden.

Differenzierung auf der Grundlage mehrerer Kriterien

Im Vergleich zu den Unterscheidungen der Kultusministerkonferenz und des Aktionsrates Bildung fällt zunächst auf, dass die Schulen nicht nur anhand eines einzelnen Kriteriums (offen/gebunden bei der Kultusministerkonferenz; rhythmisiert/additiv beim Aktionsrat Bildung), sondern anhand von vier Dimensionen bzw. neun Unterdimensionen typisiert wurden. Die Ausprägungen der einzelnen Schulen auf diesen Dimensionen wurden wiederum nicht nur nach ja/nein, sondern in mehrstufigen Skalen gemessen, die Angebotshäufigkeit etwa in vier Stufen. Die Gruppe um Rauschenbach verwendet also ein vergleichsweise differenziertes und feines Instrumentarium zur Typisierung der Ganztagsschulen.

Die Unterschiede zwischen den einzelnen Schultypen sollten allerdings nicht überbewertet werden. Im Hinblick auf die Einstellung zur individuellen Förderung zeigen sich über alle vier Typen nur relativ geringe Differenzen. Viele Werte insbesondere der kooperativen Schule, der (kooperativen) Angebotsschule und der rhythmisierten Schule unterscheiden sich nicht sehr stark voneinander. Die gefundenen Unterschiede sind also nicht fundamental.

Handlungsspielräume für Schulen

Die Auswahl der Dimensionen, hinsichtlich derer die Schulen verglichen wurden, bildet die im pädagogischen Diskurs formulierten Forderungen an die inhaltliche Gestaltung von Ganztagsschulen ab. Auch wenn diskutiert werden kann, ob z. B. die Häufigkeit der Angebote eine Aussage über deren Qualität zulässt und ob die Umverteilung des Unterrichts auf didaktische und methodische Veränderungen schließen lässt, zeigen die vier Typen, wie die Handlungsspielräume in der Ganztagsschulpraxis genutzt werden. Es kann angenommen werden, dass jede Ganztagsschule in Deutschland (mehr oder weniger) einem der Typen zugeordnet werden kann.

Eine zentrale weiterführende Frage ist sicherlich, mit welchem der Ganztagsschultypen die Ziele und Zwecke von Ganztagsschulen am besten erreicht werden können. Fraglich ist, welcher Typ beispielsweise für das Erreichen hoher Schulleistungen, aber auch anderer Bildungsziele besonders dienlich ist. Im Hinblick auf die Ziel- bzw. Outcome-Dimension von Ganztagsschulen führt die Gruppe um Rauschenbach zwar die ebenso relevanten Analysen zur Zufriedenheit der Schülerinnen und Schüler sowie der Lehrkräfte durch (Rauschenbach/Arnoldt/Steiner/Stolz 2012, S. 103–105; 116–118), lässt aber die Frage nach Bildungseffekten unberücksichtigt.

1.2.4 *Differenzierung nach Leitideen: Offene Schule, Tagesheimschule und Unterrichtsschule*

Die Differenzierung von Jürgen Rekus

Eine weitere Differenzierung wird von Jürgen Rekus, Professor für Allgemeine Pädagogik aus Karlsruhe, vorgenommen. Er unterscheidet mit der offenen Schule, der Tagesheimschule und der Unterrichtsschule drei Ganztagsschultypen, denen jeweils unterschiedliche Leitideen zugrunde liegen (Rekus 2003, 2005, 2009). Ausgangspunkt seiner Argumentation ist die Eigenverantwortlichkeit der Einzelschule. Da vonseiten der Bildungspolitik nur wenige Vorgaben bezüglich der inhaltlichen Gestaltung von Schulen gemacht werden (vgl. Kapitel 1.1.2), müssten Einzelschulen ihr Schulprogramm und Schulprofil selbst beschließen. Die einzelne Schule steht damit vor der Aufgabe, ein ansprechendes Ganztagsangebot zu entwickeln. Rekus' Typisierung zielt nun darauf, den Schulen »argumentative Hilfen« zur Unterstützung des Profilbildungsprozesses zu bieten (Rekus 2005, S. 279–283). Dabei unterscheidet er drei grundlegend verschiedene Denkansätze von Ganztagsschulen, die jeweils unterschiedlichen Leitideen folgen:

Tab. 3: Typen ganztägiger Schulorganisation (nach Rekus 2005, S. 289)

Offene Schule	
Singgebung, Leitidee	Lernen und Betreuung
Inhalt und Organisation	Vormittags Unterricht; anschließend Mittagessen. Nachmittags Hausaufgabenbetreuung, Freizeitangebote, Arbeitsgemeinschaften
Personal	Vormittags Lehrkräfte; mittags und nachmittags Eltern, Hilfskräfte, Sozialpädagogen, ggf. auch Lehrkräfte
Tagesheimschule	
Sinngebung, Leitidee	Einheit von Leben und Lernen in der Schule
Inhalt und Organisation	Ganztags Unterricht, integrierte Hausaufgaben, Kurse, Arbeitsgemeinschaften. Verbindliches Mittagessen.
Personal	Ganztags Lehrkräfte, Sozialpädagogen, Hilfskräfte, Eltern

Unterrichtsschule	
Singgebung, Leitidee	Effizientes Lernen in der Schule
Inhalt und Organisation	Vormittags und nachmittags Unterricht; mittags Pause mit Essensangebot.
Personal	Vormittags und nachmittags Lehrkräfte; mittags Hilfskräfte

- *Die offene Schule:* Die offene Schule folgt dem Leitbild »Lernen und Betreuung«. Ziel ist die Bereitstellung eines zuverlässigen und kostengünstigen Betreuungsangebotes für diejenigen Eltern, die ihre Kinder nach der Schule nicht selbst betreuen können. Die offene Schule ist relativ einfach zu organisieren: Der vormittägliche Unterricht unterscheidet sich nicht von dem einer Halbtagsschule. Nach dem Unterricht wird ein Mittagessen angeboten. Am Nachmittag findet Betreuung in Form von Freizeitangeboten, Hausaufgabenbeaufsichtigung, Arbeitsgemeinschaften oder Sport statt. Zur Deckung des Betreuungsbedarfs können auch örtliche Ressourcen wie Vereine, Jugendverbände oder Horte genutzt werden. Eine fachspezifische Qualifikation des Betreuungspersonals ist nicht unbedingt notwendig (ebd., S. 288–290).
- *Die Tagesheimschule:* Die Tagesheimschule folgt dem Leitbild »Einheit von Leben und Lernen in der Schule«. In reformpädagogischer Tradition wird die Tagesheimschule als »Lebensschule« der kritisierten »Lernschule« gegenübergestellt: Es soll nicht nur Wissen erworben, sondern vor allem das Leben selbst gelernt werden. Das Konzept der Tagesheimschule beansprucht, die außerschulische Erziehung und das außerschulische Lernen in die Ganztagsschule zu integrieren. Großen Wert legt man darauf, die Bedürfnisse der Schülerinnen und Schüler insbesondere nach konstanten Beziehungen zu berücksichtigen. Da die Orientierung an deren (vermeintlich natürlichem) Rhythmus von Lernen und Spielen, Arbeit und Erholung sowie Spannung und Entspannung im Mittelpunkt steht, findet der Unterricht über den ganzen Tag verteilt statt. Neben dem Unterricht können die Schülerinnen und Schüler an einer Tagesheimschule auch gemeinsamen Aktivitäten wie Spielen, Arbeiten und Feiern oder individuellen Aktivitäten wie Lesen, Entspannen und Musikhören nachgehen. Aus organisatorischen Gründen ist die Tagesheimschule für alle Schülerinnen und Schüler verpflichtend (ebd., S. 288; 290–292).
- *Die Unterrichtsschule:* Ziel der Ganztagsschule als Unterrichtsschule ist das effiziente Lernen der Schülerinnen und Schüler. Rekus geht

davon aus, dass der Unterricht vor allem vormittags und nachmittags, zu Zeiten erhöhter Aufmerksamkeit und Leistungsfähigkeit, vergleichsweise effizient erfolgen kann. Während der Mittagszeit leide der Unterricht unter Konzentrationsschwächen und Erschöpfung sowohl aufseiten der Schülerinnen und Schüler als auch aufseiten der Lehrkräfte. In der Unterrichtsschule wird der Unterricht daher nicht am Stück, sondern in zwei Blocks von 8 bis 12 Uhr und von 14:30 bis 16 Uhr organisiert. Ein Mittagessen kann angeboten werden; eine über den Unterricht hinausgehende Betreuung ist nicht vorgesehen (ebd., S. 288 f.; 292 f.). Ergänzt wird die Umverteilung des Unterrichts durch die Forderung nach einer Weiterentwicklung des Unterrichts. Der angestrebte »erziehende Unterricht« zeichnet sich durch die Verknüpfung von lehrgangsorientiertem Unterricht, Projektunterricht und Freiarbeit aus (ebd., S. 293–295).

Bewertung der offenen Schule

Rekus steht der offenen Schule skeptisch gegenüber. Zwar weise die offene Schule eine pragmatische Zweckmäßigkeit als Betreuungsinstanz auf. Da allerdings vormittäglicher Unterricht und nachmittägliche Aktivitäten nicht systematisch miteinander verknüpft wären, erfolge auch keine weitergehende Auseinandersetzung mit dem Gelernten. Dem Anspruch, im Rahmen der Ganztagsschule zu einer erweiterten, intensiveren oder effektiveren Bildung beizutragen, könne diese Form der Ganztagsschule nicht genügen (ebd., S. 288–290).

Bewertung der Tagesheimschule

Rekus betont, dass gerade Schülerinnen und Schüler in problembeladenen Lebensabschnitten oder aus zerrütteten Familien von der Tagesheimschule profitieren könnten. Dennoch kritisiert er, dass den Schülerinnen und Schülern durch die Vorgabe bestimmter Lebensideale die Freiheit zur Wahl alternativer Angebote außerhalb der Schule genommen würde. Auch der Bildungsanspruch wäre von den umfassenden Idealen der Lebensgestaltung überlagert und würde keine ausreichend prominente Stellung im Schulkonzept einnehmen (ebd., S. 288; 290–292).

Bewertung der Unterrichtsschule

Durchweg positiv steht Rekus dem Konzept der Ganztagsschule als Unterrichtsschule gegenüber. Die drei Elemente des erziehenden Unterrichts wären geeignet, um dem Bildungsauftrag der Ganztagsschule gerecht zu werden: (1) Im *lehrgangsorientierten Unterricht* wird das zu erlernende Wissen von der Lehrkraft ausgewählt und von ihr systematisch präsentiert. (2) Der *Projektunterricht* fördert die Urteilsfähigkeit und Entscheidungsbereitschaft der Schülerinnen und Schüler. (3) Die *Freiarbeit* gibt den Schülerinnen und Schülern die Möglichkeit, über Inhalte, Methoden und Partner ihres Lernprozesses selbst zu bestimmen. Der erziehende Unterricht sei somit eine Unterrichtsform, mit deren Hilfe Wissen, Urteils- und Handlungskompetenz aufeinander bezogen würden (ebd., S. 293–295).

Rekus' zentrale Differenzierungskriterien sind die mit der jeweiligen Ganztagsschule verbundenen Leitideen. Ausgangspunkt ist die Frage, welcher Erwartung die einzelne Ganztagsschule überhaupt gerecht werden soll, welches Ziel sie erreichen soll. Damit unterscheidet sich seine Differenzierung von denjenigen der Kultusministerkonferenz, des Aktionsrates und des Jugendinstituts, die die Ganztagsschultypen eher nach der inhaltlichen oder organisatorischen Gestaltung unterscheiden. Zwar diskutiert Rekus auch die organisatorische Gestaltung, doch ist diese der Zweckbestimmung nachgeordnet.

Fokussierung auf das Leitbild

Die Fokussierung auf das Leitbild ist positiv zu bewerten. Auch aufgrund der vagen Vorgaben der Bildungspolitik besteht Unklarheit, welche Ziele eine Ganztagsschule verfolgen soll. Die Schulentwicklungstheorie schreibt Schulen die Aufgabe zu, ein eigenes Profil unter Berücksichtigung der Perspektiven aller Beteiligten auszubilden. Die Leitbilder können also als Diskussionsgrundlage im Entwicklungsprozess einer Einzelschule dienen. Die eigenverantwortlichen Schulen sind aufgefordert, vor der Entwicklung eines Ganztagsangebots die damit verbundenen übergreifenden Ziele zu erörtern. Auch für die empirische Forschung gilt diese Perspektive als Anregung, neben den organisatorischen Merkmalen auch den Zielperspektiven der beteiligten Personen Aufmerksamkeit zu widmen.

Leben oder Bildung?

Auch wenn die Berücksichtigung der Zieldimension positiv zu bewerten ist, bleibt die Konturierung vor allem von der am »Leben« orientierten Tagesheimschule und der an der Bildung orientierten Unterrichtsschule etwas unscharf. So werden die Methoden »Freiarbeit« und »Projektarbeit« als Elemente des erziehenden Unterrichts zwar der Unterrichtsschule zugeschrieben, können aber genauso als besonders »lebensnahe« Form schulischen Unterrichts gelten. Auf der anderen Seite ist eine nicht-bildende Orientierung am »Leben« kaum möglich, gerade wenn Urteilen und Handeln als zentrale Bildungskategorien verstanden werden. Die mangelnde Trennschärfe der beiden Ganztagsschultypen liegt also an der geringen Präzision vor allem des Begriffs Leben. Durch seine vielfältigen und teilweise beliebigen Bedeutungsfacetten ist eine klare Abgrenzung zum Begriff Bildung nicht ohne Weiteres möglich.

Als Konsequenz daraus müssen die Begriffe Unterrichtsschule und Tagesheimschule präzisiert werden, wenn sie weitergehende Verwendung finden sollen. Dies gilt sowohl für die pädagogische Praxis, wenn die Begriffe als Orientierung des eigenen Schulentwicklungsprozesses dienen sollen, als auch für die Erziehungswissenschaft, wenn die Begriffe zur Grundlage empirischer Untersuchungen werden sollen.

Christian Nerowski

2 Erwartungen an Ganztagsschulen

2.1 Einleitung

2.1.1 *Wozu eine Auseinandersetzung mit Erwartungen?*

Im Vergleich zur Halbtagsschule nimmt die Ganztagsschule mehr Ressourcen in Anspruch: Vonseiten der Bildungspolitik werden finanzielle Mittel für Umbau und Erweiterung der Schulgebäude und für zusätzliches Personal bereitgestellt. Das Kollegium investiert Arbeit in die Konzipierung von Angeboten und in die Organisation des Ganztags. Nicht zu unterschlagen sind die Schülerinnen und Schüler, die für eine Teilnahme am Ganztagsangebot ihre nachmittägliche Freizeit opfern.

Diese wertvollen Ressourcen werden nicht einfach so investiert. Man erwartet einen Nutzen. Wenn die Bildungspolitik Geld, das Kollegium Arbeit und die Schülerschaft Zeit in das Reformprojekt Ganztagsschule einbringen, dann soll dieses Vorhaben auch einen wie auch immer gearteten Mehrwert nach sich ziehen. Die Ganztagsschulreform kann nur dann als erfolgreich bezeichnet werden, wenn sich die Investitionen in irgendeiner Form auszahlen.

Offenheit der bildungspolitischen Vorgaben

Allerdings ist die Frage, worin der konkrete Mehrwert der Ganztagsschule im Vergleich zur Halbtagsschule bestehen soll, nicht einfach zu beantworten. Der prominente Ganztagsschulbegriff der Kultusministerkonferenz legt lediglich organisatorische, aber keine inhaltlichen Anforderungen an Ganztagsschulen fest (vgl. Kapitel 1.1.2). In der Programmatik werden zwar von unterschiedlichen Gruppierungen mit unterschiedlichen Interessenlagen unterschiedliche Erwartungen an die Ganztagsschule formuliert, jedoch sind diese Forderungen uneinheitlich, begrifflich unpräzise, teilweise widersprüchlich und für die Schulpraxis in keiner Weise rechtlich oder moralisch bindend.

Unklarheiten über die Ziele der Ganztagsschule

Bei den Akteuren kommt es daher mitunter zu Verwirrungen und Orientierungslosigkeit hinsichtlich der Frage, welche Ziele mit der Ganztagsschulreform eigentlich erreicht werden sollen. Auch in den öffentlichen Medien wird die Ganztagsschule als »eierlegende Wollmilchsau der Bildungs- und Familienpolitik« (Weiß 2013) wahrgenommen, deren genauer Mehrwert angesichts der zahlreichen heterogenen und teilweise widersprüchlichen Anforderungen gar nicht mehr greifbar sei:

»Familie und Beruf soll sie vereinbar machen, die himmelschreiende Bildungsungerechtigkeit in Deutschland beenden, Hochbegabte, Schüler mit Schwierigkeiten, überhaupt alle Kinder besser fördern, und was nicht noch alles« (ebd.). Die Frage, welche Zwecke mit einer Ganztagsschule verfolgt werden sollen, ist also nicht ohne Weiteres eindeutig zu beantworten.

Hier wird die Position vertreten, dass der Zweck der Ganztagsschulreform nicht quasi natürlich oder »von oben« vorgegeben ist, sondern von den daran beteiligten Personen und Statusgruppen aktiv bestimmt werden muss. Die Ganztagsschule stellt einen Möglichkeitsraum dar, der von den Beteiligten inhaltlich gefüllt werden muss. Dazu muss zunächst jedes Individuum (Lehrer, Schulsozialarbeiterin, Schüler…) für sich selbst bestimmen, was es von der Ganztagsschule erhofft und erwartet. In zweiter Instanz müssen die individuellen Erwartungen mit anderen Individuen innerhalb einer Statusgruppe (Lehrkollegium, Familie, Schulleitung) diskutiert werden. Auch die Statusgruppen können ihre Erwartungen an die Ganztagsschule miteinander diskutieren (z. B. die Eltern mit dem Kollegium, die Schulleitung mit der Schulverwaltung). Was von einer Ganztagsschule erwartet wird, wofür sie gut sein soll und woran ihr Erfolg bemessen wird, ist abhängig von Aushandlungen und Sinngebungen der an ihr beteiligten und von ihr betroffenen Personen.

2.1.2 *Zur Begründung der Systematik*

In der nun folgenden Systematisierung werden Begriffskategorien zur Verfügung gestellt, die sowohl dem Einzelnen bei der Bewusstmachung der eigenen Erwartungen an die Ganztagsschule helfen als auch die Kommunikation und Diskussion zwischen den verschiedenen Akteuren im Hinblick auf geteilte Erwartungen an die Ganztagsschule unterstützen und erleichtern.

Begriffsklärungen: Erwartungen, Ziele, Begründungen

Hinter dem Begriff Erwartung verbirgt sich die Frage »Warum soll das Angebot an Ganztagsschulen ausgebaut werden?« oder bedeutungsgleich »Was ist der Mehrwert der Ganztagsschule im Vergleich zur Halbtagsschule?« Es werden jeweils Argumente benannt, die darlegen, warum der Ausbau der Ganztagsschule als notwendig oder erstrebenswert erachtet wird. Der Begriff Erwartung ist also ein Sammelbegriff für »Argumente und Begründungen« (Radisch/Klieme 2003, S. 13), »Ziele und Begründungslinien« (Holtappels 2006, S. 9) oder »Erwartungen und Ansprüche« (BMFSFJ 2005, S. 305) im Hinblick auf die Ganztagsschule. Prinzipiell bedeutungsgleich sind auch die Begriffe »Wirkungsperspektive (Output)« (Fischer u. a. 2011, S. 24) oder »Outcome-Faktoren«

(Rauschenbach u. a. 2012, S. 88) in den Modellen der quantitativen empirischen Forschung.

Die vier Erwartungskategorien

Der mit der Ganztagsschule im Vergleich zur Halbtagsschule verbundene Mehrwert wird im Folgenden mithilfe von vier zentralen Erwartungen kategorisiert. Jede Erwartung wird in einem Unterkapitel ausführlich beschrieben:

- Von der Ganztagsschule wird die *Steigerung der formellen Bildung* der Schülerinnen und Schüler erwartet. Sie sollen an der Ganztagsschule höhere prüfbare Leistungen (vor allem Noten und damit verbundene Zertifikate) erzielen als an der Halbtagsschule (Kapitel 2.2).
- Von der Ganztagsschule wird ebenso die *Steigerung der nichtformellen Bildung* der Schülerinnen und Schüler erwartet. Sie sollen sich an der Ganztagsschule auch diejenigen Bildungsinhalte, die nicht geprüft werden (z. B. Selbstständigkeit, Kooperationsfähigkeit, Solidarität), besser aneignen als an der Halbtagsschule (Kapitel 2.3).
- Ferner wird von der Ganztagsschule die *Erhöhung des Wohlbefindens* der Schülerinnen und Schüler erwartet. Ihre emotionale Einstellung gegenüber der Schule soll an der Ganztagsschule positiver ausgeprägt sein als an der Halbtagsschule (Kapitel 2.4).
- Abschließend wird von der Ganztagsschule die bessere *Vereinbarkeit von Familie und Beruf* für die Eltern der Schülerinnen und Schüler erwartet. Die Ganztagsschule soll zuverlässige und bedarfsgerechte Betreuungsmöglichkeiten bereitstellen (Kapitel 2.5).

In diesem Kapitel wird der überbordende Diskurs um die Erwartungen an die Ganztagsschule auf übersichtliche vier Erwartungskategorien reduziert. Wert wurde vor allem auf begriffliche Präzision und Trennschärfe der vier Kategorien (d. h. genaue Abgrenzungen und Unterscheidungen) gelegt. Gleichzeitig wird der Anspruch erhoben, jede im Diskurs geäußerte Forderung an die Ganztagsschule in die Systematik integrieren zu können. Der unübersichtliche Diskurs wird also sortiert und vereinfacht, sodass mithilfe nachvollziehbarer, einfacher und präziser Begrifflichkeiten eine rationale und zielführende Kommunikation über geteilte Erwartungen an Ganztagsschulen möglich wird.

Neben den Erwartungen werden auf den folgenden Seiten Maßnahmen skizziert, die für die Erfüllung der Erwartung geeignet erscheinen. Während mit dem Begriff der Erwartung ein erwünschter Zweck oder ein für sich genommen erstrebenswertes Endziel bezeichnet wird, ist eine Maßnahme nur Mittel zum Zweck. Ihre Erwünschtheit beruht lediglich auf der Tatsache, dass sie für die Erfüllung der Erwartung als notwendig oder hilfreich erachtet wird.

Ob eine an die Ganztagsschule herangetragene Forderung den Erwartungen oder den Maßnahmen zuzuordnen ist, kann anhand der Frage beantwortet werden, ob sie auch dann als erstrebenswert gilt, wenn sie keine Konsequenzen in anderen (ganztagsschulisch relevanten) Bereichen nach sich zieht. So sind beispielsweise die Forderungen nach einer Veränderung der Lernkultur oder einer Kooperation von Lehrkräften und Schulsozialarbeiterinnen als Maßnahmen, aber nicht als Erwartung zu betrachten: Beide leiten ihre Erwünschtheit daraus ab, dass sie zu einer Steigerung der formellen oder der nichtformellen Bildung, zur Erhöhung des Wohlbefindens oder zur Vereinbarkeit von Familie und Beruf beitragen können. Für sich selbst genommen können sie jedoch keine Legitimität reklamieren: Man könnte auf die Veränderung der Lernkultur verzichten, wenn sie nicht zu einer der genannten Erwartungen führte.

2.2 Steigerung der formellen Bildung

2.2.1 *Was ist formelle Bildung?*

Formelle und nichtformelle Bildung

Im Diskurs um die Ganztagsschule wird formelle Bildung von nichtformeller Bildung unterschieden. Formelle Bildung ist »curricular gestuft, oft verpflichtend, zertifizierbar strukturiert und für weitere Zugänge berechtigend« (Coelen 2006, S. 132).[1] Im Gegensatz dazu werden nichtformelle Bildungsangebote als solche aufgefasst, die freiwillig, wählbar und von den Teilnehmenden relativ frei gestaltbar sind (ebd.). Von der Ganztagsschule wird erwartet, dass sie die Schülerinnen und Schüler in beiden Bereichen höher bildet als die Halbtagsschule. In diesem Kapitel liegt der Fokus auf den Erwartungen im Hinblick auf die formelle Bildung; im nächsten Kapitel wird die nichtformelle Bildung verhandelt. Die dritte Form der »informellen Bildung« soll in dieser Publikation keine weitere Beachtung finden. Da mit dem Begriff ungeplante und zufällige Lernprozesse bezeichnet werden, ist es fraglich, ob überhaupt von »Bildung« die Rede sein kann (vgl. Coelen 2006, S. 133).

Merkmale formeller Bildung

Die formelle Bildung zeichnet sich durch folgende Merkmale aus:

- *Prüfbarkeit und vorgegebene Inhalte*: Im Gegensatz zu nichtformellen Bildungsinhalten kann der Erwerb formeller Bildungsinhalte durch

1 Die formelle Bildung im Diskurs um die Ganztagsschule (Gegenpart: nichtformelle Bildung) darf nicht mit der formalen Bildung in Klafkis bildungstheoretischer Didaktik (Gegenpart: materiale Bildung) verwechselt werden.

die Schülerinnen und Schüler zum Gegenstand schulischer Prüfungen werden. Die Aneignung formeller Bildung kann also durch Schulaufgaben, schriftliche Tests oder Klausuren empirisch festgestellt werden (vgl. Vogel 2008, S. 132). Die zu prüfenden Inhalte der formellen Bildung sind in Lehrplänen oder Bildungsstandards in Schulfächer und Jahrgangsstufen gegliedert und weitgehend detailliert vorgegeben (vgl. Coelen 2006, S. 132). Dies ermöglicht, dass die Inhalte aufeinander aufbauen, impliziert aber auch eine Verpflichtung auf bestimmte Inhalte und damit einen geringen Grad an Wählbarkeit für die Schülerinnen und Schüler.

- *Benotung und Zertifizierung:* Die Ergebnisse der Prüfung der formellen Bildung werden quantifiziert, d. h. auf einer Zahlenskala gemessen. Mit dem Ergebnis, dass eine Schülerin in der Chemie-Schulaufgabe 30 Punkte erreicht hat, wird ihre Aneignung der formellen Bildung im Fach Chemie gemessen und als Zahl dargestellt. Diese Zahl wird in die sechsstufige Notenskala übertragen. Auf der Basis der Noten werden Bildungszertifikate vergeben, die den Erwerb formeller Bildung bescheinigen (vgl. Overwien 2008, S. 130). Liegen die entsprechenden Zertifikate vor, so ist der Schüler oder die Schülerin zum Einschlagen entsprechender Bildungsgänge berechtigt. Diese Zertifikate sind in erster Linie Zeugnisse, die beispielsweise den Besuch der jeweils nächsten Jahrgangsstufe, den Besuch des Gymnasiums (nach der 4. Klasse) oder den Besuch einer Universität (nach der Hochschulreife) ermöglichen. Der Erwerb formeller Bildungsinhalte ist mithin der zentrale Faktor in der Bildungskarriere der Schülerinnen und Schüler.
- *Vergleichbarkeit und Selektion:* Durch die Quantifizierung und Benotung der angeeigneten formellen Bildung sind die Schülerinnen und Schüler miteinander vergleichbar. Ein Schüler, der in einem Test 40 Punkte erreicht hat, war bei der Aneignung der formellen Bildungsinhalte erfolgreicher als eine Schülerin, die nur 30 Punkte erreicht hat. Die formelle Bildung ist daher Grundlage bei der Beantwortung der Frage, wie gut sich eine Schülerin die jeweiligen formellen Inhalte im Vergleich zu anderen Schülern angeeignet hat. Die Selektion ist direktes Resultat aus diesem Vergleich: Manche Schüler dürfen aufgrund ihrer Noten und Zertifikate nach der Grundschule das Gymnasium besuchen, andere nicht. Mittels der Selektion oder Allokation werden den Schülerinnen und Schülern bestimmte Bildungskarrieren gewährt und andere verwehrt (Luhmann 2002, S. 62–72). Da die individuelle Bildungskarriere einen großen Einfluss auf den späteren Beruf und damit auf Wohlstand hat, spielt die Selektion eine gewichtige Rolle im Leben der Schülerinnen und Schüler (vgl. Fend 2008, S. 50).

Ein umfassendes Verständnis schulischer Bildung kann jedoch nicht alleine auf mess- und prüfbare Inhalte begrenzt werden. Schon der römische Philosoph Seneca kritisierte kurz nach Christi Geburt, dass in der Schule nur für die Schule selbst, nicht aber für das »Leben« außerhalb bzw. nach der Schule gelernt würde (vgl. Messner 2004, S. 693). Auch wenn im Ganztagsschuldiskurs die Vermittlung formeller Bildungsinhalte durchaus als wichtig erachtet wird, wird gleichzeitig die Relevanz der »andere[n] Seite der Bildung« (Otto/Rauschenbach 2008) betont. Die damit in den Fokus gerückte Steigerung der *nicht*formellen Bildung wird im Kapitel 2.3 verhandelt.

Kritik an der Reduzierung auf messbare Bildung

2.2.2 *Wessen formelle Bildung soll erhöht werden?*

Von der Ganztagsschulreform wird nun eine Steigerung der formellen Bildung der Schülerinnen und Schüler erwartet. Dabei sind unterschiedliche Positionen zu identifizieren, inwiefern einzelne Gruppen von Schülerinnen und Schülern von der Ganztagsschule besonders profitieren sollen. Drei Positionen können festgehalten werden:

Welche Gruppen sollen profitieren?

- *Alle Schülerinnen und Schüler:* Zum einen wird erwartet, dass die formelle Bildung aller Schülerinnen und Schüler (gleichermaßen) durch den Besuch der Ganztagsschule gesteigert wird. Prüß (2009, S. 37) fordert von der Ganztagsschule eine »Verbesserung des Leistungsniveaus aller Schülerinnen und Schüler«. Im zwölften Kinder- und Jugendbericht wird von der Ganztagsschule eine »bessere Entwicklung der Kompetenzen aller Kinder und Jugendlichen« (BMFSFJ 2005, S. 307) erwartet. Mit der Annahme, dass für den Berufseinstieg generell höherwertigere Schulabschlüsse notwendig seien, argumentiert Holtappels (2006, S. 10), dass die Ganztagsschule die Leistungen aller Schülerinnen und Schüler anheben müsse, um entsprechende Zertifikate vergeben zu können.
- *Insbesondere schwache Schülerinnen und Schüler:* In einer zweiten Spielart der Erwartung soll die formelle Bildung insbesondere der schwachen Schülerinnen und Schüler erhöht werden. Mit Blick auf die PISA-Studie wird das Unvermögen der Halbtagsschule, »den Abstand zwischen leistungsstarken und leistungsschwachen Schülern spürbar zu verringern« (Prüß/Kortas/Schöpa 2009b, S. 16), kritisiert. Auch Tillmann verweist auf die PISA-Studie: »Unsere Achillesferse im internationalen Vergleich ist die besonders große Gruppe besonders schwacher Schüler/innen [...]. Wenn man mehr Ganztagsschulen zur Bearbeitung dieser Problemlage fordert, muss mit diesen Ganztagsschulen mehr individuelle Lernförderung gerade

dieser Kinder verbunden sein« (Tillmann 2007, S. 51). Durch die Ganztagsschule sollen also vor allem schwache Schülerinnen und Schüler im Hinblick auf ihre formelle Bildung profitieren.

- *Insbesondere Schülerinnen und Schüler mit Migrationshintergrund oder aus sozioökonomisch schwach gestellten Elternhäusern:* In weiteren Spielarten der Forderung nach einer Erhöhung der formellen Bildung sollen in erster Linie die Gruppen von Schülerinnen und Schülern profitieren, die auf der Basis von großflächigen Leistungsvergleichstests als im deutschen Schulsystem benachteiligt erachtet werden können. So sollen mithilfe der Ganztagsschule »speziell Kinder aus soziokulturell benachteiligten Familien sowie Migrantenkinder besser erreicht werden« (Einsiedler/Martschinke/Kammermeyer 2008, S. 371). Radisch und Klieme (2003, S. 15) argumentieren, dass von der Ganztagsschule die »dringend gebotene Entkoppelung von sozialer Herkunft und schulischer Leistung« erhofft wird. Dahinter steht die Erwartung, durch die Ganztagsschule herkunftsbedingte Bildungsungleichheiten abzubauen (Züchner/Fischer 2011, S. 9) und damit zur Chancengleichheit oder Chancengerechtigkeit beizutragen (Stötzel/Wagener 2014, S. 62 f.). Von der Ganztagsschule wird also Chancengleichheit in dem Sinne erwartet, dass sie den Erwerb relevanter Zertifikate durch benachteiligte Gruppen unterstützt.

2.2.3 Welche Maßnahmen können ergriffen werden?

Im Folgenden werden fünf Möglichkeiten beschrieben, wie die erhöhten Zeitressourcen der Ganztagsschule zur Steigerung der formellen Bildung entweder aller oder einiger Schülerinnen und Schüler beitragen können. Die Maßnahmen zur Erhöhung der formellen Bildung finden meist im Unterricht statt und werden von den Lehrkräften durchgeführt.

- *Erhöhung der Unterrichtszeit:* Die Erhöhung der Unterrichtsquantität ist eine Maßnahme zur Erhöhung der formellen Bildung aller Schülerinnen und Schüler, die sich gerade angesichts der erhöhten zeitlichen Ressourcen an Ganztagsschulen anbietet. Eine Erhöhung der nominalen Lernzeit (also der im Fachstundenplan angesetzten Anzahl an Unterrichtsstunden) bringt eine Erhöhung der nutzbaren Instruktionszeit (also der Zeit, die von der Lehrkraft für die Vermittlung lehrzielbezogener Inhalte verwendet werden kann) mit sich, die wiederum zu einer Erhöhung der aktiven Lernzeit der Schülerinnen und Schüler (Aufmerksamkeit und mentale Aktivität mit Bezug auf die Inhalte) führt (Helmke 2012, S. 78 f.).

- *Motivierung:* Da das Interesse der Schülerinnen und Schüler Voraussetzung für erfolgreiches Lernen ist, können zusätzliche Zeitressourcen dazu verwendet werden, die Lust am Lernen zu wecken und kontinuierlich aufrechtzuerhalten. Für Motivierung im Unterricht diskutiert Braune (2008, S. 54–60) anhand des ARCS-Modells nach Keller Strategien zur Förderung der Motivation im Unterricht:

  - *Attention:* Durch unterschiedliche Medien, widersprüchliche Thesen oder humorvolle Analogien kann die Aufmerksamkeit der Schülerinnen und Schüler auf ein Thema gelenkt werden.
  - *Relevance:* Gelingt es der Lehrkraft, einen Zusammenhang zwischen den Interessen der Schülerinnen und Schüler und dem Unterrichtsinhalt zu etablieren, wird ihnen die Relevanz des Themas verdeutlicht.
  - *Confidence:* Eine Passung zwischen Anforderungsniveau und Fähigkeiten der Schülerinnen und Schüler hilft ihnen, sich zuversichtlich mit der Aufgabe zu beschäftigen.
  - *Satisfaction:* Mithilfe positiver und hilfreicher Rückmeldungen kann die Zufriedenheit der Schülerinnen und Schüler mit ihrem Lernergebnis gefördert werden.

- *Sicherung:* Für die Nachhaltigkeit der erworbenen Kenntnisse können die Zeitressourcen der Ganztagsschule in Wiederholung, Anwendung und Transfer der Unterrichtsinhalte investiert werden (Weiss/Lerche 2008, S. 144). Helmke (2009, S. 204) nennt vier Bedingungen erfolgreichen Übens: (1) Die Übung muss zu einem häufigen und selbstverständlichen Element im Unterricht werden. (2) Die Übung muss zum erarbeiteten Inhalt passen, dabei aber ausreichend Variationen aufweisen. (3) Die Übung muss den Kenntnisstand und das Vorwissen der Schülerinnen und Schüler berücksichtigen. (4) Der Erfolg der Übungseinheiten muss von der Lehrkraft überprüft werden.
- *Differenzierung:* Mit Differenzierung werden Strategien und Maßnahmen bezeichnet, die die Heterogenität der Schülerinnen und Schüler bei der Unterrichtsorganisation berücksichtigen (Wiater 2005, S. 26). Für die Steigerung der formellen Bildung ist eine Differenzierung beispielsweise im Hinblick auf Lerntempo, Lernstil, Vorwissen, Methoden, Medien oder Sozialformen möglich. Da die formelle, benotete Bildung an dieser Stelle im Fokus steht, ist eine Differenzierung im Hinblick auf Inhalte, etwa orientiert an den individuellen Interessen der Schülerinnen und Schüler, eher skeptisch zu betrachten.

- *(Individuelle) Förderung:* Fördermaßnahmen außerhalb des regulären Unterrichts sind eine Möglichkeit zur Erhöhung der formellen Bildung einzelner Gruppen von Schülerinnen und Schülern. Zusätzliche Fördermaßnahmen können sowohl die im eigentlichen Unterricht aufgetretenen Probleme aufarbeiten als auch die Schülerinnen und Schüler vorausschauend auf potenzielle Lernschwierigkeiten künftiger Unterrichtsinhalte vorbereiten. Im Förderunterricht können auch spezifische Programme etwa für Schülerinnen und Schüler mit Deutsch als Zweitsprache angeboten oder Lernstrategien vermittelt werden, die vom Regelunterricht weitgehend entkoppelt sind. Voraussetzung für erfolgreiche Förderung ist immer die sorgfältige Diagnose der jeweils vorliegenden Lernschwierigkeit (Sandfuchs 2009, S. 274).

2.3 Steigerung der nichtformellen Bildung

2.3.1 *Was ist nichtformelle Bildung?*

Als nichtformelle Bildung werden, im Unterschied zu den benoteten, berechtigenden und strukturierten formellen Bildungsangeboten, solche Bildungsangebote aufgefasst, die »freiwillig institutionalisiert oder fakultativ wählbar sind und deren Inhalte und Methoden systematisch einer relativ großen Gestaltbarkeit seitens der Teilnehmenden unterliegen« (Coelen 2006, S. 132; vgl. Vogel 2008, S. 125 f.; vgl. Burow/Pauli 2006, S. 24–27). Schülerinnen und Schüler sollen von der Ganztagsschule auch im Hinblick auf den Erwerb nichtformeller Bildung profitieren.

Keine Prüfung

Zieldimension der nichtformellen Bildung sind Fertigkeiten oder Haltungen, deren Erwerb zwar als erstrebenswert betrachtet, aber nicht geprüft wird. Da der Erwerb nichtformeller Bildung nicht quantifiziert (= in Zahlen ausgedrückt) wird, werden auf seiner Basis keine Benotungen und auch keine Selektionsentscheidungen vorgenommen. Dadurch sind für Schülerinnen und Schüler in Verbindung mit dem Erwerb nichtformeller Bildungsinhalte weder Leistungsdruck noch Stigmatisierungen aufgrund schlechter Leistungen verbunden. Es muss auch kein Vergleichsmaßstab innerhalb einer Gruppe, Klasse oder sogar eines Bundeslandes geschaffen werden im Hinblick darauf, was gekonnt werden soll und was nicht. Dies impliziert eine relativ freie Wahl der Inhalte und eine große Freiheit bei der methodischen Gestaltung der Angebote. Oftmals ist die Teilnahme am Bildungsangebot intrinsisch, also durch die Tätigkeit selbst motiviert.

Relevanz auch ohne Benotung

Auch wenn das Zertifikat als weniger relevant angesehen wird, erachtet man die Relevanz der in nichtformellen Bildungssettings erworbenen Kompetenzen und Fähigkeiten als sehr hoch. Von der Ganztagsschule wird erwartet, dass sie in der zusätzlichen Zeit auch Inhalte vermittelt, die für das Vorrücken oder die Selektion nicht relevant sind.

Inhalte der nichtformellen Bildung

Im Hinblick auf die Inhalte der nichtformellen Bildung an Ganztagsschulen können drei Bereiche unterschieden werden:

- *Autonomie und Identität:* Der Bereich »Autonomie und Identität« kategorisiert Erwartungen an Ganztagsschulen, die im Diskurs mit Begriffen wie Selbstkompetenz, Selbstständigkeit, Selbstbestimmung, Persönlichkeitsentwicklung oder Identitätsbildung benannt werden (vgl. Prüß u. a. 2009a, S. 11; Gantke 2008, S. 161; Reheis 2010, S. 66, BMFSFJ 2005, S. 13; Kiper 2013, S. 189). Von der Ganztagsschule wird erwartet, dass sie die Individuen zur autonomen Gestaltung ihrer Lebenspraxis befähigt. Individuen sollen in die Lage versetzt werden, gesellschaftlichen Erwartungen und Zwängen selbstbestimmt und selbstbewusst gegenüberzutreten und eigenständig zu handeln und zu urteilen (Scherr 2008, S. 139).
- *Soziale Kompetenz und Beziehungsfähigkeit:* In den Bereich »Soziale Kompetenz und Beziehungsfähigkeit« fallen Begriffe wie Sozialerziehung, soziales Lernen, soziale Kompetenzen, Kooperations-, Team- und Gemeinschaftsfähigkeit (vgl. Tillmann 2007, S. 49 f., Prüß u. a. 2009a, S. 11; vgl. Gantke 2008, S. 161, BMFSFJ 2005, S. 13). Ziel dieser Erwartung an die Ganztagsschule ist es, dass Individuen »die eigenen kurz- und langfristigen persönlichen Ziele mit der Einbindung in positiv getönte zwischenmenschliche Beziehungen in Einklang« bringen (Kanevski/Salisch 2011b, S. 150). Dabei lassen sich soziale Kompetenzen ausdifferenzieren in unterstützende Orientierungen, konstruktive Lösung sozialer Probleme, Bewusstheit fremder Emotionen, Austausch über Emotionen in der Freundschaft, Bewusstheit über eigene Emotionen sowie Selbstregulation (ebd., S. 151).
- *Partizipation und Solidarität:* Der dritte Bereich umfasst den Erwerb von Werten und Normen, die zur Teilhabe an gesellschaftlichen, kulturellen und politischen Vorgängen befähigen. Angesprochen werden etwa die Partizipation an einzelschulpolitischen Entscheidungen, die Übernahme sozialer Verantwortung und die Erprobung demokratischer Handlungsformen (vgl. Prüß 2009, S. 38, Appel 2009b, S. 62 f., Holtappels 2006, S. 10). In dieser Hinsicht wird von der Ganztagsschule gefordert, »nicht nur Erfahrungsräume für demokratisches Lernen und Handeln zu öffnen, sondern in der Gestaltung ihrer Organisation und ihrer Prozesse die Demokratie im Hier und Jetzt erfahrbar zu machen« (Burow/Pauli 2006, S. 40; vgl. Rauschenbach/Otto 2008, S. 22).

2.3.2 *Welche Maßnahmen können im Unterricht ergriffen werden?*

Passung von nichtformeller Bildung und Unterricht

Im Folgenden wird die Frage verfolgt, welche Maßnahmen ergriffen werden können, um die nichtformelle Bildung der Schülerinnen und Schüler zu erhöhen. Schülerinnen und Schüler können sich sowohl im Unterricht als auch in den außerunterrichtlichen Angeboten nichtformelle Bildung aneignen, gleichwohl die Voraussetzungen im Unterricht weniger günstig erscheinen. Der Unterricht ist durch vorgegebene Inhalte gekennzeichnet, was der Selbst- und Mitbestimmung der Schülerinnen und Schüler entgegensteht. Im Ganztagsschuldiskurs werden vor allem der fragend-entwickelnde Unterricht und der lehrgangsmäßige Unterricht (als vermeintlich traditionelle, lehrerzentrierte Unterrichtsformen der Halbtagsschule) kritisiert.

»Neue Lernkultur«

Im Diskurs um die Ganztagsschule wird den kritisierten Unterrichtsformen eine »neue Lernkultur« gegenübergestellt. Anhand einer schüler- und handlungsorientierten Methodik könnten vor allem die nichtformellen Aspekte der Bildung gefördert werden. Weil die neue Lernkultur größere Zeitressourcen erfordert, wird die Ganztagsschule als geeigneter Raum zur Verwirklichung betrachtet. In didaktisch-methodischer Hinsicht kann die neue Lernkultur in folgender Weise präzisiert und ausdifferenziert werden:

- *Freiarbeit:* Durch die freie Wahl von Arbeitsthema, Zeiteinteilung und möglicherweise auch Ort der Aufgabenbearbeitung erhofft man sich von der Freiarbeit eine Überwindung der »Konsumhaltung« (Hinz 2008, S. 148) der Schülerinnen und Schüler. Gestärkt werden vor allem Eigenverantwortung und Selbstständigkeit, bei einer Erweiterung um die freie Wahl der Partnerin bei der Aufgabenbearbeitung auch soziale Kompetenz und Solidarität. Die Freiarbeit muss durch eine vorbereitete Lernumgebung, in der die Lehrkraft förderliches Lernmaterial bereitstellt (z. B. in Form von Lernbüros), unterstützt werden (Hinz 2008, S. 147 f.; Rekus 2005, S. 294 f.).
- *Wochenplanarbeit:* Wochenpläne und Jahrespläne können als Instrument zur Strukturierung der Freiarbeit verstanden werden. Die Lehrkräfte geben verpflichtende Inhalte, Wahlpflichtinhalte und freiwillig zu bearbeitende Inhalte vor. Die Schülerinnen und Schüler wählen gegebenenfalls die ihren Interessen entsprechenden Inhalte und den Zeitpunkt der Bearbeitung selbst aus. Durch das Erstellen des individuellen Zeitplans wird einerseits das Lernen individualisiert und zum anderen die Selbstständigkeit der Schülerinnen und Schüler gefördert. Zeitfenster für Wochenplanarbeit können gerade

im Stundenplan der gebundenen Ganztagsschule fest verankert werden (Kolbe/Rabenstein/Reh 2006, S. 15 f.).

- *Projektunterricht:* Der Projektunterricht zielt nach Dewey auf die Initiierung von bedeutsamen Erfahrungsprozessen aufseiten der Schülerinnen und Schüler durch die mittel- oder längerfristige Auseinandersetzung mit einem für sie interessanten Thema oder Lerngegenstand (Traub 2011, S. 99). Beim Projektunterricht wird ein eigener Standort im Hinblick auf das Thema aktiv erarbeitet. Auch wenn ein Schulfach der Ausgangspunkt des Projekts ist, werden dessen Grenzen bei der Erarbeitung der für die Schülerinnen und Schüler relevanten Fragen im Projektverlauf meist überschritten (Rekus 2005, S. 294 f.). Ähnlich dem Projektunterricht sind beim vernetzten Unterricht oder Epochenunterricht die Grenzen der Schulfächer den Erfordernissen des Lerngegenstandes untergeordnet (Hinz 2008, S. 149).
- *Klassenstunden:* An der Grenze zwischen unterrichtlichem Angebot und außerunterrichtlichem Angebot befinden sich Maßnahmen wie Klassenstunden, Morgenkreis oder Klassenrat. In diesem Rahmen können individuelle Probleme oder Klassenprobleme angesprochen, diskutiert und gelöst werden. Die Organisation gemeinsamer Vorhaben der Klasse, beispielsweise Wandertag oder Projekte, kann während dieser Zeit stattfinden. Die Schülerinnen und Schüler erwerben Wissen über demokratische Prozesse und üben aktive Partizipation an gemeinsamen Entscheidungen (Koehler 2007, S. 61 f.).
- *Urteilen im Unterricht:* Als zentral für den Erwerb von Mündigkeit, also der Fähigkeit, frei und unabhängig zu handeln, sieht Hans-Jürgen Apel die Anregung der Schülerinnen und Schüler zur Bildung eines eigenen Urteils im Hinblick auf die erlernten Inhalte. Im mündigkeitsfördernden Unterricht wird daher Zeit für Diskussionen und kritische Nachfragen eingeräumt. Die Einwände der Schülerinnen und Schüler werden erörtert (Apel 1995, S. 264–269).

2.3.3 Welche Maßnahmen können außerhalb des Unterrichts ergriffen werden?

Wie schon erwähnt, bieten sich vor allem außerunterrichtliche Settings zur Vermittlung informeller Bildungsinhalte an. In der Ganztagsschule werden die außerunterrichtlichen Leistungen für gewöhnlich im Rahmen der Kinder- und Jugendhilfe erbracht. Für die Gestaltung der Aktivitäten, die zum Erwerb der informellen Bildung führen sollen, nennt Grunert vier Gütekriterien:

- *Jugendzentriertheit:* Um den Individuen eine eigenständige und selbstorganisierte Bewältigung der Herausforderung zu ermöglichen, ist die Anknüpfung der Lernsituation an die jeweiligen Erfahrungen und Biografien notwendig. Die Aktivitäten sollen daher an den Interessen, Fähigkeiten und Bedürfnissen der Heranwachsenden orientiert sein und unter Berücksichtigung der familialen, schulischen und peerbezogenen Lebenslagen der Heranwachsenden geplant und durchgeführt werden (Grunert 2012, S. 207 f.).
- *Themengebundenheit:*[2] Aktivitäten mit klarer Zielstellung scheinen die erwünschten Bildungsprozesse eher in Gang zu setzen als unklar und diffus festgelegte Aktivtäten. Der Titel einer Aktivität ist für die Jugendlichen der erste Indikator dafür, ob sie mit ihren individuellen Erfahrungen und Interessen an der Aktivität anknüpfen können, und daher ein wichtiger Faktor bei der Entscheidung über die Teilnahme daran. Ferner verdeutlicht die Themengebundenheit die gemeinsame Zielsetzung der Jugendlichen und gibt der Aktivität einen klaren Rahmen. Bei der Ausgestaltung des Themas können dann wiederum die eigenen Ideen, Voraussetzungen und Fähigkeiten der Teilnehmenden berücksichtigt werden (Grunert 2012, S. 208 f.).
- *Erfolgsorientiertheit:* Lernaktivitäten haben dann einen bildenden Effekt, wenn sie von Prozessen der Rückmeldung, Evaluation und Anerkennung begleitet sind. Diese Rückmeldungen sollen jedoch (gerade in den außerunterrichtlichen Angeboten) nicht in Form von formellen Noten erfolgen und auch nicht an Selektion und Konkurrenz gekoppelt sein. Informelle Hinweise von Trainern, Rückmeldungen von Gleichaltrigen oder auch Publikumsreaktionen bei öffentlichen Aufführungen können zur Selbstreflexion anregen und helfen, die eigene Selbstwirksamkeit zu erkennen (Grunert 2012, S. 209 f.).
- *Netzwerkbezogenheit:* Die Beziehungen sowohl zwischen Jugendlichen und Erwachsenen als auch der Jugendlichen untereinander spielen in den Aktivitäten eine zentrale Rolle. Die gemeinsame Verantwortung für den Erfolg der jeweiligen Aktivität ermöglicht es, eine Atmosphäre zu schaffen, die herausfordernd für die Jugendlichen ist und zugleich an deren Fähigkeiten anknüpft. Zielführend erscheinen Beziehungen, die von Anerkennung und Vertrauen geprägt sind (Grunert 2012, S. 210 f.).

2 Grunert fasst die hier unter »Themengebundenheit« verhandelten Inhalte unter dem Begriff »Wissensbasiertheit«.

2.4 Erhöhung des Wohlbefindens der Schülerinnen und Schüler

2.4.1 *Was ist Wohlbefinden?*

Im Diskurs wird die Erwartung an die Ganztagsschule herangetragen, eine kindgerechte Schule in dem Sinne zu sein, dass sich die Kinder in ihr wohlfühlen. Die Ganztagsschule soll also zur momentanen Zufriedenheit und zum momentanen Glück der Schülerinnen und Schüler beitragen. Mit Hascher (2004, S. 33) können positive Emotionen als zentraler Aspekt des Wohlbefindens begriffen werden. Negative Emotionen sind dabei nicht gänzlich abwesend, fallen aber gegenüber den positiven Emotionen deutlich weniger ins Gewicht. Ergänzt werden die emotionalen Aspekte durch kognitive Aspekte: Wohlbefinden zeichnet sich nicht nur durch das Verspüren positiver Emotionen aus, sondern zusätzlich durch eine (rationale) positive Bewertung des eigenen Zustandes. Mit konkretem Bezug auf die Schule können die folgenden sechs Komponenten des Wohlbefindens differenziert werden (Hascher 2004, S. 149):

1. »Positive Kognitionen und Emotionen gegenüber der Schule (z. B. die Schule als sinnvoll bewerten)
2. Freude in/an der Schule (z. B. sich über Erfolge freuen)
3. Schulisches Selbstbewusstsein (z. B. sich mit den Anforderungen der Schule identifizieren können)
4. Sorgen und Probleme wegen der Schule (z. B. sich über das Erreichen von Lernzielen Sorgen machen)
5. Körperliche Beschwerden wegen der Schule (z. B. Herzklopfen bei der mündlichen Mitarbeit verspüren)
6. Soziale Probleme in der Schule (z. B. sich in der Klasse ausgegrenzt fühlen)«

Die Kategorie des Wohlbefindens ist damit von den in den vorherigen Kapiteln verhandelten Bildungskategorien in analytischer Hinsicht klar unterschieden: Wird das Wohlbefinden der Schülerinnen und Schüler verfolgt, dann steht nicht das Erlernen formeller und nichtformeller Inhalte im Fokus, sondern die derzeitige und gewohnheitsmäßige emotionale Einstellung der Ganztagsschule gegenüber.

2.4.2 *Die Forderung nach Wohlbefinden im Diskurs um die Ganztagsschule*

In den meisten Darstellungen der Erwartungen an Ganztagsschulen wird das Wohlbefinden der Schülerinnen und Schüler nicht ausdrücklich benannt, sondern eher implizit thematisiert. Es soll an dieser Stelle explizit herausgearbeitet und begründet werden.

Reformpädagogische Tradition

Die Forderungen nach dem Wohlbefinden der Schülerinnen und Schüler stehen in reformpädagogischer Tradition. Nach dem im reformpädagogischen Diskurs prominenten Muster der Unterscheidung von einer als zwanghaft, strafend und kalt apostrophierten »alten Schule« und einer als frei, lebensnah und natürlich beschriebenen »neuen Schule« (Scheibe 1999) wird der negativ konnotierten »herkömmlichen« Halbtagsschule die positiv bewertete Ganztagsschule gegenübergestellt. Schülerinnen und Schüler litten in der bisherigen Schule unter einem hohen Selektionsdruck (Durdel 2006, S. 23) sowie Langeweile und Versagensängsten (Enderlein 2006, S. 103). Kritisiert werden das »starre Korsett des Unterrichts am Vormittag« (Mack 2009, S. 295), der »Fastfood-Unterricht« (Reheis (2010, S. 62f.) und die »autoritäre […] Stoffvermittlung« (Tillmann 2007, S. 51). Ferner sei die Zeitknappheit der bisherigen Schule eine schlechte Voraussetzung für den Erhalt zwischenmenschlicher Beziehungen (Burk 2007, S. 66).

Ganztagsschule als Ort des Wohlbefindens

Der bisherigen Schule wird die Ganztagsschule als Ort des Wohlbefindens gegenübergestellt. Durch die Ganztagsschule könne die »verschwundene Lebensqualität« (Enderlein 2006, S. 103) der Heranwachsenden wieder herbeigeführt werden. Sie wird als Ort gesehen, an dem die Heranwachsenden Stolz, Zuversicht und Freude (Durdel 2006, S. 23) sowie emotionale Sicherheit und Geborgenheit (Appel 2009b, S. 63) erlangen könnten. Die erweiterten Zeitressourcen würden die für den Bildungsprozess relevanten »positiven Gefühle« (Reheis 2010, S. 62) fördern. Die Ganztagsschule wäre ein Ort, an dem die Kinder »im Vertrauen auf die sie umfassende Umgebung und die sie umsorgenden Erwachsenen« (Hinz 2008, S. 145) aufwüchsen. Die Ganztagsschule würde zur »Harmonisierung der zwischenmenschlichen Beziehungen« (Appel 2009a, S. 23) beitragen und ermögliche »kontinuierliche Zuwendung«, »stabile Beziehungen« und »integrierende Gruppenbezüge« (Appel 2009a, S. 23).

Gefordert wird eine Gestaltung des Schultages, die sich an den verschiedenen Interessen, Bedürfnissen und Neigungen der Kinder und Jugendlichen orientiert (Mack 2009, S. 295; Koehler 2007, S. 59; Holtappels 2007, S. 16). Die Ganztagsschule solle angemessene Zeitfenster für »Entspannung und Erholung« (Prüß 2009, S.49; Holtappels 2007, S. 17) gewährleisten und zur »Reduzierung von Stresssituationen« (Appel

2009a, S. 23) beitragen. Im Rahmen des ganztagsschulischen Lehrens und Lernens sollten der »Eigenrhythmus« (Burk 2007, S. 69) und die »Eigenzeiten« (Reheis 2010, S. 65) des Kindes Berücksichtigung finden.

2.4.3 *Ist die Steigerung des Wohlbefindens eine Erwartungskategorie?*

Im Diskurs um die Ganztagsschule wird das Wohlbefinden der Schülerinnen und Schüler meist nicht als eigenständige Erwartung an Ganztagsschulen genannt, sondern lediglich als probate Maßnahme zur Förderung formeller und informeller Bildungsprozesse: Wenn es den Schülerinnen und Schülern gut geht, dann lernen sie besser. Zweck von Ganztagsschule, und damit Erwartung an Ganztagsschule, bleiben die formellen und informellen Bildungsprozesse. Im Folgenden wird begründet, warum das Wohlbefinden in dieser Systematik dennoch als eigenständige und erstrebenswerte Erwartung formuliert wird.

Wohlbefinden und Bildung sind unterschiedliche analytische Kategorien. Es sind durchaus Situationen denkbar, in denen sich Schülerinnen und Schüler wohlfühlen, sich aber nicht bilden (z. B. beim »chillen«). Andersherum sind Situationen denkbar, die zwar der Bildung, nicht aber dem Wohlbefinden der Schülerinnen und Schüler dienen (mancher Unterricht zählt wohl dazu). Da Bildung und Wohlbefinden nicht zwangsläufig gemeinsam auftreten, macht es Sinn, beide analytisch zu trennen.

Es soll nun das Wohlbefinden nicht nur als Maßnahme zur Unterstützung von Bildungsprozessen betrachtet, sondern als eigenständige Erwartung, also als Zweck von Ganztagsschule etabliert werden. Dies erscheint geboten aufgrund der längeren Zeit, die Ganztagsschülerinnen im Vergleich zu Halbtagsschülerinnen an der Schule verbringen: Während der Schultag für die einen andauert, können die anderen in der Familie, im Kino oder im Freibad ihren Vorlieben nachgehen. Erhält das Wohlbefinden in der Ganztagsschule keine Berücksichtigung, so reduziert sich für Ganztagsschüler im Vergleich zu den Halbtagsschülern die Zeit, in der sie aktiv für ihr Wohlbefinden sorgen können. In der Praxis der Ganztagsschule erscheint es also legitim, den Heranwachsenden Zeitfenster einzuräumen, die nicht von Ansprüchen der formellen oder nichtformellen Bildung gekennzeichnet sind. Auch wenn in den politisch orientierten Erwartungskatalogen das Wohlbefinden nicht erwähnt wird, zeigen empirische Untersuchungen (Brehler/Weide 2009, S. 121–126) den Stellenwert des Wohlbefindens der Schülerinnen und Schüler als Ziel der Ganztagsschulentwicklung.

Parallelität von Wohlbefinden und Bildung

Im Idealfall können an der Ganztagsschule Bildung und Wohlbefinden parallel verfolgt werden. Sollte das allerdings in bestimmten Situationen nicht möglich sein, kann aus Sicht der Wissenschaft nicht generell bestimmt werden, ob in einer konkreten Situation der Zweck »Bildung« oder der Zweck »Wohlbefinden« angemessen erscheint. Diese Entscheidung obliegt der Aushandlung der an der jeweiligen Situation beteiligten Personen.

2.4.4 Welche Maßnahmen können ergriffen werden?

Zur Erhöhung des Wohlbefindens der Schülerinnen und Schüler sollen Schulen »Möglichkeiten bieten, individuelle Ziele zu verwirklichen, die viele Freuden und Erfolgserlebnisse ermöglichen, die auf guten und engen Sozialbeziehungen aufbauen und sich an dem orientieren, was Individuen glücklich macht« (Hascher 2004, S. 288). Im Diskurs um die Ganztagsschule werden vor allem das Verfolgen eigener Interessen sowie die positiven personalen Beziehungen diskutiert:

- *Individuelle Interessen im Unterricht:* Im Vergleich zu anderen Lebenskontexten der Heranwachsenden kann innerhalb des schulischen Unterrichts sicherlich im geringsten Umfang auf individuelle Interessen eingegangen werden. In einer strukturtheoretischen Betrachtungsweise lernen Schülerinnen und Schüler im Unterricht die gesellschaftliche Norm des Universalismus: Hier gelten sie nicht wie in der Familie als Einzelfall, sondern wie im gesellschaftlichen Leben als ein Fall unter vielen, für die die gleichen Regeln gelten (Dreeben 1980, S. 71–83). Diese strukturellen Tendenzen können von der Lehrkraft jedoch gelindert (oder verschärft) werden. So kann sich die Lehrkraft im Unterricht um eine Erhöhung der Wahlmöglichkeiten der Schülerinnen und Schüler einer Klasse etwa im Hinblick auf Methoden, Sozialformen oder Medien bemühen. Genauso können Schulklassen Mitspracherechte bei der Spezifizierung der Unterrichtsinhalte eingeräumt werden, etwa bei der Bestimmung der Klassenlektüre. Bei der Individualisierung des Unterrichts bestimmen Schülerinnen und Schüler unabhängig von ihren Klassenkameradinnen für sich selbst, welche Inhalte sie (in einem gewissen Rahmen) im Unterricht behandeln möchten.
- *Individuelle Interessen in den außerunterrichtlichen Angeboten:* Schülerinnen und Schüler verfügen vor allem außerhalb des Unterrichts über Dispositionszeit, also »wahlfreie, selbst- und mitbestimmbare Zeitabschnitte« (Opaschowski/Pries 2008, S. 429), und erhalten vor allem dann die Möglichkeit, ihren eigenen Interessen nachzugehen.

Dennoch ist nicht jegliche Zeit außerhalb des Unterrichts Dispositionszeit. Zeitpunkt, Ablauf und Dauer des Mittagessens sind beispielsweise relativ stark reglementiert. Vor allem außerhalb der unterrichtlichen Angebote muss eine Ganztagsschule daher auf die Lebenssituation der Kinder und Jugendlichen Bezug nehmen, die Gestaltungsfreiräume erkennen und aufgreifen, Partizipation aktiv praktizieren und die Kooperationspartner im Interesse der Schülerinnen und Schüler wählen (vgl. Jürgens 2006, S. 194). Um dies zu gewährleisten muss auch innerhalb der außerunterrichtlichen Angebote den dezidiert interesseorientierten Angeboten ein eigener Stellenwert neben Hausaufgabenbetreuung, Förderunterricht und mitunter auch Projektunterricht eingeräumt werden. Die tatsächliche Freiheit der Schülerinnen und Schüler bei der Gestaltung des Nachmittags impliziert die Möglichkeit »ein Angebot tatsächlich ablehnen zu können und es nicht bloß durch ein alternatives Angebot ersetzen zu müssen« (Rabenstein 2010, S. 91). Darüber hinaus sind Rückzugsorte zur Verfügung zu stellen, in denen die Schülerinnen und Schüler ungestört sein können. Die Freizeit soll hier explizit nicht unter der Erwartung stehen, sich möglichst viel (wie auch immer geartete) Bildung anzueignen. Zentral ist das Wohlbefinden der Schülerinnen und Schüler.

- *Beziehungen zwischen Schülern:* Die Wahrnehmung der Beziehung zu anderen Personen ist eine weitere Einflussgröße auf das Wohlbefinden der Schülerinnen und Schüler. Beziehungen der Schülerinnen und Schüler untereinander können sowohl im Unterricht (z. B. durch Gruppenarbeit) als auch außerhalb des Unterrichts (z. B. durch gemeinsame Ausflüge) gefestigt und bereichert werden. Im Vergleich zur Halbtagsschule ist jedoch noch aufmerksamer auf Streitereien zwischen Schülern zu achten: Schülerinnen und Schüler sind weitgehend auf die Schulkontakte festgelegt und können diesen nicht entfliehen. Da Ganztagsschüler sehr viel Zeit miteinander verbringen, sind alternative Freundeskreise außerhalb der Schule sehr viel schwieriger zu realisieren. Es bietet sich daher an, Streitschlichterprogramme einzuführen.
- *Beziehungen zwischen Schülern und Personal:* Eine harmonische und vertrauensvolle Beziehung sowohl zu Lehrkräften als auch zum weiteren Personal trägt zum Wohlbefinden der Schülerinnen und Schüler bei. Freundlichkeit, Humor und Wertschätzung sind Faktoren, die einer emotional positiven Beziehung zuträglich sind. Lehrkräfte sind hier jedoch besonderen Spannungsfeldern ausgesetzt, da sie die staatlichen Ansprüche zur Vermittlung der im Lehrplan festgehaltenen Inhalte durchsetzen müssen und auch die Notenvergabe und Selektion vornehmen. Akteure der Jugendhilfe oder weiteres Personal

werden in ihrer Beziehungsgestaltung von den strukturellen Vorgaben weniger beschränkt und können daher effektiver vertrauensvolle Beziehungen zu den Schülerinnen und Schülern aufbauen.

2.5 Vereinbarkeit von Familie und Beruf

2.5.1 *Was ist mit der Vereinbarkeit von Familie und Beruf gemeint?*

Verlässliche Betreuung

Mit dem Ausbau von Ganztagsschulen soll den Eltern eine verlässliche Betreuungsmöglichkeit zur Verfügung gestellt werden. Da der »gegenwärtige Versorgungsgrad an verlässlichen Betreuungsmöglichkeiten für Schulkinder [...] bei weitem nicht den veränderten Erwerbs- und Familienstrukturen und den daraus entstehenden Notwendigkeiten« (Standop 2008, S. 529; vgl. Tillmann 2007, S. 49 f.) entspreche, wird der Ruf nach staatlich organisierten Betreuungsoptionen laut. Durch das Betreuungsangebot soll eine »bessere Balance zwischen Familie und Beruf« (BMFSFJ 2005, S. 305) ermöglicht werden. Gerade Alleinerziehende wären auf eine verlässliche Betreuung der Kinder angewiesen.

Erwerbstätigkeit der Eltern

Würden die Kinder auch den Nachmittag in der Schule verbringen, so die Annahme, dann wären deren Eltern (insbesondere deren Mütter) eher zur Aufnahme oder Ausweitung einer Erwerbstätigkeit bereit (Aktionsrat Bildung 2013, S. 55; Holtappels 2006, S. 9). Damit ist sowohl die Aufnahme einer neuen Tätigkeit (etwa die Rückkehr in den Beruf) als auch die Ausweitung einer bestehenden Tätigkeit (z. B. von einer Halbtagsstelle auf eine Vollzeitstelle) oder eine berufliche Weiterqualifizierung gemeint (vgl. Züchner 2008, S. 322).

Durch die nachmittägliche Betreuung der Schülerinnen und Schüler in der Ganztagsschule soll die Vereinbarkeit von Familie und Beruf unterstützt und befördert werden. Der Vereinbarkeit werden dabei drei als erstrebenswert erachtete Effekte zugeschrieben:

Erhoffte Effekte

- *Wirtschaftlicher Nutzen:* Wenn Eltern aufgrund einer notwendigen Kinderbetreuung ihrem Erwerbswunsch nicht oder nur in Teilzeit nachgehen können, entstehen Nachteile sowohl für die Volkswirtschaft als Ganzes als auch für einzelne Unternehmen. Gerade die während der Elternzeit ungenutzte Arbeitskraft der Beschäftigten mit spezifischer Fachexpertise, großer Erfahrung oder auf dem Arbeitsmarkt knappen Qualifikationen führt im Unternehmen zu Einschnitten. Ferner werden in dieser Zeit keine Weiter- und Fortbildungen im Hinblick auf berufsspezifische Kompetenzen wahrgenommen, sodass die Qualifikationen graduell an Wert für das Unternehmen verlieren. Die Rückkehr gelingt häufig nur nach längerer Abwesenheit, in Teilzeit und in unterqualifizierten Beschäftigungen (vgl. Tobsch 2013, S. 2). In dieser Perspektive soll die Ganztagsschule also durch die nachmittägliche Betreuung zum Wohl der Unternehmen und der Volkswirtschaft beitragen.

- *Finanzieller Nutzen für Familien:* Auch Familien profitieren in finanzieller Hinsicht von der Aufnahme oder Ausweitung der Erwerbstätigkeit. Dabei erhöht die intensivierte berufliche Tätigkeit nicht nur das aktuelle Einkommen der Familie, sondern auch die Rentenansprüche und die Karrierechancen. Die Betreuungsfunktion der Ganztagsschule und damit verbunden die Intensivierung der Erwerbstätigkeit kann damit eine Antwort auf die »Destabilisierung der sozioökonomischen Lage der Familien« (Holtappels 2006, S. 10) sein und familialer Armut entgegenwirken (Böllert 2008, S. 187). Gerade Alleinerziehende sind zur Sicherung des Lebensunterhalts auf die Erwerbstätigkeit und damit auf eine zuverlässige Betreuung der Kinder angewiesen (Radisch/Klieme 2003, S. 14). Die im Rahmen der Ganztagsschule ermöglichte Betreuung soll also zum Wohlstand der Familien beitragen.
- *Steigerung der Geburtenrate:* Die Geburtenrate liegt in Deutschland mit etwa 1,4 Kindern pro Frau im europäischen Vergleich auf einem sehr niedrigen Niveau. Studien deuten darauf hin, dass die Befürchtung, im Alltag keine Zeit für ihre Kinder aufbringen zu können, ein zentrales Motiv junger Erwachsener gegen eine Familiengründung ist (Stötzel/Wagener 2014, S. 55–57). Von der Ganztagsschule wird diesbezüglich Abhilfe erhofft. Junge Paare müssten in ihrer Lebensplanung nicht mehr zwischen Familie und Karriere wählen, sondern könnten angesichts der Betreuungsmöglichkeiten beides miteinander kombinieren.

Kein Bildungsanspruch

Aus der Erwartung, dass Familie und Beruf für die Eltern vereinbar gemacht werden sollen, kann jedoch kein Bildungsanspruch abgeleitet werden (vgl. Böllert 2008, S. 192 f.). Für die Ausweitung der Erwerbstätigkeit der Eltern spielt es schlichtweg keine Rolle, ob die Schülerinnen und Schüler während der Betreuungszeit gebildet werden oder nicht. Bildung und Betreuung können analytisch getrennt werden, da sowohl Betreuung ohne Bildung als auch Bildung ohne Betreuung stattfinden kann. Der Betreuung ist nicht zwangsläufig eine bildende Funktion zuzuschreiben.

2.5.2 Welche Maßnahmen können ergriffen werden?

Merkmale der Betreuungsangebote

Um den Eltern die Aufnahme oder Intensivierung einer Erwerbstätigkeit zu ermöglichen, soll die Ganztagsschule eine bedarfsgerechte Betreuung für deren Kinder anbieten. Für die Diskussion der angemessenen Maßnahmen soll auf einen Betreuungsbegriff rekurriert werden, der analytisch von Bildung und Erziehung streng getrennt wird und ausschließlich darauf abzielt, die Vereinbarkeit von Familie und Beruf zu ermöglichen. In idealtypischer Weise zeichnen sich die Betreuungsangebote durch folgende Merkmale aus:

- *Sicherheit und Versorgung:* Zentraler Anspruch an die Betreuungsangebote ist es, Schaden von den Schülerinnen und Schülern abzuwenden (vgl. Rekus 2005, S. 290). Von der Schule wird eine sichere Betreuung erwartet, in der den Schülerinnen und Schülern weder von innerhalb noch von außerhalb der Schule eine Gefahr droht. Die Schule muss dafür eine nachmittägliche Beaufsichtigung bereitstellen (vgl. Radisch/Klieme 2003, S. 14). Schülerinnen und Schüler sind von fahrlässigen oder gefährlichen Aktivitäten abzuhalten oder zumindest (gerade beim Sport) mit den notwendigen Schutzvorkehrungen auszustatten. Genauso sind psychische und physische Aggressionen der Schülerinnen und Schüler untereinander zu vermeiden. Auch müssen rechtliche oder sittliche Maßgaben (in Hinblick auf Alkohol, Nikotin oder gewaltverherrlichende Medien) während der Betreuungszeit eingehalten werden. Ferner sollen Schülerinnen und Schüler in der nachmittäglichen Betreuungszeit angemessen versorgt sein. Das impliziert beispielsweise die Bereitstellung eines Mittagessens, ausreichende Bewegungsfreiheit und angemessene Räumlichkeiten.
- *Inhaltliche Unbestimmtheit:* Da mit der Betreuung kein Bildungsideal verfolgt wird, ist die über die Versorgung und Sicherheit hinausgehende Gestaltung der Angebote weitgehend beliebig. Es können Angebote unterbreitet werden, die sich an den Interessen der Schülerinnen und Schüler orientieren (Fußball, Töpfern, Kartenspiele); genauso sind offene Angebote wie ein Jugendtreff möglich. Selbst eine einfache Versammlung der Schüler in der Aula oder auf dem Sportplatz ist denkbar. Die Zeit kann auch für als praktisch empfundene Aktivitäten (z. B. Hausaufgaben) genutzt werden.
- *Bedarfsgerechtigkeit:* Die Qualität der Ganztagsschule im Hinblick auf die Vereinbarkeit von Familie und Beruf wird daran bemessen, inwiefern sie dem Betreuungsbedarf der Eltern gerecht wird. Einzelne Schulen müssen also die Erfordernisse »ihrer« Eltern in Erfahrung bringen und berücksichtigen. Zu gestalten ist ein bedarfsge-

rechtes, flexibles und zuverlässiges Angebot. Manche Schulen bieten auch eine Betreuung vor dem Unterricht und bis in den Abend hinein an, die von den Eltern je nach Bedarf wahrgenommen werden kann (Nerowski 2008, S. 80 f.). Für die Schulferien ist ein passender Kooperationspartner zu finden, der die dann ganztägige Betreuung übernimmt. Ferner ist das Betreuungsangebot auf die Bus- und Zugfahrpläne abzustimmen.

- *Einfache Organisation:* Die Verwirklichung eines reinen Betreuungsangebots ist vergleichsweise einfach zu organisieren. Der Hauptgrund für den geringen Aufwand liegt darin, dass die Betreuungsangebote lediglich additiven Charakter haben und mit den Bildungsangeboten in keinem systematischen Zusammenhang stehen müssen. Zur Gewährleistung der Vereinbarkeit von Familie und Beruf sind weder eine zielgerichtete Unterrichtsentwicklung noch die Verknüpfung der unterrichtlichen Inhalte mit den Betreuungsaktivitäten notwendig. Die Kooperation zwischen Lehrkräften und Betreuungspersonal beschränkt sich auf pragmatische organisatorische Absprachen; die Erarbeitung gemeinsamer inhaltlicher Konzepte ist nicht erforderlich. Meist reichen die ohnehin vorhandenen Räumlichkeiten aus.
- *Geringe Qualifikationsanforderung:* Das für die Betreuung notwendige Personal muss nicht zwingend hoch qualifiziert sein (vgl. Rekus 2005, S. 290). Für die Angebote können Studierende, Absolvierende des Freiwilligen Sozialen Jahres oder Helferinnen und Helfer auf 400-Euro-Basis rekrutiert werden. Es bietet sich an, ortsansässige Vereine oder weitere Akteure der offenen Jugendarbeit in die Angebote miteinzubeziehen. Mitunter nehmen manche Eltern oder Großeltern diese Aufgaben sogar ehrenamtlich wahr. Für die Angebote mit einem begrenzten inhaltlichen Anspruch ist eine festangestellte Schulsozialarbeiterin oder die Verwendung von Lehrerstunden nicht notwendig und aus finanzieller Sicht auch nicht sinnvoll.

2.5.3 *Ist die Vereinbarkeit von Familie und Beruf eine legitime Erwartung?*

Die Ganztagsschule scheint ein durchaus zielführendes Instrument zur nachmittäglichen Betreuung der Kinder zu sein. Empirische Befunde zeigen, dass die Vereinbarkeit von Familie und Beruf ein zentrales Motiv zur Wahl einer Ganztagsschule ist. Ferner zeigen sich die Eltern zufrieden mit dem Betreuungsangebot und können dadurch ihre Erwerbstätigkeit tatsächlich ausbauen (vgl. Nerowski 2012, S. 121 f.). Mit Rekus (2005, S. 290) kann zusammengefasst werden: »Aus pragmatischer Sicht sind solche Betreuungsangebote am Nachmittag ohne jeden Zweifel zweckmäßig.«

Betreuung als Zweck der Schule?

Dennoch steht im erziehungswissenschaftlichen Diskurs die Fokussierung auf Betreuung – oft negativ konnotiert als »Verwahrung« – in starker Kritik. Die Vereinbarkeit von Familie und Schule wird nicht als Sinn und Zweck der Schule gesehen:

> Nun mag [die Entlastung erwerbstätiger Mütter/cn] gewiss ein sozialpolitisch und wirtschaftspolitisch wünschenswerter Effekt sein; es verdient aber die Frage gestellt zu werden, warum ausgerechnet die Schule diese »kuratorischen« Aufgaben übernehmen soll. Bemerkenswerterweise wird in der öffentlichen Diskussion über Alternativmodelle schlechterdings nicht nachgedacht. Der Gedanke etwa, dass die Unternehmen, die von der nachmittäglichen Betreuung der Kinder ihrer Mitarbeiterinnen einen ökonomischen Vorteil haben, auch entsprechende Betreuungsangebote in eigener Regie vornehmen und durchführen könnten, findet sich in der ganzen öffentlichen Diskussion – abgesehen von einigen exotischen Vorzeigemodellen – nicht. (Brenner 2005, S. 1 223)

Die Vereinbarkeit von Familie und Beruf wird also durchaus als gesellschaftlich relevantes Problem anerkannt. Auf Ablehnung stößt jedoch die Schlussfolgerung, dass sich die Schule darum zu kümmern hätte. Brenner argumentiert, dass diejenigen Unternehmen, die von der Arbeitskraft der Eltern profitieren, auch für die Organisation und Finanzierung der Betreuung ihrer Kinder Sorge tragen müssten.

Damit schließt Brenner an die Argumentationen Gieseckes an. Dieser beklagte schon knapp zehn Jahre vor der Diskussion um die Ganztagsschule, dass jedes beliebige gesellschaftliche Problem »lauthals der Schule zur Lösung aufgetischt« (Giesecke 1995, S. 95) werde. Die Erwartung, dass die Schule sich um die Lösung dieses Problems kümmere, entspringe dabei nicht schultheoretischen Überlegungen zu Ziel und Zweck der Schule, sondern sei »das Ergebnis von Bequemlichkeit, weil schließlich alle Kinder in der Schule versammelt« (ebd.) und die Aufgaben im Rahmen der Schule einfach zu organisieren wären.

Bildung als übergeordneter Zweck der Schule

Wird die Schule als pädagogische Institution verstanden, so ist die Bildung der Schülerinnen und Schüler ihr übergeordneter Zweck. Gute Schulen zeichnen sich vor allem durch erfolgreiche Bildungsprozesse aus. Alle Schulreformen müssen sich durch einen Rekurs auf die Optimierung von Bildungsprozessen legitimieren. Wie jede andere Schule auch ist die Ganztagsschule »vorrangig eine Bildungsanstalt und keine Betreuungsanstalt« (Rekus 2005, S. 296). Da die Vereinbarkeit von Familie und Beruf keine Bezüge zum Bildungsdiskurs aufweist, kann sie nur schwer als legitime Erwartung an Ganztagsschulen gelten.

Gegen die Betreuung als Nebeneffekt der Bildungsbemühungen in Ganztagsschulen ist prinzipiell nichts einzuwenden. Problematisch erscheinen aber systematische Schulentwicklungsbemühungen mit der bedarfsgerechten Betreuung als Zielpunkt, gerade wenn dadurch Ressourcen in Beschlag genommen werden, die auch Bildungsbemühungen zugutekommen könnten. Der Einsatz etwa von Lehrerstunden, um einige Kinder zu beaufsichtigen, bis deren Eltern gegen Abend von der Arbeit zurückkehren, entbehrt einer pädagogischen Legitimation. Auch wenn die Betreuung als Nebeneffekt der Bildung gerne akzeptiert wird, kann das Ziel, den Eltern durch das Ganztagsangebot eine möglichst flexible, umfassende und bedarfsgerechte Betreuung zur Verfügung zu stellen, aus pädagogischer Perspektive nicht gerechtfertigt werden.

2.6 Erwartungen an Ganztagsschulen und Schulentwicklung

2.6.1 Zusammenfassung der Erwartungen

Die dargestellten Forderungen an die Ganztagsschule können wie folgt zusammengefasst werden:

1. Von der Ganztagsschule wird eine Steigerung der formellen Bildung der Schülerinnen und Schüler erwartet
Die Ganztagsschule soll dazu beitragen, dass die in der Schule geprüften Leistungen und die Bildungszertifikate der Schülerinnen und Schüler erhöht werden. Erwartet wird sowohl die Förderung aller Schülerinnen und Schüler als auch die Förderung vor allem schwacher oder benachteiligter Schülerinnen und Schüler. Zur Erfüllung der Erwartung scheinen Maßnahmen zur Verbesserung der Unterrichtsqualität (Motivierung, Sicherung, Differenzierung) sowie am Unterricht bzw. an unterrichtsrelevanten Kompetenzen orientierte Förderprograme geeignet (vgl. Kapitel 2.2).

2. Von der Ganztagsschule wird eine Steigerung der nichtformellen Bildung der Schülerinnen und Schüler erwartet
Mit der Ganztagsschule ist die Erwartung einer Förderung der nichtformellen Bildung der Schülerinnen und Schüler verbunden. Fokussiert werden damit auch diejenigen Bildungsinhalte, die in der Schule nicht geprüft und bewertet werden, also etwa Autonomie, soziale Kompetenz und Solidarität. Elemente einer »neuen Lernkultur«, wie Freiarbeit oder Projektunterricht, können zur Erhöhung der nichtformellen Bildung innerhalb des Unterrichts beitragen. Maßnahmen außerhalb des Unterrichts müssen an den Interessen der Kinder und Jugendlichen orientiert sein und Bezüge zu konkreten Themen aufweisen (vgl. Kapitel 2.3).

3. Von der Ganztagsschule wird eine Erhöhung des Wohlbefindens der Schülerinnen und Schüler erwartet

Die Ganztagsschule soll aktiv zum Wohlbefinden der Schülerinnen und Schüler beitragen. Die positiven Emotionen wie Lebensfreude, Geborgenheit oder Stolz sollen gegenüber den negativen Emotionen dominieren. Legitim erscheint diese Erwartung vor allem deshalb, weil in der Ganztagsschule die frei verfügbare Zeit für Hobbys, Freunde und Familie im Vergleich zur Halbtagsschule reduziert ist. Mögliche Maßnahmen sind die Berücksichtigung der Interessen der Schülerinnen und Schüler innerhalb und außerhalb des Unterrichts sowie die Förderung und Unterstützung positiver Beziehungen zwischen den beteiligten Personen (vgl. Kapitel 2.4).

4. Von der Ganztagsschule wird eine Erleichterung der Vereinbarkeit von Familie und Beruf erwartet

Von der Ganztagsschule wird erwartet, dass sie eine verlässliche Betreuung der Schülerinnen und Schüler gewährleistet und deren Eltern damit hilft, Familie und Erwerbstätigkeit zu vereinbaren. Davon wird ein wirtschaftlicher Nutzen, ein finanzieller Nutzen für die Familien sowie eine Steigerung der Geburtenrate erhofft. Die darauf abzielenden Maßnahmen werden dem Betreuungsbedarf der Eltern gerecht und sind relativ einfach zu organisieren. Weil mit dieser Erwartung kein Bildungsanspruch verfolgt wird, kann ihr jedoch aus pädagogischer Perspektive nur wenig Legitimität zugesprochen werden (vgl. Kapitel 2.5).

2.6.2 *Welche Bedeutung kommt den Erwartungen im Ganztagsschulentwicklungsprozess zu?*

Ganztagsschulen stehen im Vergleich zu Halbtagsschulen mehr Ressourcen zur Verfügung. Wofür diese Ressourcen eingesetzt und welche Ziele damit verfolgt werden, wird durch bildungspolitische Vorgaben nur vage bestimmt (vgl. die Diskussion zum Ganztagsschulbegriff der Kultusministerkonferenz in Kapitel 1). Es gibt weder »von oben« vorgegebene noch »natürliche« Zwecke der Ganztagsschule. Ganztagsschulen sind deswegen eher als Möglichkeitsraum zu betrachten, der einer bewussten Gestaltung durch die daran beteiligten Personen bedarf.

Die Schulentwicklungsdebatte ist getragen vom Gedanken der Teil- oder Gestaltungsautonomie der Schule. Innerhalb staatlicher Vorgaben sind Schulen für ihr Leitbild und ihr Profil selbst verantwortlich. Sie dürfen und müssen ihre Entwicklungsschwerpunkte selbst bestimmen und tragen für deren Realisierung Sorge (Rahm 2010b, S. 6–13). Der Gestaltungsauftrag für die Schwerpunkte der Ganztagsschulentwicklung liegt damit vor allem bei der Schulleitung, dem Lehrkollegium, den Schülerinnen und Schülern, aber auch beim weiteren pädagogischen Personal und den Eltern. Mitunter kommen noch Vertreterinnen der Schulverwaltung oder lokale Akteure wie Bildungsbüros oder Stadträte hinzu.

Im Ganztagsschulentwicklungsprozess ist zu klären, welche Erwartungen die beteiligten Personen und Statusgruppen einer konkreten Ganztagsschule als besonders wichtig, als auch wichtig oder als unwichtig erachten. Anschließend können Maßnahmen, die zur Erfüllung der Erwartungen beitragen sollen, erarbeitet und im Ganztagsschulkonzept zusammengefasst werden. Zwei Beispiele können diese Prozesse veranschaulichen:

- Eine Ganztagsschule möchte ihre Ressourcen auf die Förderung der formellen Bildung aller Schülerinnen und Schüler fokussieren. Maßnahmen zur Entwicklung eines leistungsfördernden Unterrichts und zur Etablierung fachlicher Förderung müssten unternommen werden. Der Erfolg der Schule bemisst sich dann etwa an Wiederholer-Quoten, dem Abiturdurchschnitt oder den Leistungen in landesweiten Leistungsvergleichstests (in Bayern: VERA).
- Eine andere Schule möchte möglicherweise den Schwerpunkt sowohl auf nichtformelle Bildung als auch auf das Wohlbefinden legen. An dieser Schule empfehlen sich Freiarbeit und Projektunterricht sowie das Einrichten von Schulcafé und Rückzugsräumen für die Schülerinnen und Schüler. Über den Erfolg dieser Ganztagsschule entscheidet dann nicht die formelle Leistung, sondern der Erwerb von sozialer Kompetenz oder die Erhöhung der Schulzufriedenheit.

Bei den Verständigungsprozessen über Erwartungen und Maßnahmen ist eine komplette Deckungsgleichheit der Einzelinteressen unwahrscheinlich. Ziel ist vielmehr der Entwurf eines Plans, mit dem sich möglichst viele der an der Ganztagsschule beteiligten Personen identifizieren können. Nur wenn die Personen hinter dem Entwicklungsvorhaben stehen, ist von ihnen eine Mitwirkung bei dessen Umsetzung zu erwarten.

Es ist sicherlich auch möglich, alle Erwartungen gleichermaßen zu verfolgen. Dabei sollte jedoch bedacht werden, dass der Ganztagsschule im Vergleich zur Halbtagsschule zwar erweiterte, aber keineswegs unbegrenzte Ressourcen zur Verfügung stehen. So wäre von Freiarbeit und Projektarbeit berechtigterweise eine Erhöhung der Selbstständigkeit der Schüler und Schülerinnen zu erwarten. Allerdings nehmen diese Unterrichtsformen gerade die Zeit- und Personalressourcen in Beschlag, die an einer anderen Schule für eine gezielte inhaltliche Förderung formeller Inhalte verwendet worden wären. Empfehlenswert erscheint daher eine Fokussierung auf wenige Erwartungen.

In der Ganztagsschulentwicklung müssen sich die beteiligten Personen einigen, wofür die erweiterten Ressourcen eingesetzt werden. Dafür ist eine Diskussion der an die Ganztagsschule herangetragenen Erwartungen notwendig. Nur wenn ein Konsens über die Erwartungen und Maßnahmen gefunden wird, ist eine breite Unterstützung bei der Ganztagsschulentwicklung zu erwarten.

Sibylle Rahm

3 Zur (reformpädagogischen) Geschichte der Ganztagsschule

3.1 Etablierung der Schule als öffentliches Bildungsangebot

Schule als gesellschaftliche Einrichtung ist eine Institution, die sich sowohl der Reproduktion als auch der Innovation der Gesellschaft verpflichtet weiß. Sie ist Sache des Staates und als solche für die Tradierung kultureller Bestände verantwortlich. Die Schule führt die Heranwachsenden über den engen familiären Erfahrungsraum hinaus und bietet ihnen erweiterte Lernmöglichkeiten. Schule organisiert Lehren und Lernen in der Form öffentlichen Unterrichts (Keck 2009, S. 157).

Die bewahrende Seite der Schule gründet auf der Tatsache, dass eine Gesellschaft Wissen, Können und Wertorientierungen an die nachfolgende Generation mit dem Ziel ihres Fortbestandes weitergibt. Kindern und Jugendlichen wird in der Schule ein Moratorium eingeräumt. Sie werden vorbereitet auf notwendige Funktionen und auf Verantwortlichkeiten, die es für jeden in einer Gesellschaft zu übernehmen gilt. Die innovative Seite der Schule resultiert aus der Notwendigkeit, als gesellschaftliche Einrichtung offenzubleiben gegenüber dem kontinuierlichen Wandel, auf den Gesellschaften für ihren Fortbestand angewiesen sind.

In der Geschichte der Schule hat insofern immer die Notwendigkeit schulischer Reformen bestanden. Schon im 18. Jahrhundert sind Berichte der Schulinspektoren über die (beklagenswerten) Zustände in Schulen verbürgt (Diederich/Tenorth 1997). Sie waren Grundlage von Reformdiskussionen, die mit der Etablierung des staatlichen Schulwesens einhergingen. Schulkritik und praktische Schulreform hängen eng miteinander zusammen. Heute diskutieren wir diesen Zusammenhang unter dem Begriff der Schulentwicklung. In der Schulentwicklung geht es nach wie vor um Bestandsaufnahmen und die Reformmaßnahmen, die sich daraus ergeben. Schulentwicklung heute ist ein systematischer Reformansatz, der die kontinuierliche Qualitätsentwicklung an Schulen gezielt fördert. Schulentwicklung betrifft die Organisation Schule, den Unterricht und die Lehrkräfte (Rahm 2010b). Sie antwortet auf komplexe gesellschaftliche Herausforderungen, wie etwa die heterogenen Ausgangslagen der Schülerinnen und Schüler.

Historischer Wandel von Bildungsmöglichkeiten

Die Familie als primäre Sozialisationsinstanz kann die komplexen Herausforderungen einer sich wandelnden Gesellschaft schon seit Jahrhunderten nicht mehr allein bewältigen. In voraufklärerischen Zeiten konnte das Wissen eines Standes noch in der Familie weitergegeben werden. Mit der Geburt wurde man in seinen Stand hineingeboren und lernte beispielsweise das Handwerk des Vaters. Männlichen Angehörigen der höheren Stände eröffneten sich dagegen Bildungsmöglichkeiten, die über Schulen bis hinauf zu den Universitäten reichten. Mit dem Ausbau von Handelswegen, der Erfindung des Buchdrucks und weiteren vorindustriellen Entwicklungen setzt im 17. Jahrhundert eine pädagogische Debatte um die Bildungsmöglichkeiten des Menschen ein (vgl. Esslinger-Hinz/Sliwka 2011). Das staatliche Bildungswesen etabliert und konsolidiert sich im 19. Jahrhundert.

Schule und Familie

Schule als Ort der schriftsprachlichen Traditionskultur erfordert eine Professionalisierung und Spezialisierung der Lehrkräfte für differente Bildungsgänge (Keck 2009, S. 159). Sie übernimmt gesellschaftliche Funktionen, die auch die Erziehung der Kinder und Jugendlichen involvieren (Fend 2008). Dies setzt die öffentliche Bildungseinrichtung tendenziell seit ihrer Entstehung und Ausbreitung im 18. Jahrhundert in ein Spannungsverhältnis zur Familie. Das intime Miteinander in der Familie, in der Kinder aufwachsen, wird erweitert durch das öffentliche Bildungsangebot, in dem Kinder mit Erwartungen der Gesellschaft konfrontiert werden. Schule als zweite Sozialisationsinstanz übernimmt Funktionen einer gesellschaftlichen Eingliederung von Kindern und Jugendlichen. Hegel formuliert in einer Rede am 2. September 1811:

- »Das Leben in der Familie [...] ist ein persönliches Verhältniß, ein Verhältniß der Empfindung, der Liebe, des natürlichen Glaubens und Zutrauens [...]; das Kind gilt hier darum, weil es das Kind ist; es erfährt ohne Verdienst die Liebe seiner Eltern.« (Hegel 2006, S. 484)
- »Dagegen in der Welt gilt der Mensch durch das, was er leistet; er hat den Werth nur, insofern er ihn verdient. Es wird ihm wenig aus Liebe und um der Liebe willen; hier gilt die Sache, nicht die Empfindung und die besondere Person.« (ebd.)
- »Die Schule nun ist die Mittelsphäre, welche den Menschen aus dem Familienkreise in die Welt herüberführt, aus dem Naturverhältnis der Empfindung und Neigung in das Element der Sache.« (ebd.)

Unter sozialhistorischer Perspektive sind Widerstände der Familie gegen die Ausweitung des Schulzugriffs auf Kinder und Jugendliche belegbar. Die Schule ließ sich im 19. Jahrhundert in ländlichen Räumen nur schwer etablieren (Scholz/Reh 2009, S. 162). Neben ökonomische Interessen einer Einbindung der Kinder in die häusliche Erwerbsarbeit und der sich erst zu entwickelnden Einsicht eines gegenwärtigen Verzichts auf ihre Arbeitskraft als Investition in eine noch offene, zu gestaltende Zukunft tritt der notwendige Verzicht auf Einflussnahme seitens der Eltern, die einen Teil ihrer Verantwortung an die Lehrenden abgeben (ebd., S. 163). Mit der Professionalisierung der Lehrkräfte als Experten für Unterricht und Bildung ist darüber hinaus eine latente Infragestellung elterlicher Kompetenzen verbunden (Soremski 2011, S. 111).

3.2 Durchsetzung von Halbtagsangeboten als Normalform

Die Anfänge der Debatte um die Ganztagsschule

Die Debatte um die ganztägige Beschulung reicht zurück bis in das 17. Jahrhundert. Die ganztägige Schulorganisation lässt sich nach Einführung der allgemeinen Schulpflicht als Normalfall bis Ende des 19. Jahrhunderts (zumindest für die Gymnasien im höheren Schulwesen) dokumentieren. In der Regel gab es ein Unterrichtsangebot von 8 bis 12 Uhr und von 14 bis 16 Uhr. Mittags gingen die Lehrkräfte und die Schülerinnen und Schüler nach Hause. Erst nach dem Mittagessen kamen sie in die Schule zurück (Ludwig 1993, S. 32). Ende des 19. Jahrhunderts kam es zur Umstellung des Ganztags auf den schulischen Halbtagsbetrieb. Zu unterscheiden sind Entwicklungen im Volksschulwesen und im höheren Schulwesen (ebd.).

Kinder als Arbeitskräfte

Im Volksschulwesen wurde schon im 17. Jahrhundert in verschiedenen deutschen Staaten die Schulpflicht eingefordert. Doch trotz aller Verfügungen ließen sich entsprechende Verordnungen so schnell nicht durchsetzen, da die Mitarbeit der Kinder in den sozial schwachen und in den ländlichen Familien zur Sicherung der Existenz benötigt wurde. Teilzeitschulen, wie die Fabrikschulen oder die Sommerschulen, stellten ein Kompromissangebot an solche Familien dar. Sie sollten sowohl den familiären Bedarfen genügen als auch ein Mindestmaß an Bildung garantieren.

Fabrikschulen

In den Fabrikschulen, die für die in den Fabriken arbeitenden Kinder gedacht waren, wurde am Abend, gelegentlich auch vormittags oder nach der Mittagszeit, gelehrt. Die 1835 in Sachsen registrierten Fabrikschulen beschränkten sich auf 20 Schüler in einer Klasse und sahen täglich mindestens zwei Unterrichtsstunden innerhalb eines Rahmens von maximal zwölf Arbeitsstunden vor. Mit dem Arbeiterschutzgesetz von 1891 wurden die Fabrikschulen geschlossen, und die Kinderarbeit wurde verboten. Das Kinderarbeitsverbot bezog sich jedoch nicht auf die Landwirtschaft und auch nicht auf die häuslichen Dienstleistungen der Kinder (ebd., S. 32 f.).

Sommerschulen

In der Sommerschule, die in Preußen schon seit Beginn des 18. Jahrhunderts belegt werden kann, wurde zumeist an drei Tagen pro Woche für je drei Stunden unterrichtet. Dies war ein Teilzeitpflichtangebot für Kinder aus Bauernfamilien, die in den Sommermonaten ihre Kinder zur Arbeit einsetzten. Im Winter galt die traditionelle Ganztagsschule als Pflicht. Bis 1915 wurden die Sommerschulen an die ländlichen Halbtagsschulen angenähert. In den 1870er Jahren setzte sich in Preußen die ländliche Halbtagsschule nach und nach durch. Kennzeichnend für dieses Schulangebot sind Raum- und Lehrermangel. Die ländliche Halbtagsschule bestand aus zwei Klassen und einem Lehrer. Die Unterstufe erhielt nachmittags zwei Stunden Unterricht, am Mittwoch und Samstag jedoch nur vormittags. Die Oberstufe wurde vormittags vier Stunden unterrichtet, am Mittwoch und Samstag jedoch nur zwei Stunden. Die ländliche Halbtagsschule versorgte etwa 80 Kinder und galt als Normalfall der ländlichen Volksschulerziehung (ebd., S. 33).

Städtische Schulen

Die städtischen Volksschulen und die höheren Schulen in der Stadt vollzogen, wie die ländlichen Bildungsangebote gegen Ende des 19. Jahrhunderts, einen Wandel hin zu einem Halbtagsangebot. Doch die Hintergründe dieser Entwicklung unterscheiden sich. Vor- und Nachmittagsunterricht waren in der höheren Schule die Normalform. Kinderarbeit spielte hier keine Rolle. Auch große Klassen oder Raumprobleme stellten keine wesentlichen Herausforderungen dar. Dagegen setzte im 19. Jahrhundert eine vornehmlich medizinisch orientierte Debatte um die Überforderung der Schüler ein. Bis zu 40 Unterrichtsstunden pro Woche waren möglich. Laut preußischer Verfügung von 1829 sollten darüber hinaus täglich drei Hausaufgabenstunden, in der Oberstufe sogar fünf Stunden Hausaufgaben, eingehalten werden. Daraus ergaben sich für die jüngeren Schüler 50, für die älteren Schüler 62 wöchentliche Arbeitsstunden (ebd., S. 34). Ab 1836 wurden die Verkürzung der Schulzeit und der Wegfall wissenschaftsnaher Unterrichtsstunden am Nachmittag gefordert. So komprimierte sich der Unterricht zunächst an zwei Nachmittagen. Vor dem Hintergrund des Zuwachses an Fahrschülern vom Lande, die eine städtische Bildung anstrebten, etablierte sich nach und nach der Halbtag im städtischen Schulwesen. 1890 erging in Preußen ein Erlass zur Einführung des Halbtagsunterrichts an höheren Schulen (ebd., S. 34).

Gründe für die Einführung des Halbtagsmodells

Weitere Maßnahmen wie die Herabsetzung der Wochenstundenzahl für die höheren Schulen (1892 in Preußen) oder die Einführung des 45-Minuten-Taktes (1911 in Preußen) trugen dazu bei, dass der Halbtag an höheren Schulen bis etwa 1920 etabliert war. So waren es vorwiegend politische, ökonomische und medizinische Gründe, die zur Einführung des Halbtags führten: Kinderarbeit, räumliche und personelle Unterversorgung der Schulen, Fahrschüler und die Debatte um die Überbürdung der Lernenden durch schulische Pflichten führten zur halbtägigen Unterrichtsschule. Diese fand auch die Zustimmung der Lehrerschaft (ebd., S. 34 f.).

3.3 Reformpädagogische Schulkritik

Die pädagogischen Wurzeln der Ganztagsschule

Die moderne Ganztagsschule hat zumindest in Deutschland eine reformpädagogische Geschichte (Scholz/2009, S. 173). In Anknüpfung an (vor-)aufklärerische Ideen ging es in der Reformpädagogik nicht vorrangig um medizinische, ökonomische und politische Argumente, sondern vielmehr um pädagogische Diskussionen, die die Entwicklung von Kindern betrafen. Strukturdebatten um die Funktionen und Aufgaben von Familie und Schule sind getragen von einer Auseinandersetzung um das Kind und seine Bildungspotenziale.

Die unter Wilhelm von Humboldt initiierten preußischen Schulreformen führten nicht nur zu einer Konsolidierung des deutschen Schulsystems als eines öffentlichen Pflichtschulsystems, das für alle zugänglich war, also zu einer Entwicklung, die durchaus als Erfolg bezeichnet werden kann, sondern auch zur Herausbildung eines Berechtigungswesens, das durch seine disziplinarische Strenge und die Verregelungen und Verrechtlichungen der schulischen Abläufe in die Kritik geriet. Schulreformer formulierten deshalb in diversen Pamphleten eine vehemente Kritik an der Schule als Dressuranstalt (Beetz 1997). Propagiert wurde ein pädagogischer Neuanfang auf der Grundlage der Parteinahme für das Kind. Gegen das etablierte Schulsystem wurde aufbegehrt und Lehrkräfte als Unterrichtsbeamte wurden kritisiert (Benner/Kemper 2003). Eine Signalwirkung ging in Deutschland zunächst von der Schulkonferenz, die Wilhelm II. 1890 in Berlin einberief, aus. Der Kaiser kritisierte in einer programmatischen Rede die mangelhafte Verbindung der Schule mit dem Leben, die zu große Stofffülle des Unterrichts und die Vernachlässigung des Erziehungsauftrags der Schule (Ludwig 1993, S. 41). Damit entwickelte sich eine öffentliche Reformdiskussion um die Schule (ebd.). Mit Herman Nohls im Jahr 1935 erschienenen Schrift »Die pädagogische Bewegung in Deutschland«, die trotz aller Diversität reformpädagogischer Argumente – und obwohl sich die damaligen Akteure selbst nie als Bewegung verstanden haben – bis heute in Reformkreisen identitätsstiftend wirkt, wird historisch gleichsam ein Wendepunkt in der sich Gehör verschaffenden Schulkritik markiert (Röhrs 2001). Die Heterogenität der Reformideen und der Reforminitiativen muss bei dieser Etikettierung berücksichtigt werden (Oelkers 1992).

Selbstbestimmte Entwicklung der Kinder und Jugendlichen

In Anknüpfung an aufklärerische Ideen, wie sie Jean-Jacques Rousseau in seinem »Emile oder Über die Erziehung« 1762 formulierte, forderten Reformpädagogen das Recht des Kindes auf freie Entfaltung seiner Kräfte: Sie akzentuierten den Eigenwert der Kindheit. Die Schule sollte nicht länger ein Ort der Zurichtung des Kindes auf die Vorstellungen der Erwachsenen sein. Vielmehr sollte sie Raum für die autonome Entwicklung der Heranwachsenden gewähren. Bereits in der ersten pädagogischen Reformbewegung des 18. Jahrhunderts, die zur Gründung philanthropischer Reforminstitute führte, wurden die Bildsamkeit des Menschen und Möglichkeiten selbstbestimmten Lernens jenseits geburtsständischer Privilegien erprobt. In der zweiten (internationalen) Reformbewegung ging es darüber hinaus um die kritische Auseinandersetzung mit der staatlichen Schule (Benner/Kemper 2003). Schulkritik, die Fokussierung der Rechte des Kindes und der Glaube an die Möglichkeit einer freien Entfaltung der Potenziale des Kindes stellten die Leitorientierungen der Reformansätze des 19. und 20. Jahrhunderts dar (Oelkers 1992). Die Schulkritik war seit der Etablierung des staatlichen Schulwesens ein notwendiger Antrieb zur Weiterentwicklung der Einrichtung.

Überhöhung des Kindes

Die reformpädagogische Schulkritik bediente sich einer starken Überhöhung des Kindes. Das Kind mit seinen natürlichen Anlagen galt als Maßstab pädagogischen Handelns (Key 1978). Die Erwachsenen sollten sich als Diener des Kindes verstehen. Sie waren aufgefordert, den natürlichen Anlagen der Heranwachsenden Raum zu geben. Die Autonomie des Kindes sei in einer staatlichen Einrichtung, die auf Disziplin der Kinder setzt, gefährdet. Das Kind, so die Argumentation der Reformerinnen und Reformer, ist gegen staatliche Willkür zu schützen. In dieser Betrachtungsweise gerät das Kind als einzigartiges Wesen zum Mythos. Es ist ein Wunder, ein kaum begreifbares Wesen, das in seiner Entwicklung geschützt werden muss (Oelkers 1992, S. 94).

> Ruhig und langsam die Natur sich selbst helfen lassen und nur sehen, daß die umgebenden Verhältnisse die Arbeit der Natur unterstützen, das ist Erziehung. […] Das eigene Wesen des Kindes zu unterdrücken und es mit dem anderer zu überfüllen, ist noch immer das pädagogische Verbrechen, das auch die auszeichnet, die laut verkünden: daß die Erziehung nur die eigene individuelle Natur des Kindes ausbilden solle! (Key 1992/1902, S. 77)

Alternative und staatliche Schulen

Die Gründung von Reform- und Versuchsschulen als Alternativen zum staatlichen Schulwesen war getragen von einem pädagogischen Optimismus, der die Förderung des kindlichen Genies für möglich hielt. Dabei wurde der Ansatz einer Verschulung von Bildungsprozessen zwar nach wie vor für möglich gehalten, doch sollten andere, kindzentrierte

Räume aufgemacht werden. Die Schule sollte über Projektarbeit oder das Lernen an anderen Orten eine starke Individualisierung des Angebotes vornehmen und damit den Heranwachsenden Möglichkeiten zur individuellen Entfaltung gewährleisten. Neben das staatliche Pflichtprogramm trat das Alternativschulwesen (Oelkers 1995).

Kulturkritik im 19. Jahrhundert

In der Fachliteratur wird die Kulturkritik der zweiten Hälfte des 19. Jahrhunderts als Nährboden reformpädagogischer Argumentationen betrachtet (Röhrs 2001; Scheibe 1999). Julius Langbehn, Friedrich Nietzsche und Paul de Lagarde gelten als Protagonisten einer kritischen Auseinandersetzung mit den kulturellen Entwicklungen des 19. Jahrhunderts. Kritisiert werden der Verfall des geistigen Lebens des deutschen Volkes, der Mangel an bedeutenden Persönlichkeiten, ein Trend zur Verwissenschaftlichung von Bildung (Langbehn), die gegenwartsfernen Bildungsinhalte und der Traditionalismus (Nietzsche) sowie der Mangel an Bildungsidealismus (de Lagarde). Bei aller Diversität der vorgetragenen Argumente lassen sich gemeinsame Orientierungen der Bildungskritiker festmachen. Diese liegen in der Kritik eines wissenschaftsorientierten, historisch orientierten Bildungsangebotes (Scheibe 1999). Die auf die Jugend gerichteten Hoffnungen werden als eingebettet in die soziale Bewegung, die Frauenbewegung und die Jugendbewegung betrachtet. Der Geist des Aufbruchs prägt die Erörterung von Lebensfragen sowie die Reform des Alltags in Ernährungs- und Kleidungsfragen. Die Frauenbewegung, die den Kampf der Frauen für Bildungsoptionen eröffnete, und die Jugendbewegung, die ihren Protest gegen die bürgerliche Erwachsenenwelt formulierte, rahmen die reformpädagogischen Initiativen, die die staatliche Schule heftig attackieren und für die Rechte der Kinder und Jugendlichen eintreten (Scheibe 1999).

3.4 Theorie und Praxis des reformpädagogischen Ganztags

Historizität der deutschen Ganztagsschuldebatte

Die Reformbewegung an der Wende zum 20. Jahrhundert entwickelte auf der Basis einer massiven Schulkritik und unter Parteinahme für das Kind alternative Schulmodelle, in denen der Ganztag in Form von Internaten oder Tagesschulen durchgeführt wurde. Auf diese Schulmodelle und -konzepte wird in der Ganztagsschulentwicklung und -diskussion in Deutschland bis heute Bezug genommen, während in anderen Ländern, in denen die alltägliche Schulzeit immer schon in den Nachmittag hineinreichte, auf eine derartige Begründungs- bzw. Legitimationsfigur nicht zurückgegriffen werden muss (Scholz/Reh 2009). Strukturelemente wie das gemeinsame Mittagessen, die Freizeitangebote, Arbeitsgemeinschaften und Neigungsgruppen, Förderunterricht, Integration der Hausaufgaben in die Schule, neue Unterrichtsformen, flexible Stundenplangestaltung und Rhythmisierung, enge Kooperation mit den Eltern, Intensivierung des Schullebens, Ausgestaltung der Schule als Lebensraum, Öffnung der Schule zum Leben, Ausbau des schulischen Beratungswesens und eine darüber angestrebte Ermöglichung von Schüleraktivitäten und Wandlung der Lehrerrolle wurden in historischen Schulentwürfen bereits gefordert (Ludwig 2008, S. 521). Sie gaben der modernen Ganztagsschulentwicklung in Deutschland ab den 50er Jahren des 20. Jahrhunderts wichtige Impulse, sorgten aber vielleicht auch dafür, dass diese als vermeintliche Alternativmodelle stets ein Nischendasein führten.

Die Schul- und Erziehungskonzepte von Hermann Lietz, Gustav Wyneken und Peter Petersen, die im Folgenden beispielhaft vorgestellt werden, sind als frühe reformpädagogische Konzepte zu verstehen, die gegenüber der als Halbtagsschule konzipierten »Paukschule« eine andere, weil lebensnähere und am Kind orientierte Schule entwerfen. Trotz der immer wieder geäußerten massiven Kritik an bestimmten Elementen dieser Konzepte (siehe Kapitel 2.5) sind die von den Reformern entworfenen Modelle bis heute historische Ideengeber für die Ganztagsschulentwicklung in Deutschland, die kontinuierlich an einer Verbesserung des gegenwärtigen ganztägigen Angebotes interessiert sein muss (Kanevski/Salisch 2011b, S. 23 ff.).

3.4.1 *Deutsche Landerziehungsheime*

Hermann Lietz (1868–1919) ist der Initiator der Landerziehungsheimbewegung. Er entstammt einer kinderreichen Bauernfamilie aus Rügen. Nach seiner Unterrichtung durch ältere Schwestern besucht er das Gymnasium in Greifswald und Stralsund. Sein Universitätsstudium in Jena schließt er mit dem theologischen und dem Oberlehrerexamen ab. Nach seiner Tätigkeit als Lehrer an der Universitätsübungsschule Jena unter Leitung von Wilhelm Rein wechselt er 1896 an die Internatsschule Abbotsholme, die von Cecil Reddie geführt wurde (Scheibe 1999, S. 112). 1898 kommt es zur Gründung des ersten Landerziehungsheimes in Ilsenburg; die Einrichtungen Haubinda und Bieberstein für Jungen sowie Sieversdorf und Gaienhofen für Mädchen folgen. Die nationalistische Ausrichtung, das rassistische Gedankengut und die antisemitischen Tendenzen von Lietz sind dokumentiert (Ludwig 1993).

Die von Lietz gegründeten Internate standen unter dem Motto einer starken Naturverbundenheit. Die Erziehung und Unterrichtung sollten jenseits des Einflussbereiches des Elternhauses stattfinden. Im Gemeinschaftsleben von Lehrkräften, Schülerinnen und Schülern sollte eine neue Lebenswelt entstehen (Benner/Kemper 2003, S. 68). Im Hintergrund steht die Einschätzung, dass die Familie ihren Erziehungsaufgaben nicht mehr gerecht werden könne:

> Aber das Haus, die Familie kann heute die Erziehungsarbeit nicht mehr leisten, die es allerdings vor Jahrzehnten oft, ja in der Mehrzahl der Fälle ausgeübt hat. Dazu ist der Kampf ums Dasein, ist die Kraftanstrengung, die von der Mehrzahl des Volkes verlangt wird, zu schwer und groß geworden. Der Bauernhof, die Handwerksstätte, die alte einfache Häuslichkeit sind fast verschwunden. Der Großgrundbesitz, der mit Maschinen und ausländischen »Sachsengängern« (Landarbeiter aus den landwirtschaftlich geprägten preußischen Ostprovinzen, d. Verf.) arbeitet, die Mietskaserne, die Fabrik, das Comptoir des Großkaufmanns, die Militärkasernen, die Säle, in denen die Beamten in langen Reihen sitzen, die Eisenbahnen und Dampfer, auf denen Millionen täglich und stündlich unterwegs sind, der ewige Wechsel in den Wohnungen, die Freizügigkeit, Unseßhaftigkeit, die sogenannten Versetzungen von einer Provinz in die andere, ins ferne Land, das Wogen der Bevölkerung vom Land und aus der Kleinstadt in die Großstadt: dies und vieles andere haben tatsächlich das Familienleben bereits stark zersetzt, haben mindestens das alte System der Familienerziehung für die Allgemeinheit völlig unhaltbar gemacht. (Lietz 1970/1897, S. 6f.)

Lietz argumentiert vor dem Hintergrund eines tiefgreifenden gesellschaftlichen Wandels, der mit der Entwicklung neuer Technologien, der Industrialisierung, der Landflucht und der notwendigen Mobilität der Erwerbstätigen verbunden ist. Er behauptet die Auflösung der Familienerziehung und die Notwendigkeit einer Errichtung neuer Erziehungsschulen. Lietz konstatiert Uneinigkeit der Eltern und der Lehrerschaft vor allem in den höheren Unterrichtsanstalten. Die Jugend ist zu schützen vor der Vergnügungssucht und dem ausschweifenden Leben der Elterngeneration. Erziehung ist nur abseits der Großstadt zu leisten:

> Erziehung besteht in richtiger Entwicklung der Natur des Zöglings nach allen ihren Seiten hin. Ist diese in der Großstadt von heute möglich? Ist das beim Stand der heutigen Kultur, ohne ganz besonderen Kraftaufwand, überhaupt noch zu erwirken? Und doch wird die Jugend mit Naturnotwendigkeit unnatürlich, ungesund, unangenehm, verbittert, unartig, bösartig da, wo ihre guten und gesunden Naturtriebe nicht zur richtigen Entwicklung und Bethätigung geleitet, wo sie statt dessen unterdrückt werden. Da wäre es dann noch viel besser, in freier Natur, ohne jeden Eingriff, die Jugend sich selbst entwickeln zu lassen. (ebd., S. 8)

Lebensnähe schulischer Inhalte

Nach Lietz lassen sich die soziale Frage und die Klassengegensätze Ende des 19. Jahrhunderts in Form einer Heimerziehung, die individual- und sozialpädagogische Orientierungen verbindet, lösen (Benner/Kemper 2003, S. 71). Die ganze Erziehung soll dabei auf das Land verlegt werden. Die Lehrkraft hat die Aufgabe, die Interessen der Kinder zu wecken und zu nutzen. Gefordert wird eine Revision der Lehrpläne im Hinblick auf die Passung der Inhalte zum modernen nationalen Leben, die stärkere Veranschaulichung der Unterrichtsinhalte sowie eine Individualisierung des Unterrichts (Lietz 1970/1897, S. 11 ff.). In Anknüpfung an Herbart wird ein erziehender Unterricht, in dem nicht nur Kenntnisse und Fertigkeiten, sondern auch Charakterbildung angestrebt werden, propagiert (ebd.). Körperliche Arbeit und Spiel dienen der Entwicklung einer robusten Jugend, die sich nützlich macht (ebd., S. 18). Das Ziel der Erziehungsschule, wie Lietz sie definiert, ist die harmonische Persönlichkeit, die allseitig gebildet ist:

> Nicht Kenntnisse, Wissen, Gelehrsamkeit, sondern Charakterbildung; nicht alleinige Ausbildung des Verstandes und Gedächtnisses, sondern Entwickelung aller Seiten, aller Kräfte, Sinne, Organe, Glieder und guten Triebe der kindlichen Natur zu einer möglichst harmonischen Persönlichkeit; nicht Lesen, Schreiben, Griechisch, sondern Leben lehren; das ist das ideale Ziel, welches die Erziehungsschule bei allem, was sie mit dem Zögling vornimmt, nie außer acht läßt. (ebd., S. 20 f.)

Ganztägige Beschulung

In Abgrenzung gegen die alte Unterrichtsschule wird die neue Erziehungsschule als Möglichkeit gesehen, die Defizite der Elternhäuser auszugleichen. Hier spielt die ganztägige Beschulung eine entscheidende Rolle:

> Denn die alte Unterrichtsschule verhält sich zur neuen Erziehungsschule etwa wie ein Gewächshaus zum Hochwald, wie etwa die Sakristei zum Dome, wie die Offizierskajüte zum Panzerschiff, wie ein winziges Ruderboot zum stolzesten Dreimaster oder Dampfschiff. Jene arbeitete nur mit schwächlichen Rudern, diese setzt nicht nur alle Segel bei, sondern fährt dazu noch in Volldampf. Die alte Unterrichtsschule holte sich den Zögling nur auf wenige Stunden, die neue Erziehungsschule holt ihn möglichst für den ganzen Tag. Jene holte ihn zur Beibringung theoretischer Kenntnisse und Fertigkeiten (Schreiben usw.) in die Schulstube, diese holt sich ihn zur Entwickelung aller seiner Kräfte nicht nur in die Menschen- und Stadtschulstube, sondern hinaus in Gottes Schulstube draußen, in Wald und Feld, auf Wiese und Flur, in Fluß und See, auf Bauplatz und in Werkstätte. – Jene giebt ihn in die Hand von Leuten mit guten Zeugnissen über Griechisch, Lateinisch, Mathematik, Lesen, Schreiben und Katechismus. Diese vertraut ihn Jünglingen und Männern, Jungfrauen und Frauen mit jugendlich-ungebrochenen Körpern an, Seelen und Geistern, welche sie durch Herz, That, Wort aufs Leben vorzubereiten wissen. (ebd., S. 23)

Charakterbildung

Die Erziehungsgrundsätze des deutschen Landerziehungsheimes von Lietz bei Ilsenburg im Harz (1898) geben als Ziel die Erziehung der anvertrauten Kinder zu harmonischen, selbstständigen Charakteren an. Angestrebt ist die Erziehung der Kinder zu deutschen Jünglingen, »die an Leib und Seele gesund und stark, die körperlich, praktisch, wissenschaftlich und künstlerisch tüchtig sind, die klar und scharf denken, warm empfinden, mutig und stark wollen« (Lietz 1970/1898, S. 31).

Die Erziehungsmittel zur Erreichung dieser Ziele reichen vom Leben auf dem Lande, dem partnerschaftlichen Leben von Zöglingen und Erziehern als jüngeren und älteren Freunden, einer streng hygienischen Lebensweise ohne Alkohol und mit gesunder Ernährung, Sport, praktischen Beschäftigungen in der Natur, Kunstübungen, der Andacht unter freiem Himmel bis hin zum Verzicht auf äußere Zwänge und Strafen. Der Unterricht wird definiert als eine Kunst, die der Wissenschaft verpflichtet ist. Dieser die Selbsttätigkeit fördernde Unterricht soll täglich ungefähr fünf Stunden, morgens und spät nachmittags, abgehalten werden (ebd., S. 32).

Nach Lietz stehen Berechtigungszeugnisse in der Internatsschule im Hintergrund. Vorrangig geht es um Selbsterziehung zum sittlichen Charakter:

> Erziehung zur Treue und Zuverlässigkeit, die allein den Bestand der Gesellschaft ermöglicht; [...] Erziehung zur Wahrheit durch Verfeinerung des sittlichen Geschmacks und Verschärfung des Gewissens. Erziehung zur Tapferkeit, zum Mut dadurch, daß Begeisterung für hohe Aufgaben und Lust, sich an sie zu machen, erweckt wird [...]; Erziehung zur Unbefangenheit, zur Toleranz auf religiösem wie politischem Gebiet [...]; Erziehung zu sittlicher Unbefangenheit, Offenheit, Reinheit, Keuschheit, indem jede Heimlichtuerei ferngehalten, überall sittlicher Ernst gewahrt, die Seele mit hohen, edlen Vorbildern erfüllt, alles in Nahrung, Beschäftigung, Wohnung, Kleidung ausgeschlossen ist, wodurch unnatürliche, verfrühte Sinnlichkeit entsteht; indem das gesamte Leben so eingerichtet wird, daß der Leib zum heiligen Tempel der Seele heranwachsen kann. (ebd., S. 35 f.)

Der Tagesablauf im Knabenheim Haubinda

In seinen drei Knabenheimen (untere Stufe: Ilsenburg; mittlere Stufe: Haubinda; Oberstufe: Bieberstein) verordnete Lietz in »Die Organisation der Erziehungsheime« unterschiedliche Tagesabläufe. Für die Mittelstufe in Haubinda galt folgendes Programm (Lietz 1970/1906, S. 39 f.):

6:10	Aufstehen
6:30	Erstes Frühstück
6:45–7:30	Erste Unterrichtsstunde
7:30–7:45	Zimmer ordnen
7:45–8:30	Zweite Unterrichtsstunde
8:30–9:00	Dauerlauf
9:00–9:45	Dritte Unterrichtsstunde
9:45–10:15	Zweites Frühstück

10:15–11:00	Vierte Unterrichtsstunde
11:15–12:00	Fünfte Unterrichtsstunde
12:15–12:50	Frei, Gesang, Musikunterricht, Üben
13:00	Mittagessen
13:30–13:40	Musikvorspiel
14:00–16:00	praktische Arbeit, Turnen, Spiel
16:00	Nachmittagsimbiss
16:30–18:30	wissenschaftliche Arbeitsstunde
18:30	Abendessen
19:15–20:00	Frei, Spiel
20:00	Tagesabschluss (Kapelle)
20:30	Zubettgehen

Der Tagesablauf für die älteren Mädchen ähnelte dem der Jungen, jedoch wurde hier erst um 7 Uhr begonnen, und vor dem Mittag war abwechselnd Hauswirtschaft, Zeichnen und Werkstatt vorgesehen. Der Sonntag steht allen Schülerinnen und Schülern zur freien Verfügung, der Unter- und Oberstufe werden zusätzlich zwei, der Mittelstufe ein freier Nachmittag pro Woche eingeräumt (Ludwig 1993, S. 65).

Die jeweiligen Orte der Internate sind entsprechend als »Schauplätze der Erziehung« der jeweiligen Altersstufe gewählt:

> Für die untere ein kleines, idyllisch am Flusse gelegenes Landgut, auf dem hauptsächlich Gartenbauwirtschaft und ein wenig Viehzucht getrieben wird. Es liegt in der Nähe des Gebirges, so daß reichliche Gelegenheit zu Wanderungen vorhanden ist. Die mittlere Stufe befindet sich dagegen auf einem ausgedehnten Landgut und hat so die Möglichkeit, nach der auf dem kleineren Grundstück erfolgten Vorbereitung den gesamten Kreis der wichtigen, praktischen Arbeiten des Landmanns und Handwerkers zu überschauen und wenigstens das Wichtigste mit auszuüben. Die Knaben haben Gelegenheit, von fast allem, was eine Gruppe von Menschen zum Lebensunterhalt gebraucht, zu sehen, wie es gewonnen und hergestellt wird, und leben so, wie in einem kleinen, abgeschlossenen Staate als dessen Bürger. Die 3. Stufe dagegen lebt in größerer Stille und Abgeschiedenheit der Gebirgsnatur und hat stets das Bild einer erhabenen Welt der Berge und Täler vor Augen, die zur Sammlung und Vertiefung der Gedanken gewissermaßen einladet. (Lietz 1970/1906, S. 37 f.)

Ganzheitliche Erziehung

Im Resümee lässt sich festhalten, dass sich der Lietzsche Entwurf der deutschen Landerziehungsheime als ganzheitliches Erziehungsmodell versteht. Das alte System der Familienerziehung wird als defizitär bezeichnet. Es soll durch das neue Modell einer gemeinschaftlichen Internatserziehung auf dem Lande, das sich zugleich am Ideal der Familie orientiert, ergänzt und ausgeglichen werden. Die Erziehungsschule, die umfassende Charakterbildung vorsieht, ist als ganztägiges Angebot gedacht. Mit der Einrichtung von Familiengruppen orientiert sie sich an der Struktur der Familie. Im Tagesablauf stehen Unterrichtsstunden neben praktischen, sportlichen, künstlerischen und meditativen Tätigkeiten. Das Landerziehungsheim verspricht ganzheitliche Vorbereitung auf das Leben und eine altersgemäße Betreuung im partnerschaftlichen Zusammenleben von Erziehern und Zöglingen. Höchstes Erziehungsziel ist die Selbsterziehung zum sittlichen Charakter. Die Konzeption von Lietz stellt die Schule unter die Leitidee der Erziehung und des gemeinschaftlichen Miteinanders. Dies ist als programmatischer Impuls für die Ganztagsschulentwicklung zu werten (Ludwig 1993, S. 72).

3.4.2 *Freie Schulgemeinde*

Gustav Wyneken und Paul Geheeb

Gustav Wyneken (1875–1964) hat gemeinsam mit Paul Geheeb die pädagogische Programmatik um die Erziehungsschule weiterentwickelt. Wyneken entstammte einem evangelischen Pfarrhaus und besuchte eine königliche Klosterschule. Nach dem Studium der Theologie und Philosophie promovierte er und legte daran anschließend seine Oberlehrerprüfung ab. Ab 1900 ist er in den Heimen von Lietz als Lehrer tätig. 1906 trennte er sich aufgrund von Differenzen von Lietz und gründete das Heim Wickersdorf. Die Leitung wird zunächst Paul Geheeb übertragen, der gemeinsam mit Wyneken das Lietz-Heim verließ und das Vertrauen der Behörden besaß. Später wird die Schule von Geheeb und Wyneken geführt. Aufgrund eines Konfliktes scheidet Geheeb 1909 aus und gründet 1910 die Odenwaldschule. Das Ministerium drängt auf Rücktritt von Wyneken, der Wickersdorf schließlich 1910 verlässt. Nach dem Ersten Weltkrieg löst Wyneken den neuen Leiter Luserke kurzzeitig ab, muss Wickersdorf jedoch wegen homosexueller Beziehungen zu zwei Internatsschülern erneut verlassen. Wyneken lebt ab 1934 als Redner und Schriftsteller. Sein Versuch, im Nationalsozialismus erneut eine Leitungsfunktion zu übernehmen, scheitert (Ludwig 1993, S. 86 ff.).

Überwindung familiärer Erziehung

Während die Lietzschen Erziehungsanstalten stark von der Vorstellung einer familienähnlichen Gemeinschaft geprägt waren, intendiert Wyneken die Überwindung familiärer Erziehung und Sozialisation durch die pädagogische Praxis (Benner/Kemper 2003, S. 92). Leitorientierung ist der »objektive Geist«, der nach Wyneken die Weiterentwicklung der Menschheit bestimmt. Darunter versteht er Formen der Kultur, in denen individualistische Standpunkte überwunden werden:

> Die Menschheit, insofern sie Menschheit ist, ist ja eine Erscheinung jenes (des objektiven, d. Verf.) Geistes; und in diesem Sinne ist freilich Menschentum Zweck der Menschheit. Sonderbare Vorstellungen pflegen hier den Mitdenkenden zu ängstigen. So soll also das Ziel der Menschheit die einseitigste Ausbildung der Gehirntätigkeit sein? Sollen die letzten Konsequenzen eines fanatischen Intellektualismus gezogen werden? Wir wollen, Erörterungen an anderm Ort vorgreifend, einen einzigen beruhigenden Gedanken zu erwägen geben. Die höchste Offenbarung des Geistes, die reinste Offenbarung seines Wesens ist die Schönheit; der höchste Dienst am Geiste ist die Kunst. Wenn sie die Richtlinie der Menschheitsentwicklung angibt, ist da Grund zu solchen Befürchtungen? (Wyneken 1919, S. 9)

Erziehung hat nach Wyneken die Aufgabe, die heranwachsende Generation auf den Dienst am Geiste vorzubereiten. Sie ist Hilfe zur Menschwerdung des Menschen als Gattungswesen (Ludwig 1993, S. 89). Die junge Generation wird in die bestehende Kultur als Ausdruck der erreichten Stufe des Geisteswachstums in der Menschheitsgeschichte eingeführt:

> Auf dem Weg zu ihrem Ziele gebiert sich die Menschheit beständig einen Feind: ihre junge Generation, ihre Kinder, die Verkörperung ihres Trieblebens, ihres Individualwillens, den eigentlich tierischen Teil ihres Bestandes, ihre sich ihr beständig erneuernde Vergangenheit. Keine wichtigere Aufgabe also für die Menschheit, als sich dieses Bestandes ihrer selbst zu bemächtigen, ihn einzuführen in den Prozeß der Menschwerdung. Das ist die Erziehung. Und zwar wird diese zwei Seiten haben: die Erfüllung des Intellektes mit Sozialintellekt, das ist der Unterricht, und die Einstellung des Willens in die Richtung des Sozialwillens, das ist die Erziehung im engeren Sinne. (Wyneken 1919, S. 13)

Kritik an der Familie

Die skizzierten Ziele der Erziehung werden laut Wyneken in der Familie unzureichend reflektiert. Die Familie sei völlig ungeeignet dafür, Kinder zu erziehen:

> Es ist beschämend, immer wieder zu erleben, daß solche Ausführungen starkem Widerspruch begegnen, und zwar besonders von Eltern, die in keiner Weise sich je klarzumachen versucht haben, was von ihnen gefordert werden muß, wenn sie erziehen wollen. Wie unverantwortlich viel wird von vornherein an Kindern gegen die Grundsätze hygienischer Lebensweise und körperlicher Ausbildung gesündigt. […] Wie viele Eltern haben sich noch nie die Mühe gegeben, sich pädagogisch zu beobachten und zu kontrollieren! Wie vielen fehlt die natürliche Begabung, Kinder zu verstehen und mit ihnen umzugehen, eine Begabung, die keineswegs mit der Fähigkeit, Kinder zu erzeugen, schon gegeben ist. […] Wie kann man da sagen, die Familie sei der natürlichste Ort der Erziehung? (ebd., S. 13 f.)

Entfaltung des objektiven Geistes

Die dergestalt kritisierte Familie ist nach Wyneken lediglich zur Aufzucht und Pflege von Kindern, die noch ganz der Natur verhaftet sind, geeignet. Ab der Pubertät, wo der Mensch zum Geist erwacht, bedarf es einer Schule neuen Typus, die die Vorbedingungen einer Erziehung erfüllt (Ludwig 1993, S. 90). Wyneken trägt eine Kritik des individuellen Persönlichkeitsbegriffs vor. Es geht nicht länger um die Entfaltung von Einzelpersönlichkeiten, sondern um die Vertiefung und Erweiterung des überindividuellen sozialen Bewusstseins durch Entfaltung des objektiven Geistes:

> Das ist unser Begriff von Persönlichkeit: nie passiv sein, sich letzten Grundes beständig kosmisch, ja, sub specie aeterni orientiert haben und dann sich mit Wissen und Willen eingliedern in das Heer des Geistes. (Wyneken 1919, S. 32)

Jugendbewegung

Wyneken entfaltet seine Familien- und Schulkritik unter Parteinahme für die Jugend und ihre Entwicklungsmöglichkeiten. Hier schließt er an Positionierungen der Jugendbewegung mit ihrem Protest gegen die Erwachsenenwelt und dem Bemühen um die Entfaltung einer eigenen Jugendkultur an:

> Jugendmöglichkeit! In unserer bürgerlichen Gesellschaft und Konvention ist sie nicht vorhanden. In der großen Stadt vermag auch die einsichtigste Familie beim besten Willen ihren Kindern die Möglichkeit, ein der Jugend gemäßes Leben zu führen, nicht zu bieten. Und die Schule gar ist mit Bewußtsein ein Veralterungsapparat. Wo ist das Heim, die Insel der Jugend? (ebd., S. 36 f.)

Die Schule, wie Wyneken sie unter Bezugnahme auf die Jugendbewegung apostrophiert, ist eine Einrichtung, die darauf abhebt, die Jugend zuzurichten für die Zwecke des Erwachsenendaseins (Ludwig 1993, S. 91). Genau wie die Familie ist sie außerstande, der Jugend Entfaltungsmöglichkeiten einzuräumen. Hier schließt die Suche nach einer »Insel der Jugend« an. In der Vorstellung Wynekens ist ein solches Heim nur unter der Voraussetzung einer Autonomie der Bildungsinstitution gegeben:

> Hier wird man nun die Bedeutung der Schule verstehen, deren System wir vertreten, der Freien Schulgemeinde. Schon ihr Name sagt es, daß sie mit der ersten Vorbedingung wirklichen Schulwesens, der Freiheit, Ernst machen möchte. Sie machte aus ihrem Willen zur Freiheit kein Hehl auch angesichts des Mißtrauens der Staatsgewalt. (Wyneken 1919, S. 59)

Die Schule als Institution wird bei Wyneken gegenüber dem Ansatz von Hermann Lietz deutlich aufgewertet. Sie ist der Ort, an dem die Jugend in kulturelle Objektivationen eingeführt und dabei über den engen familiären Rahmen hinausgeführt wird (Benner/Kemper 2003, S. 97). Die Freie Schulgemeinde Wickersdorf weist dabei deutliche Parallelen zu den Landerziehungsheimen Lietzscher Prägung auf. Neu sind jedoch die Fokussierung der Jugendkultur und die Akzentuierung des Gemeinschaftslebens von Lehrern und Schülern. Dabei treten Ältere und Jüngere in ein Führer-Gefolgschafts-Verhältnis. Nur der kann Führer sein, der sich als Geistträger ausweist (Ludwig 1993, S. 92). Eine Einrichtung wie die Freie Schulgemeinde, die unter der Idee des Geistes steht, lebt von einem charismatischen Führer, der eine Gruppe von Gläubigen um sich schart. In der Tat spricht Wyneken von einem Orden als Modell für das schulische Gemeinschaftsleben:

> Das wesentliche Moment dieser geistigen Haltung ist […] eine gewisse Gläubigkeit, die praktische Anerkennung unbedingt geltender Werte, ja, eines Kosmos, der unabhängig von den Nützlichkeitswerten des biologisch-technisch-sozialen Lebens […] sein andersgeartetes Dasein hat, ein höheres Lebensgesetz bildet. (Wyneken 1922, S. 16)

Die Schulgemeinde

Die Schulgemeinde verstand sich als eine Ordensversammlung, in der gemeinsame Angelegenheiten besprochen und geregelt werden. Es gab ein gleiches Rederecht für alle, aber ein abgestuftes Stimmrecht. Auch ehemalige Schüler konnten abstimmen. Die Schulgemeinde galt nicht als Interessenvertretung der Beteiligten, sondern als Organ des Geistes. Daneben existierte ein nur den Schülern vorbehaltener Schülerausschuss. Die Kleingruppen in Wickersdorf wurden als Kameradschaften bezeichnet. Hier schlossen sich Schüler einer selbst gewählten Lehrperson an. Die Kulturschule war weniger an der Innovation der Methoden als an der Erneuerung der Inhalte interessiert. Kunst und Musik spielten eine herausragende Rolle (Ludwig 1993, S. 98 ff.).

Tages- und Wochenpläne

In den Tages- und Wochenplänen sah Wyneken sowohl die Möglichkeit einer Stützung als auch die einer Beschränkung der Eigeninitiative der Jugendlichen. Der Tagesplan setzte in jedem Fall eine Priorität in der Schulgemeinde und gab den akzentuierten überindividuellen Interessen den Vorrang (ebd., S. 101). Die Verwirklichung des Geistes der Freien Schulgemeinde betrachtete Wyneken als umsetzbar auch in einer Tagesschule.

Ganztägige Betreuung

Nach Auffassung Wynekens ist die Freie Schulgemeinde eine Erziehungsschule, die einen Entwicklungstrend vorgibt. Für die höhere Schule, in der die Erziehung der Jugend beginnt, ist eine ganztägige Betreuung anzustreben. Die Tagesschule ist zum Halbinternat auszubauen. Im Hintergrund steht die Annahme, dass die Schule als Erfahrungsraum, der das ganze Leben der Jugend umfasst, zu betrachten ist:

> Wir glauben allerdings, daß die Entwicklung der Schule mehr und mehr zu einer internatsähnlichen Verfassung hinstrebt. Die Erziehung ist ein Ganzes; wie kann man für Erfolge der Erziehung Bürgschaften übernehmen, wenn man nicht das ganze Leben des Zöglings in der Hand hat. Dazu rechne ich in erster Linie die Körperpflege. Der Erzieher muß die körperlichen Leistungen seines Schülers regeln, mit ihnen die geistigen Anforderungen in Einklang bringen können; schon durch unvernünftige Ernährung (man denke etwa gar an den Alkoholgenuß), durch Mangel an Schlaf usw. kann ja alle Erziehung in Frage gestellt werden. Die sozialen und ökonomischen Schwierigkeiten dieser Forderung wird niemand verkennen. Vielleicht werden aber gerade die Stätten modernsten Lebens, die Großstädte, den Anfang machen. Vielleicht wird einmal der erstrebte »Waldgürtel« der großen Stadt zugleich ihr Schulgürtel sein, der von den Schülern jeden Morgen vermittels der elektrischen Bahnen aufgesucht wird, und in dem sie sich bis zum Ende ihres Tagewerks aufhalten, in ihrer eigenen, ihnen gemäßen Welt. (Wyneken 1919, S. 85f.)

Wyneken propagiert die Einrichtung von Zentralküchen, die für eine gute und billige Ernährung sorgen. Er sieht die Chance eines Miteinanders bei gemeinsamen Essen, das die sozialen Klassenunterschiede in den Hintergrund treten lässt, und er entwirft eine Szenerie des täglichen Zusammenlebens, in dem sich »ein neuer, frischer und vornehmer Ton des Verkehrs, eine neue gesündere Art gegenseitiger Beurteilung und Wertschätzung« (ebd., S. 86) herausbildet. Im Zusammenhang mit der Befürwortung gemeinsamer Mahlzeiten erfolgt eine Auseinandersetzung mit den Ansprüchen und Befürchtungen der Familie:

> Und die Familie? Soll sie ihre Kinder nur noch am Sonntage und etwa in den Ferien haben? Als wenn sie jetzt mehr von ihnen hätte! Und das wäre immerhin etwa ein Drittel des Jahres. Nein, dieser Einwand sollte nicht vorgebracht werden; was hat die normale Großstadtfamilie der gebildeten Stände heute von ihren Kindern? Den täglichen Anblick der Quälerei der Schularbeit, die Angst vor den Versetzungsterminen, die jene gepriesene Gemütlichkeit des Familienlebens oft erheblich herabmindert; und die Kinder müssen, wenn auch nur als Zuschauer, teilnehmen an einem gesellschaftlichen Leben, das in keiner Weise auf ihre Bedürfnisse berechnet ist. (ebd., S. 86)

An der vorgetragenen Argumentation Wynekens ist bemerkenswert, dass nicht nur die Perspektive der Kinder auf Schule als Zwangseinrichtung, sondern zugleich die angeblich mangelnde Empathie der Eltern im Umgang mit ihren Zöglingen thematisiert wird. Die Familie werde nicht nur den eigentlichen Bedürfnissen der Kinder nicht gerecht, sondern die Eltern litten mit den Kindern unter den Zwängen der alten Schule. Daraus ergibt sich, dass ganztägige Schuleinrichtungen eine Befreiung sowohl für die Eltern als auch für die Kinder darstellen. Die Internatserziehung als Ideal sei in jedem Fall eine Entscheidung für Kinderinteressen und gegen das emotionale Festhalten an Kindern, eine Haltung, die vorwiegend den Müttern zugeschrieben wird:

> Nur müßte, besonders von den Müttern, endlich einmal die Rücksicht auf das eigene Herz, die eigene liebe Gewohnheit täglichen Verkehrs mit den Kindern, zurückgestellt und allein die Rücksicht auf das Wohl der Kinder als berechtigt empfunden werden. (ebd.)

Die neue ganztägige Schuleinrichtung ist in der Programmatik Wynekens ein Faszinosum, dem die Schülerinnen und Schüler den Vorrang gegenüber dem Familienleben geben:

> Das Gefühl des Glückes, das unser Schulleben hervorruft – ich meine nicht bloß das individuelle Wohlbefinden, das sich aus einer naturgemäßen Lebensweise und freundlich-menschlichem Verkehr ergibt, sondern vielmehr ein soziales Glück, das über der Gesamtheit ruht, der Ausdruck davon, daß die Schule den einzelnen nicht einengt und erdrückt, sondern hebt und erweitert – dieses Glücksgefühl ist das Symptom dafür, daß die Schule auf dem richtigen Wege ist. (ebd., S. 88)

Bedingung sind neugesinnte Lehrer, die in der Lage sind, die gesunde Lebensweise der Jugendlichen zu fördern, und die die weltanschauliche Gesinnung des Gründers der Schulgemeinde teilen:

> Nie wieder im Leben kann der Mensch in einem solchen Milieu von Kameradschaft, Geistesgemeinschaft, menschlicher Solidarität leben, wie in der Schule. Man hat behauptet, gemäß dem biogenetischen Grundgesetz müsse die Jugend alte überwundene Menschheitsstufen wiederholen; wahrlich, eine rechte Schule macht aus ihr vielmehr Repräsentanten der Zukunft. Und selbstverständlich nimmt der Lehrer an dieser allgemeinen Kameradschaftlichkeit teil. Er ist der Führer, sein Ziel ist das allen gemeinsame; er ist bestimmt, für den Geist zu werben, die Jugend dorthin zu bringen, wo er selbst schon steht; er ist ein Glied desselben sozialen Körpers, dem die Schüler angehören; und wenn er seine Arbeit im höheren Sinne erfaßt, so wird auch er sich von ihnen fördern und leiten lassen. (ebd., S. 90)

Fazit zu Gustav Wynekens freien Schulgemeinde

Zusammenfassend kann Wynekens Entwurf einer freien Schulgemeinde als Weiterführung des Konzeptes der deutschen Landerziehungsheime betrachtet werden. Während in den Lietzschen Internatsschulen familienähnliche Strukturen nachgebildet werden, sieht Wyneken die Möglichkeit, in der Erziehungsschule die familiäre Enge im Sinne einer transzendierenden, metaphysisch anmutenden Weltanschauung zu überwinden. Nach dem Muster eines Meister-Jünger-Verhältnisses intendiert er die freiwillige Bindung der Jugendlichen an einen Führer, der sich dem »objektiven Geist« verpflichtet weiß und den Jugendlichen über die individuelle Perspektive hinaus zum sozialen Glück verhilft.

Die Freie Schulgemeinde ist der einzig erstrebenswerte Erziehungsort für Jugendliche und erfordert den bewussten Verzicht der Eltern auf den täglichen Umgang mit ihren Kindern – sowohl zum eigenen als auch zu deren Wohle. Die Umwandlung der Tagesschule in ein Tagesinternat wird als Perspektive für die öffentliche Erziehung betrachtet.

3.4.3 Gemeinschaftsschule des Volkes

Jena-Plan-Schule

Der Schulentwurf Peter Petersens (1884–1952) gilt als das ausgereifteste Modell der Reformbewegung (Oelkers 1992). Die als Lebensgemeinschaft konzipierte Jena-Plan-Schule stellt mit ihrem Gruppenunterricht und der Betonung eigenverantwortlichen Lernens eine fundierte Alternative zur herkömmlichen Staatsschule dar:

> Petersen, und nicht etwa Rudolf Steiner oder Maria Montessori, beschreibt mit seinem Modell eine Quintessenz der reformpädagogischen Schuldiskussion. Er reduziert das Problem nicht auf die richtige Methode oder das angemessene Verhalten des Lehrers, weitet es aber auch nicht [...] auf eine Kosmologie oder den Versuch einer Letztbegründung aus. (Oelkers 1992, S. 120)

Peter Petersen

Peter Petersen, der als ältestes Kind einer Bauernfamilie in der Nähe von Flensburg geboren wurde, besuchte zunächst die Dorfschule und daran anschließend ein Gymnasium in Flensburg. Er widmete sich dem Studium des Lehramts an höheren Schulen und promovierte 1908 an der Universität Jena. Nach zehnsemestrigem Studium erwarb er die Lehrtätigkeit für evangelische Religion, Englisch, Hebräisch, Philosophie und Geschichte (Ludwig 1993, S. 294). Er lehrte in Leipzig und Hamburg und entwickelte eine rege Publikationstätigkeit zu psychologischen, philosophischen, theologischen und pädagogischen Themen. 1920 nahm Petersen nach Abschluss seiner Habilitation die Stelle des Leiters der Lichtwarkschule in Hamburg an. 1923 erhielt Petersen einen Ruf auf den Lehrstuhl für Erziehungswissenschaft an der Universität Jena. Gleichzeitig übernahm er die Leitung der zum Pädagogischen Seminar gehörenden Universitätsschule. Er fühlte sich der deutschen und internationalen Reformbewegung verbunden und entwickelte einen Ansatz zur forschenden Erziehungswissenschaft in Form der Pädagogischen Tatsachenforschung. Die Orientierungen Petersens zur Zeit des Nationalsozialismus sind dokumentiert. Sie belegen die Möglichkeit einer Politisierung des Gemeinschaftsgedankens im Sinne einer völkischen Ideologie (Oelkers 1992, S. 167 f.). Die Universitätsschule wurde nach jahrelangen Auseinandersetzungen 1950 geschlossen. Petersen musste 1952 abdanken (Ludwig 1993, S. 296).

Die Jena-Plan-Schule fasst Petersen als pädagogisch gestalteten Lebensraum. In den vorgetragenen allgemeinpädagogischen Begründungen definiert er Pädagogik als eine Disziplin der umfassenderen Erziehungswissenschaft. Zentral ist der Begriff der Erziehung:

> Erziehung ist eine Funktion der Schöpfung im Dienste der menschlichen Ordnungen. Sie gehört darum zum Sein des Menschen ursprünglich und unaufhebbar, nicht als etwas, das neben diesem Sein geschieht, sondern sie ist im Sein des Menschen mitgegeben, derart darin enthalten, daß das natürliche Menschsein ohne Erziehung seinen Sinn verliert, sich überhaupt nicht wesenhaft erfüllen und darstellen kann. Erziehung als solche Seinsgegebenheit ist näher diejenige Funktion des Seins, welche auf Freiheit und Geist im Menschlichen geht und eben darum einzig und allein auf den Menschen zielt, ja diesen erst zum Menschen im vollen Sinne macht. Deswegen gilt der Satz: Der Mensch wird zum Menschen nur durch Erziehung. (Petersen 1955, S. 14)

Erziehung als Dienst an der Gemeinschaft

Petersen bestimmt die Zielrichtung der Erziehung als Dienst an der Gemeinschaft. Die Aufgabe der allgemeinen und freien Schule besteht darin, den Einzelnen weder für eine Kirche noch für den Staat zu erziehen, sondern als Angehörigen eines Volkes wahrzunehmen und zu erziehen. Unter »Volk« verstand Petersen ein auf die Germanen zurückgehendes »deutsches Edelwort«, das auf eine metaphysische Einheit von Kultur und Überlieferung, verstanden als Summe der geistigen Kulturschöpfungen, Ideen, Lebensgewohnheiten und Eigentümlichkeiten des Handelns, verweist (Benner/Kemper 2003, S. 216):

> Wer in einer Gemeinschaft und von einer Gemeinschaft erzogen wurde, der besitzt wie angeboren (die) Gabe des Feingefühls für den Umgang mit Menschen. Wie taktlos benehmen sich tausende Gebildete, wo der von seiner Dorfgemeinschaft und ihren festen Sitten und Anschauungen gehaltene Bauer, wo eine schlichte Bäuerin taktvoll sind von Natur und Wesen. [...] Ziel der Bildung ist die voll entfaltete Individualität, die innere Freiheit des Einzelnen, Ziel der Erziehung ist und bleibt stets die Gemeinschaft und der Einzelne nur als für die Gemeinschaft, d. h. als Persönlichkeit. (Petersen 1924, S. 104 ff.)

Aus der Orientierung Petersens an einer »Erziehung zum Volke« ergibt sich die Schwerpunktsetzung einer Erziehung zur Gemeinschaft durch die Gemeinschaft. Die Schule muss Gemeinschaftscharakter tragen (Ludwig 1993, S. 300):

> Die Schule ist eine Mischform zwischen reiner Sozialform und Gemeinschaft, die es gilt, auf die oberste Gemeinschaftsbildung, auf das Volk, auszurichten. Ihre Lehrer sind sodann stets amtliche Beauftragte; hinter ihnen steht ein Muß, ein amtlicher Auftrag. Vor allem deswegen kann kein Lehrer und amtlich bestellter Erzieher als

> Regel seiner Schüler Freund, Kamerad u. dgl. sein im Sinne des wirklichen Freundes und Kameraden; alles kann nur ähnlich sein, und es soll auch dem ähnlich sein, doch so, daß jeder Lehrer um die Grenzen weiß und nicht die erzieherischen Wirkungen dadurch verringert, daß er das Verhältnis Lehrer zu Schüler sentimental, unecht sieht und pflegt. Die dritte beschränkende Gegebenheit ist die Zufälligkeit im Faktor Schülerschaft, d. h. die Tatsache, daß ich ja mit den örtlich, jahrgangsmäßig, landschaftlich, stammesmäßig gegebenen Kindern rechnen muß und ideale Verhältnisse die große Ausnahme bilden. Und dazu gesellt sich viertens die Bindung allen Schullebens an die Zufälligkeiten der »Lokalität«, daß ich dies und nicht das Gebäude, so und so eingerichtet, nun einmal habe und darin ideengemäß Höchstes leisten soll. (Petersen 1955, S. 51 f.)

Der Zwangscharakter der Schule zwingt also zu einer Zusammenführung der volkstheoretisch fundierten gemeinschaftlichen Erziehung mit dem Auftrag der Schule in der Gesellschaft. Sie ist eine soziale Veranstaltung, die professionellen Lehrkräften obliegt, und sie ist gleichzeitig ein Ort, an dem ein Mensch Tugenden entfalten kann und zur Person wird. Dabei ist das Individuum immer im Volksganzen zu betrachten. Erziehung wird verstanden als »Erziehung zum Volke« (Benner/Kemper 2003, S. 216):

> Alle die großen Tugenden, die solches Leben auf höherer Ebene und in Ausnahmeformen bestimmen und möglich machen, sind doch zugleich für das ganze Leben als festgewordene Antriebskräfte und Gemeinschaftsbande notwendig, darum muß das ganze Schulleben so eingerichtet sein, daß es die »geistigen Tugenden« herausfordert und als alltägliche Voraussetzung des Zusammenlebens tun und erleben läßt. Unter den geistigen Tugenden aber wird verstanden: Güte, Liebe, Treue, Kameradschaft, Demut, echtes Mitleid, Leid, Andacht, Ehrfurcht, Dienstbereitschaft, Hingabefähigkeit, Opfersinn, Einsatzbereitschaft, Fürsorge, alles Dinge, die es in der Tierwelt nicht gibt, wo auch keines dem andern dient, so wie unter Menschen, noch liebt oder Treue hält usf. Zugleich sind es aber die geistigen Tugenden ganz allein, mit denen Gemeinschaft steht und fällt: kein Lager, keine Fahrt, kein Landheimaufenthalt, aber ebensowenig die Familien, das Volk können zusammenhalten, können bestehen, wenn es an diesen Tugenden mangelt. (Petersen 1955, S. 50)

Gesellschaft und Pädagogik

Die Gestaltung der Schule als Schulgemeinde ist nach Petersen eine Möglichkeit, die Schule als gesellschaftliche Zwangsveranstaltung mit dem Pädagogischen, das sich der Idee der Menschenbildung verpflichtet weiß, in der Gemeinschaftserziehung zu vereinen. Schule ist ein pädagogischer Ort und nicht bloße Unterrichtsanstalt. Sie soll Lebensstätte für Lehrkräfte, Schülerinnen und Schüler sowie Eltern sein (Ludwig 1993, S. 301).

Vier Bildungsgrundformen

Petersen sieht vier Bildungsgrundformen: Arbeit, Gespräch/Unterhaltung, Spiel und Feier:

- Die Arbeit gestaltet sich in Form des Kursunterrichts und in Gestalt des gruppenunterrichtlichen Verfahrens. Hier werden altersgemischte Stammgruppen gebildet. Sie ersetzen die Jahrgangsklasse und mischen Jungen und Mädchen von jeweils drei Jahrgängen (Untergruppe: 1. bis 3. Schuljahr; Mittelgruppe: 4. bis 6. Schuljahr; Obergruppe: 6./7. bis 8. Schuljahr; Jugendlichengruppe: 8./9. bis 10. Schuljahr; Jugendlichen II 10./11. bis 12. Schuljahr). Die Schülerschaft soll alle Schichten und alle Begabungen umfassen. Tischgruppen bestehen aus zwei bis sechs Schülerinnen und Schülern, innerhalb derer die Lernenden binnendifferenziert arbeiten. Die Gruppe, die sich an gemeinsame Regeln des kooperativen Miteinanders halten muss, sichert laut Petersen den Primat der Erziehungsidee vor der einseitigen Akzentuierung des Lerncharakters der Schule (ebd., S. 301 f.). Die Kurse dienen als Beitrag zur Individualisierung des Lernens und zur Interessenförderung der Lernenden.
- Im Gespräch, das sich in der Pause, in der Tisch- oder Stammgruppe, im Kurs oder beim Spiel entfalten kann, wird die Gemeinschaftserziehung ermöglicht. Es geht um die Pflege des mündlichen Ausdrucks sowie um die Aufnahme einer Beziehung zum Gegenüber.
- Das Spiel ist ein in der Reformpädagogik weitverbreitetes Mittel, um die angestrebte Personwerdung der Lernenden zu unterstützen. In der Jena-Plan-Schule werden freies Spiel, Lernspiel, bildende Zweckspiele und Schauspiel betrieben (ebd., S. 302).
- Feste und Feiern schließlich, die ebenso zum festen Repertoire der Reformpädagogik zählen, dienen der Demonstration des Gemeinsinns einer Gemeinschaft. Feiern im Jahresrhythmus (Aufnahme der Neueingeschulten, Advents- und Weihnachtsfeiern, Sonnenwendfeiern, Sommerfeste etc.) sowie Montagmorgen- und Wochenschlussfeiern werden genauso wie Geburtstags- oder Abschiedsfeiern praktiziert (ebd., S. 303).

Wochenarbeitspläne treten an die Stelle des traditionellen Stundenplanes und sollen dem natürlichen Arbeits- und Lebensrhythmus des Kindes nahekommen. Der Schulraum soll von den Schülerinnen und Schülern mitgestaltet werden. Es soll eine kindgemäße Lernumwelt geschaffen werden, in der das gruppenunterrichtliche Verfahren umgesetzt werden kann.

Die Schulwohnstube

Die Schulwohnstube vereint Lehrkräfte und Schüler in der Erfahrung von Gemeinschaftlichkeit:

> In einer echten »Schulwohnstube« begegnen sich Menschen, die in vollem Sinne einander »gehören«, das heißt stets: die einander verantwortlich und füreinander verantwortlich sind. In diesem Raume stehen sie als Schüler untereinander und um ihren erwachsenen Führer vereint in einer echten Lebensverbundenheit, in Gemeinschaft, und der Lehrer verliert seine Rechte und vor allem seine Würde, wenn er die Ansprüche der Schüler nicht vernimmt und ihnen nicht gerecht wird; die Schüler mitsamt der ganzen Schule verlieren ihren Sinn, wenn sie nicht den Forderungen Genüge tun, sich den Anforderungen stellen, ihre Pflichten auf sich nehmen und sie einfach tun, die von dem Volke her den Schulen schlechthin gestellt sind, und, nun über die Lehrer vermittelt, gefordert werden müssen. (Petersen 1955, S. 63)

Rhythmisierung des Schulalltags

Die Gemeinschaftserziehung der Jena-Plan-Schule weist in ihrer idealen Orientierung über die Unterrichtsschule hinaus. Neben unterrichtlichen Aufgaben bietet sie ein erzieherisch durchdachtes Umfeld, das den Bedürfnislagen junger Menschen gerecht werden will. Intendiert sind eine ganzheitliche Bildung und die Ausformung zur sittlich-sozialen Persönlichkeit. Dies erfordert eine Rhythmisierung des Schulalltags, der in der ganztägigen Konzeption den Landerziehungsheimen und den Tagesheimschulen ähnelt (Ludwig 1993, S. 305). An zwei Nachmittagen in der Woche sind jeweils von 15 bis 17 Uhr Sport und Gestaltungslehre vorgesehen; für die Mittel- und Obergruppe ferner am Freitag ein Spielnachmittag. In der Jenaer Universitätsschule ist für den Sommer 1936 für die Mittel- und für die Obergruppe Vor- und Nachmittagsunterricht vorgesehen. Für die Schülerinnen gibt es am Donnerstag von 11 bis 16 Uhr einen Mädchentag. Es wird eingekauft, gekocht und genäht; anschließend ist ein Spiel- und Sportnachmittag für Mädchen vorgesehen (Ludwig 1993, S. 306).

Trotz des bis in den Nachmittag hineinreichenden Unterrichtsangebotes ist die Jena-Plan-Schule zunächst nicht als Ganztagsschule organisiert. Es gibt weder Mittagessen noch Freizeitangebote. Im Hintergrund stehen die Hochschätzung des Familienlebens und der familiär gebundenen Freizeit (ebd., S. 307). Allerdings sah Petersen einen Ausbau der Reformschule in den 30er Jahren vor, ohne dass es allerdings zur Umsetzung dieses Vorhabens gekommen wäre. Für die Nachkriegszeit sind jedoch ganztägige Vorhaben dokumentiert. Im Wochenarbeitsplan der Mittelgruppe von 1946 ist für Sonnabend um 7 Uhr Singen, um 8 Uhr Freie Arbeit vorgesehen. Um 10:20 Uhr findet ein »Wochenschlusskreis« statt. In der Obergruppe steht statt der Freien Arbeit am Sonnabend gesellschaftliche Gegenwartskunde auf dem Stundenplan. Die Obergruppe hat darüber hinaus am Montag und Dienstag sowie am Donnerstag und Freitag Nachmittagsunterricht, der am Dienstag und am Donnerstag bis 17:30 Uhr währt (Petersen 1955, S. 112 f.):

> Der gleiche Lebensrhythmus (wie er ja in Leben und Arbeit aller Erwachsenen da ist und sich in deren Wochenarbeitsleistung ausspricht) soll auch mitsprechen bei der Verteilung von Lehrstoff und Tätigkeitsform durch die ganze Woche hindurch. Es kann nicht gut im Schema verdeutlicht dargestellt werden, wie auch der Jahreszeitenrhythmus diese Verteilung bestimmt. Allein damit ist bereits sichtlich gebrochen mit dem rationalistischen, mechanistischen Lehrplan, der das Leben dem Gedanken unterordnet und zufrieden ist, wenn der Betrieb innerhalb seines Schemas funktioniert, unbekümmert darum, daß sich ihm die lebendige Jugendkraft doch entzieht und hinterher dieser Schule offen die Feindschaft erklärt. Soll man nun heute diese bekämpfte Schule weiterhin in sich zusammenbrechen lassen, notdürftig an ihr herumflicken, sie »entlasten«, damit das alte Schiff nicht ganz im Wogengang der Zeit auseinanderfällt und untergeht, oder wäre es nicht wirklich an der Zeit, statt dessen Lebensstätten unserer Jugend zu schaffen, ganz und gar erfüllt mit den Triebkräften ihrer Landschaft, ihres Menschenschlages, ihrer Lehrer und der Gegenwart? (Petersen 1955, S. 110)

In der Zusammenfassung kann der Schulentwurf Petersens als reformpädagogisch ausdifferenziertes Schulmodell, das die Idee einer volksverbundenen Bildung in den Mittelpunkt rückt, betrachtet werden. Unter Akzentuierung der Erziehung als Dienst an der Gemeinschaft entwickelt Petersen Konturen einer Schule als Lebensstätte für Kinder, Lehrkräfte und Eltern. Arbeit, Gespräch, Spiel und Feier sind Grundformen pädagogischen Miteinanders. In der Jena-Plan-Schule wird der pädagogische Alltag als Annäherung an den natürlichen Lebensrhythmus des Kindes verstanden. Tendenziell weist die Gemeinschaftsschule damit über die Halbtagsschule als zeitlich und curricular begrenztes Unterrichtsangebot hinaus. Die Universitätsschule in Jena trägt als universitär begleitetes Reformprojekt bei zur schul- und unterrichtstheoretischen Fundierung der Ganztags.

3.5 Rhetorische Emphase und unrühmliche Praxis

Lietz' Deutsche Landerziehungsheime

Deutsche Landerziehungsheime (als die besseren »Familien«), Freie Schulgemeinden (als Zusammenschlüsse der Jugend) und (völkisch orientierte) Gemeinschaftsschulen sind Beispiele aus der reformpädagogischen Theorie und Praxis, die durchgängig von rhetorischer Emphase begleitet sind. Die deutschen Landerziehungsheime werden von Hermann Lietz als Entwicklungsräume auf dem Lande, die die Natur der Zöglinge zur Entfaltung bringen können, charakterisiert. Gegen gesellschaftliche Entwicklungen des Industriezeitalters wird das einfache bäuerliche Leben oder der schlichte Alltag eines Handwerkers als optimale Entwicklungsbedingung für Kinder und Jugendliche gesetzt. Nicht Fähigkeiten und Fertigkeiten, sondern die Charakterbildung der Kinder steht im Fokus. Weder die Familie noch die Schule könnten die kindlichen Anlagen angemessen fördern. Die Familienerziehung wird als defizitär bezeichnet und die Schule als »alte Unterrichtsschule« abqualifiziert. Die mit schwärmerischem Unterton angefertigte Skizze des deutschen Jünglings umreißt einen körperlich gesunden, aufrechten Menschen, der sich durch Tatkraft, Mut und aufrechte Gesinnung auszeichnet. Das Internat ist als ganztägiges Angebot gemäß den Altersstufen gewählt und bietet laut Programmatik die Voraussetzung für gemeinschaftliche Internatserziehung.

Wynekens Freie Schulgemeinde

In der Rhetorik Gustav Wynekens geht es in der Schulgemeinde um die Anbindung der Erziehung an den »objektiven Geist«, der sich in der Kultur manifestiert. Es gilt, die heranwachsende Generation an diesen Geist heranzuführen und die Natur der Jugendlichen zu bändigen. Dazu sind Eltern, so Wyneken, nicht in der Lage. Die Familie ist nicht länger der geeignete Ort der Erziehung. Dagegen müssen »Inseln für die Jugend« geschaffen werden. In der Jugend steckt ein enormes Entwicklungspotenzial, das in Kameradschaften und der innigen Beziehung zwischen Führer und Geführten entwickelt werden muss. Schule ist deshalb als ganztägiger Erfahrungsraum, entweder in Form von Internaten oder in Gestalt von Tagesschulen, auszubauen. In ihnen kann soziales Glück erfahren werden.

Petersens Gemeinschaftsschule des Volkes

Emphase findet sich auch in der Programmatik der Erziehungslehre Peter Petersens. In der volkstheoretisch untermauerten Gemeinschaftsschule wird der Mensch durch gemeinschaftliche Erziehung zum Menschen. Die Schule erzieht zum Volke hin, und der Lehrer muss um seine Verpflichtung im Dienst der menschlichen Ordnung wissen. Die geistigen Tugenden, die in der Gemeinschaftsschule erworben werden, stützen die (völkische) Gemeinschaft. Der Alltag in der »Schulwohnstube« basiert auf einer Kritik der »alten Schule«, die sich lediglich mit der Umsetzung des Lehrplans befasst. Dagegen muss die Schule eine Lebensstätte für Kinder, Lehrkräfte und Eltern sein.

Die mit Emphase und romantischer Verklärung der Jugend vorgetragenen Argumente der Reformpädagogik werden vor dem Hintergrund der ebenfalls von ihr geleisteten radikalen Schulkritik an der »Lern- und Buchschule« mit Wohlwollen rezipiert. Die Aufbruchsmentalität der Reformer erweckt Zustimmung bei der Bildungselite. Ignoriert wird dabei die dunkle Seite der Reformpädagogik (Oelkers 2011). Es brauchte lange, bis die Fälle sexualisierter Gewalt an der prominenten, reformpädagogisch orientierten Odenwaldschule aufgedeckt und öffentlich diskutierbar, ihre charismatischen Führer »dekonstruiert« wurden. Die Rekonstruktion gewaltvoller und menschenverachtender Praxis an Internatsschulen zeigt die Praxis der Reformpädagogik, die für sich hohe Ideale einer Menschenerziehung in Anspruch nimmt und gleichwohl dogmatische Züge trägt. Die reformpädagogische Rhetorik ist wegen ihrer Suggestivität und der Verführungskraft ihrer Bilder zu kritisieren. Sie skizziert ein überhöhtes Menschenbild und eine idealisierte Vorstellung von menschlichen Gemeinschaften, in denen Menschen ihre Potenziale im Sinne der Verwirklichung einer übergeordneten Idee entfalten. Gerade das Führer-Gefolgschafts-Konstrukt ist wegen der Möglichkeit einer Instrumentalisierung für eine politische oder weltanschauliche Gesinnung zu kritisieren. Darüber hinaus ist von der überhöhten Programmatik nicht auf Reformpraxis zu schließen.

Oelkers erörtert die Verführungsmacht der Sprache, die eine Unfehlbarkeit der pädagogischen Reformpraxis nahelegt:

> Hinter dem Idealbild der »humanistischen« und »freiheitlichen« Pädagogik standen fehlbare Personen, die den Versuchungen der Macht ausgesetzt waren, Feindschaften aufgebaut haben, persönliche Verwerfungen aushalten mussten und lernen konnten, wie der Schein gewahrt wird. Sie übten gegenüber den Schülern und den Eltern mehr oder weniger offen Herrschaft aus, mussten untereinander Intrigen überstehen und gekränkte Eitelkeiten aushalten, während sie gleichzeitig höchste Ideale vertreten haben, die niemand überprüfen kann und die doch gelten sollen. Wer die Personen der Reformpädagogik angemessen beurteilen will, muss sie von dem her erschließen, was sie getan und nicht von dem, was sie geschrieben haben. (Oelkers 2011, S. 8)

Missbrauch der Machtstellung

Zu betrachten sind damit sexuelle Übergriffe und andere Formen der Gewalt wie Erpressungen, Bedrohungen und Willkür. Die Gründer der Reformeinrichtungen haben ihre Machtstellung häufig ausgenutzt und die abhängigen Kinder und Jugendlichen ihrem Willen unterworfen. Die Rekonstruktion reformpädagogischer Theorie und Praxis zeigt zudem eine Affinität zur nationalsozialistischen Ideologie und zum Rassedenken. Mittlerweile belegt ist ferner die ökonomische Zwangslage vieler Einrichtungen, die von dem Geld begüterter Familien lebten und auch von daher auf Wünsche des Klientels angewiesen waren (ebd., S. 9).

Die Klientel der Lietzschen Landerziehungsheime setzte sich aus wohlhabenden Familien zusammen, die das teure Schulgeld für ihre Kinder aufbringen konnten. In der Bildungselite waren Ende des 19. Jahrhunderts Modernisierungsängste und eine heftige Schulkritik weitverbreitet. Lietz bediente mit seinen Schulgründungen insofern Interessen und Befindlichkeiten der Oberschicht. Die pädagogische Gemeinschaft als Leitidee wurde zwar in Form von Bilddokumenten festgehalten, doch gab es an der Schule auch Spannungen und Konflikte, und der Unterricht folgte weitgehend konventionellen Methoden (ebd., S. 80 f.). Ein rigides internes Leistungssystem und Charakterbeurteilungen von Schülerinnen und Schülern fanden statt. Die Inspektionsberichte zu Beginn des 20. Jahrhunderts stellen schwache Leistungen der Schülerinnen und Schüler fest (ebd., S. 85 f.).

Überwachungssysteme

Das Lietzsche Präfektensystem, in dem man ältere Schüler als Aufsichtspersonen über jüngere Kinder einsetzte, wurde durch das Familiensystem ersetzt, in dem Lehrkräfte Familien leiteten. Aufgrund der Möglichkeit, Informationen an die Schulleitung weiterzugeben, hatten die Präfekten bzw. Familienvorstände Macht innerhalb des Internatsgefüges. Sie waren gleichzeitig verpflichtet, vertrauliche Berichte abzugeben (ebd., S. 90 f.). Das Internat lässt sich unter dieser Perspektive als hierarchisches Herrschaftsgefüge, das sich einer gestuften Strafpraxis bediente, bezeichnen (ebd., S. 96). Lietz wird ein herrischer Charakter zugeschrieben. Wenn er die Disziplin gefährdet sah, schlug er zu. Aus Sicht von Zeitzeugen konnte Lietz unüberlegt und willkürlich handeln (ebd., S. 97 f.). Kritiker wie Wyneken berichten über eine strenge, schematische Unterrichtsführung und penible Kleidervorschriften. Schüler wurden zur Renovierung der Häuser und zur Gartengestaltung als billige Arbeitskräfte eingesetzt. Paramilitärische Übungen, nationalistische Gesinnung und chauvinistische Einstellungen sind dokumentiert (ebd., S. 109 ff.).

Pädagogischer Eros

Bedenklich ist ebenfalls das in der Reformpädagogik verhandelte Konstrukt des pädagogischen Eros, der als frei von jeglichem Triebverlangen charakterisiert wird. Der pädagogische Eros stellt unter Bezugnahme auf das Konzept der platonischen Liebe ein Ideal dar, das für Nähe, Empathie und ein ideales pädagogisches Miteinander stehen soll (ebd., S. 130). In der Freien Schulgemeinde Wickersdorf sollte sich der pädagogische Eros in den frei gewählten Kameradschaften verwirklichen, in denen Anhänglichkeit und Liebe entwickelt werden. Dies kommt der Idee der Schule als Gemeinschaft zugute, sofern der Führer von der Idee einer besseren Schule erfüllt ist. Die sexuellen Beziehungen zu Schülern sind u. a. in schriftlichen Urteilsbegründungen gegen Wyneken, der zu einer Strafe von einem Jahr Gefängnis verurteilt wurde, dokumentiert (ebd., S. 224 ff.).

Völkische Erziehungsideale

Petersens »Kleiner Jenaplan«, der ein schulorganisatorisch und didaktisch ausdifferenziertes Modell der Schulgemeinde vorlegt, kann als Synthese differenter reformpädagogischer Initiativen verstanden werden. Petersens Reformansatz umgreift die ganze Schule, also auch die Eltern, und kann auf die Normalschule übertragen werden (Oelkers 1992, S. 117). Andererseits vertritt Petersen in der Zeit des Nationalsozialismus die faschistische Ideologie der Machthaber. Seine Jenaplan-Schule galt als Musterbild einer völkischen Schule (ebd., S. 167). Erziehung tritt damit in den Dienst des Volkes; es geht nicht um die Entfaltung der Kräfte des Individuums in der Gemeinschaft, sondern um die Volksgemeinschaft. Erziehung erkennt den durch Anlagen determinierten Typus des Einzelnen und verhilft jedem dazu, seine Position im Ganzen der völkischen Gemeinschaft zu finden. Benner und Kemper kritisieren Petersens Konzept einer »Erziehung zum Volke« als Rückfall in vormoderne Denkformen (Benner/Kemper 2003, S. 217).

3.6 Zur Bedeutung reformpädagogischer Modelle

Reformpädagogische Ganztagsschule als Ideengeber

Die moderne Ganztagsschule lässt sich auf das Ende des 19. Jahrhunderts datieren und steht im Kontext reformpädagogischer Schultheorie und -praxis. Ludwig unterstreicht die Tradition einer pädagogischen Legitimierung der Ganztagsschule als Erziehungs- und Lebensstätte der Jugend (Ludwig 2008, S. 518 f.). Sie sei historisch nicht in der Tradition sozialer Sonderschulen der Nachkriegszeit zu betrachten, sondern könne sich auf reformpädagogische Vorläufermodelle berufen. Gerade die Ganztagsinitiativen der Nachkriegszeit seien aus dem Geist der Reformpädagogik heraus entstanden. Bedauerlich seien die auf Leistungsoptimierung gerichteten Reformbemühungen der Gegenwart, die eine Akzentuierung der »alten Lernschule« vornähmen (ebd., S. 523). Die historischen Ursprünge der Ganztagsschule werden in vielen Publikationen vermerkt. Dabei gilt die reformpädagogische Ganztagsschule unbeschadet ihrer defizitären Praxis als Ideengeber, der sich durch Schülerorientierung sowie durch die Anerkennung der Rechte der Kinder auf freie Entfaltung ihrer Kräfte auszeichnet (Kanevski/Salisch 2011b, S. 25).

Neubewertung der Reformpädagogik

Oelkers fordert nach der Aufdeckung von Missbrauchsfällen in Landerziehungsheimen zur Neubewertung der deutschen Reformpädagogik auf (Oelkers 2011, S. 305 ff.). Das Bild einer vorbildlichen pädagogischen Reformpraxis sei zu hinterfragen; in der Praxis seien Gewalt und Ausgrenzung dokumentiert (ebd., S. 306). Die Vorstellung einer Ableitung der Praxis aus der Theorie sei aufzugeben. »Reformpädagogik« als vorwärtsweisendes Moment käme demgegenüber aus der Mitte der Praxis und sei als kontinuierliche Problemlösung zu verstehen. Schulentwicklung bedürfe keiner großen Namen, sondern guter Ideen, die sich in der Praxis umsetzen lassen (ebd., S. 309 ff.).

Ansprüche an pädagogische Professionalität

Die Bedeutung reformpädagogischer Modelle für die Ganztagsschulentwicklung ist vor dem Hintergrund der Aufdeckung systematischen Missbrauchs von Kindern und der Gewalt an Kindern in Internatsschulen neu und differenziert einzuschätzen. Die Erweiterung der Begegnungsräume von Erwachsenen und Kindern oder Jugendlichen erfordert nachdrücklich pädagogische Professionalität. Pädagogische Könnerschaft muss den professionellen Umgang mit Nähe zu Kindern in pädagogischen Einrichtungen, die ein enges pädagogisches Miteinander intendieren, einschließen. Professionelle Lehrkräfte müssen in der Lage sein, Distanz zu den ihnen anvertrauten Kindern zu bewahren und sie in ihrer Autonomie und Menschenwürde zu respektieren. Im pädagogischen Verhältnis kann eine Normverletzung nicht toleriert werden. So bedarf pädagogisches Handeln kontinuierlicher Ausrichtung an professionellen Standards. Deshalb birgt die Idealisierung reformpädagogischer Ansätze die Gefahr, im Vorfeld eine Deckungsgleichheit von idealem Entwurf und gelebter Praxis anzunehmen. Diese ist jedoch immer nur eine Annäherung an das Ideal und muss kritisch überprüft werden. Gefährdet sind insofern nur überzogene Erwartungen, die die Idealisierung der Erziehung und den pädagogischen Optimismus reformpädagogischer Entwürfe herausragender Reformer affirmativ nachvollziehen und sich anschließend von der Praxis enttäuschen lassen.

Theorie und Praxis

Normative Erziehungstheorien sind Aussagesysteme, die der Praxis, in der das (defizitäre) Tun im Vordergrund steht, gegenüberstehen. Gute Schulentwicklungspraxis ist auf gute Theorien und auf Zukunftsvisionen angewiesen. Andererseits muss im erziehungswissenschaftlichen Diskurs die Dignität der Praxis akzeptiert werden. Sie geht der Theorie voraus und ist die Voraussetzung erziehungswissenschaftlicher Reflexion (Rahm 2010b). Theorie und Praxis stehen in einem unauflösbaren Zusammenhang. Sie formen ein interdependentes Verhältnis und definieren gegenseitig die Grenzen ihres Gegenstandsbereiches. Sie sind miteinander unvereinbar und gleichzeitig untrennbar verknüpft (Heid 2004).

Die beispielhafte Präsentation und die kritische Würdigung reformpädagogischer Ansätze zum Ganztag verweisen auf das Kontinuum von Schulkritik und Schulreform. In den Kontroversen um Zuständigkeiten und Möglichkeiten von Familie und Schule ergeben sich deutliche Parallelen zur gegenwärtigen Ganztagsdebatte, auch wenn sich die gesellschaftlichen Bedingungen grundlegend gewandelt haben (Soremski et al. 2011). Auch die Bedeutung einer Gemeinschaftserziehung wird nach wie vor diskutiert; gegenwärtig unter der Perspektive der Ungleichheit von Bildungschancen (ebd.).

Kerstin Rabenstein

4 Förderangebote und Hausaufgaben an der Ganztagsschule

Erwartungen an eine neue Lernkultur

Die Ganztagsschule, wie sie sich seit etwa zehn Jahren im Zuge der finanziellen Unterstützung durch das von der Bundesregierung aufgelegte Investitionsprogramm zur Entwicklung erweiterter Bildungs- und Betreuungsangebote durch Ganztagsschulen (IZBB) neben der Halbtagsschule allmählich etabliert, war von Anfang an eng mit dem Anliegen verbunden, über das Angebot einer erweiterten Betreuung für Kinder und Jugendliche hinaus auch eine Qualitätsverbesserung für die Kernaufgabe von Schule zu initiieren: den Unterricht bzw. die Lernmöglichkeiten für Kinder und Jugendliche, also die formellen Bildungsmöglichkeiten (vgl. Kapitel 2 in diesem Band). Normative Erwartungen an eine »neue« Lernkultur, die eigenverantwortliches, selbstständiges, anwendungsbezogenes bzw. in Alltagserfahrungen situiertes Lernen von Schülerinnen und Schülern ermöglicht (Keuffer/Trautmann 2008, S. 557), sind dabei eng verknüpft mit Erwartungen an eine verbesserte individuelle Förderung bei der Hausaufgabenbetreuung bzw. bei Förderangeboten (Höhmann/Schaper 2008, S. 582). In Konzepten und Programmen zur Ganztagsschule haben Bildungspolitiker, Eltern und Pädagogen in den letzten zehn Jahren immer wieder hohe Ansprüche an die Förderung aller Schülerinnen und Schüler in der Ganztagsschule formuliert. Förderung wird dabei nicht nur als nachholende Unterstützung bei Defiziten aufseiten der Schülerschaft verstanden, sondern auch als Eröffnung von mehr Wahlmöglichkeiten bzw. Möglichkeiten individueller Schwerpunktsetzungen nach Interesse – im Unterricht durch individualisiertes Lernen und außerhalb des Unterrichts durch Wahl(pflicht)angebote. Im Zuge der Etablierung der Ganztagsschule erhält somit der Gedanke der individuellen Förderung in Verbindung mit Erwartungen an selbstständiges, eigenverantwortliches Arbeiten der Schülerinnen und Schüler mehr Gewicht. Darüber, wie welche Förderung für wen an Ganztagsschulen realisiert wird, wissen wir allerdings – empirisch fundiert – erst seit Kurzem etwas.

Im Folgenden sollen zunächst die Ansprüche an die Ganztagsschule als eine »fördernde« Schule beschrieben werden (4.1). Daran schließt sich eine Darstellung der Angebotsentwicklung an Ganztagsschulen an, die auch Fragen der Rhythmisierung aufgreift (4.2). Im dritten Schritt wird ein spezifisches Angebot, das eng mit dem Förderanspruch an die

Ganztagsschule verbunden ist, intensiver betrachtet: die Hausaufgabenbetreuung (4.3). Erst im vierten Unterkapitel werden dann Forschungsergebnisse zu den Förderangeboten an Ganztagsschulen vorgestellt. Drei Fragen werden dafür betrachtet: die Frage, wer wie intensiv das Ganztagsangebot wahrnimmt (4.4.1); die Frage, wie Hausaufgaben- und Förderangebote von den Akteuren selbst – den pädagogischen Fachkräften, Eltern und Schülern – wahrgenommen und erfahren werden (4.4.2); sowie die Frage, welche Effekte bzw. Wirkungen von Ganztagsangeboten auf die Leistung, Motivation und Lernfreude von Schülern und Schülerinnen zu beobachten sind (4.4.3). In den beiden letztgenannten Abschnitten werden einzelne Studien genauer dargestellt, um Einblick in die Besonderheiten qualitativer und quantitativer Forschung zu geben.

4.1 Förderanspruch an die Ganztagsschule

In diesem Abschnitt wird exemplarisch ein Auszug aus einer programmatischen Erklärung zur Ganztagsschulentwicklung in Deutschland betrachtet, um deutlich zu machen, wie welcher Förderanspruch mit den an Ganztagsschulen neu einzurichtenden Unterrichts- und Lernangeboten verknüpft wird. Für diese Analyse wird nicht affirmativ an Ziele und Vorstellungen bildungspolitischer Programme und pädagogisch-didaktischer Konzepte angeschlossen, sie werden für diese Darstellung weder übernommen noch kritisiert. Vielmehr sollen die normativen Vorstellungen, die in den Äußerungen zum Tragen kommen, genauer beschrieben werden. Die Analyse zielt dabei nicht auf eine ideologiekritische Kommentierung der Ganztagsschulentwicklung, die vor allem das Auseinanderklaffen von Anspruch und Wirklichkeit im Blick hätte. Die normativen Vorstellungen, die mit der Ganztagsschule verbunden sind, werden vielmehr als Hinweise auf die Entwicklungen und Transformationen von Schule und Unterricht gelesen, die derzeit in Deutschland insgesamt angestrebt werden bzw. im Gange sind.

Erwünschte Wirkungen der Ganztagsschule

Das ausgewählte Zitat, das im Folgenden etwas genauer betrachtet werden soll, ist dem Vorwort einer Studie zur Ganztagsschulentwicklung entnommen, mit der die Bertelsmann Stiftung das Deutsche Jugendinstitut beauftragt hat. Die Publikation der Ergebnisse dieser Studie ist mit »Ganztagsschule als Hoffnungsträger für die Zukunft?« (Bertelsmann Stiftung 2012) überschrieben. Anliegen des Auftraggebers ist es, das »Reformprojekt Ganztagsschule« auf den empirischen Prüfstand zu stellen« (Dräger 2012, S. 8). Die Ganztagsschule könne und solle, so die den Auftrag leitenden Überlegungen, ihr Potenzial, einen »substanziellen Beitrag zu Chancengerechtigkeit« und zum Ausgleich herkunftsbedingter Benachteiligungen zu leisten, besser ausschöpfen (ebd.). Dafür wurden führende Ganztagsschulforscher aufgefordert, eine Bilanz ihrer Studien zu ziehen. Da die erwünschten Wirkungen der Ganztagsschule in der empirischen Forschung bislang nicht bestätigt werden könnten, so die Einschätzung der Bertelsmann Stiftung, ist mit der in Auftrag gegebenen Studie die Erwartung verbunden, aus den empirischen Ergebnissen Schlüsse für die Weiterentwicklung der Qualität von Ganztagsschulen ziehen zu können.

Dreierlei zur Ganztagsschulentwicklung wird bereits an dieser knappen Beschreibung der einleitenden Worte zu den Ergebnissen der Studie deutlich (vgl. auch Kapitel 2): 1. Mit der Einführung der Ganztagsschulen sind hohe Erwartungen verbunden. 2. Diese beinhalten auch die Erwartung, dass Ganztagsschulen zu mehr Bildungsgerechtigkeit und einem Abbau von Chancenungleichheit beitragen. 3. Die empirische Ganztagsschulforschung spielt in der Ganztagsschulentwicklung eine Rolle, indem sie als Prüfinstanz der Schulentwicklung aufgerufen wird. Wie aber genau sollen Ganztagsschulen sein, um die genannten Ansprüche – zu mehr Bildungsgerechtigkeit und Chancengleichheit beizutragen – zu erfüllen? Dazu ein Zitat aus dem Vorwort der Studie:

> Bereits zu Beginn des Ausbaus müssen die Schulen so gut sein, dass die Eltern ihre Kinder gern und freiwillig dorthin schicken – anders wird sich der kulturelle Wandel politisch nicht durchsetzen lassen. Deshalb müssen Ganztagsschulen mehr sein als Halbtagsschulen, die in den Nachmittag verlängert werden: Lernen und Erholungsphasen wechseln sich während des Tages ab, Sport und Musik sind verstärkter Teil des Curriculums, Selbstlernphasen sind genauso Bestandteil des Schultages wie »normaler Unterricht«. So verstandene und konzipierte Ganztagsschulen unterstützen kognitives Lernen, indem sie die intensive individuelle Förderung der Schülerinnen und Schüler ermöglichen und sicherstellen, dass das neu Erlernte geübt, wiederholt und verfestigt wird. Solche Ganztagsschulen bieten aber auch neue Möglichkeiten, da sie Gelegenheiten für informelles, soziales und interkulturelles Lernen eröffnen und beispielsweise Sport- und Kulturangebote bereitstellen, die Kindern aus bildungsfernen Familien sonst nicht zugänglich sind. (Dräger 2012, S. 9–10)

Ganztagsschule als bessere Schule

Die Erwartungen an die Ganztagsschule, die in diesem Ausschnitt deutlich werden, sind seit Beginn ihrer zunehmenden Etablierung in den 2000er Jahren in die bildungspolitische Diskussion eingeschrieben:

- Das Ganztagsangebot in Deutschland richtet sich an die Eltern und ist freiwillig. Ganztagsschulen ergänzen also das Angebot an Halbtagsschulen, sie werden in Deutschland – politisch – nicht als Normalform von Schule proklamiert.

- Um sich als eine von mehreren Wahloptionen zu bewähren, müssen Ganztagsschulen besser sein als Halbtagsschulen. Ihre höhere Qualität resultiert – so die Programmatik – vor allem aus einem anderen, weil reformpädagogischen Konzept von Unterricht und Lernen.
- An Ganztagsschulen werden die Lern- und Anregungsmöglichkeiten für Kinder und Jugendliche vervielfältigt, indem einerseits zusätzliche, das Lernen im Unterricht erweiternde und ergänzende Angebote geschaffen werden; andererseits wird der Anteil von Angeboten erhöht, die die Eigentätigkeit des Kindes und das selbstständige Lernen der Schülerinnen und Schüler fokussieren.
- Individuelle Förderung wird als ein neues Element eingeführt, das – so der negative Gegenhorizont – von der Halbtagsschule bislang nicht ausreichend berücksichtigt wurde.

Die Ganztagsschulprogrammatik

Mit der Ganztagsschulprogrammatik ist in hohem Maße die Vorstellung einer anderen, weil mehr am Kind und seinen Bedürfnissen sowie mehr am Lernen und dem potenziellen Lernerfolg orientierten Schule verbunden (Kolbe/Reh 2008). Programmatische Aussagen wie die hier beispielhaft zitierte sind dadurch gekennzeichnet, dass sie weder Schwierigkeiten in der Umsetzung thematisieren, die trotz aller Ratschläge als Schwierigkeiten bestehen bleiben könnten, noch auf Widersprüche oder Ambivalenzen hinweisen, die mit erweiterten pädagogischen Maßnahmen für die Beteiligten verbunden sind. Zum Beispiel werden folgende Fragen nicht thematisiert:

- Wie kann die reformpädagogische Orientierung von Ganztagsschulen, die lange Zeit (bis Ende der 1990er Jahre) als Hypothek ihrer Entwicklung galt, nun zu ihrem Potenzial werden (Kolbe/Reh 2008)?
- Wie soll die Erweiterung von Lernangeboten zu mehr Leistung führen?
- Welche Ambivalenzen könnten für die Lernenden mit einer größeren Verantwortung für das eigene Lernen einhergehen?
- Welche Folgen kann die mit dem Förderanspruch in puncto Chancengleichheit verknüpfte Erwartung, jeder könne – wenn er sich nur ausreichend anstrenge – schulisch erfolgreich werden, für diejenigen Gruppen von Schülern haben, die sie trotz aller Anstrengungen nicht erfüllen?
- Inwieweit könnte mit der Betonung von Potenzialen individueller Förderung an Ganztagsschulen eine Individualisierung von Schulerfolg und somit auch von Schulmisserfolg einhergehen?
- Was genau ist neu an dem Anspruch an (individuelle) Förderung in bzw. durch Ganztagsschulen?

Zum Begriff der (individuellen) Förderung

Die letzte Frage soll hier etwas ausführlicher kommentiert werden. Die gestiegene Bedeutung des im Zusammenhang mit der programmatischen Ganztagsschuldiskussion prominent gewordenen Begriffs der (individuellen) Förderung erstaunt. Der Begriff der (individuellen) Förderung erscheint im Kontext erziehungswissenschaftlicher Grundbegriffe wie Erziehung und Bildung, zu denen er *nicht* gerechnet wird, in hohem Maße unbestimmt. Wenn unter erzieherischem Handeln ein auf Lernen bezogenes Handeln verstanden wird (Prange 2005), muss jedes erzieherische Handeln als ein förderndes verstanden werden. Welchen Sinn macht also eine Unterscheidung zwischen Erziehen und Fördern? Auf die Unbestimmtheit des Konzepts der individuellen Förderung weisen auch Klieme und Warwas (2011) in ihrem Versuch einer Systematisierung von Gebrauchsweisen des Begriffs hin. In der Diskussion zur Ganztagsschule wird der Begriff der »Förderung« so umfassend verwendet, dass beinahe jede Art von Lernangebot, das über den Klassenunterricht im engeren Sinne hinausgeht, mit einem Förderanspruch verknüpft wird (vgl. zur Analyse dieser Diskussion Kolbe/Reh 2008).

Dennoch ist der Begriff der (individuellen) Förderung – und das ist das eigentlich Erstaunliche – in hohem Maße zustimmungsfähig. Einem Container gleich kann er unterschiedlich gefüllt werden. Anders gesagt, alle wollen mehr und bessere (individuelle) Förderung in Schule und Unterricht, wer könnte dem widersprechen? Unklar bleibt jedoch, ob alle darunter dasselbe verstehen. Die Klärung der konzeptionellen Grundlagen des Begriffs der Förderung steht also ebenso aus wie die empirische Überprüfung der Wirksamkeit entsprechender Angebote auf das Lernen bzw. den Lernerfolg der Schülerinnen und Schüler. Bevor im vierten Unterkapitel empirische Ergebnisse zu den Effekten und Wirkungen der Ganztagsschule dargestellt werden, soll im Folgenden der Blick auf die Angebote gerichtet werden, die an Ganztagsschulen zu finden sind, um sodann ein zentrales Angebot – die Hausaufgabenbetreuung – näher zu beleuchten.

4.2 Angebotsvielfalt, Angebotsentwicklung und Rhythmisierung

Im Folgenden geht es im Sinne einer deskriptiven Bestandsaufnahme um die Frage, welche Angebote an Ganztagschulen unterbreitet werden und wie sich das Angebot in den letzten zehn Jahren entwickelt hat. Dafür wird auf die Unterscheidung von Angeboten zurückgegriffen, die der Konzeption der Fragebögen an Schulleiter, Lehrkräfte, Eltern sowie Schülerinnen und Schüler in der Studie zur Entwicklung der Ganztagsschule in Deutschland zugrunde liegt. Im Zusammenhang mit der Angebotsgestaltung an Ganztagsschulen wird auch die Frage der Rhythmisierung, der zeitlichen Gestaltung des Schultages, relevant, die deswegen am Schluss dieses Kapitels aufgegriffen wird.

Schulleiterbefragung zur Angebotsstruktur

Um die Angebotsstruktur zu erfassen, die sich an den Schulen entwickelt, wurden die Schulleitungen gefragt, welche Angebote es an ihrer Schule gibt (vgl. Rollett/Lossen/Jarsinski/Lüpschen/Holtappels 2011). Dafür wurde den Befragten eine umfangreiche Liste von 18 Angebotselementen vorgelegt. Diese wurde für die Auswertung in vier Kategorien – Angebotselemente von Ganztagsschulen – eingeteilt (systematisiert nach der Studie zur Entwicklung von Ganztagsschulen in Deutschland, vgl. Rollett u. a. 2011, S. 81):

1. Hausaufgabenbetreuung und Förderung: Hausaufgabenhilfe/Hausaufgabenbetreuung; Förderunterricht für Schüler/innen mit niedrigen Fachleistungen; spezifische Fördermaßnahmen für Schüler/innen nichtdeutscher Muttersprache/Herkunft
2. Fachbezogene Angebote: Mathematische Angebote; naturwissenschaftliche Angebote; Angebote im Bereich Deutsch/Literatur; Fremdsprachenangebote; sportliche Angebote; musisch-künstlerische Angebote
3. Fächerübergreifende Angebote: Handwerklich/hauswirtschaftliche Angebote; technische Angebote/neue Medien; Gemeinschaftsaufgaben und neue Formen von Schülermitbestimmung; Formen sozialen Lernens; Formen interkulturellen Lernens; Dauerprojekte
4. Freizeitangebote: Freizeitangebote in gebundener Form; freiwillig zu nutzende Freizeitangebote; Beaufsichtigung von Schüler/innen in der Freizeit

Von der Befragung der Schulleitungen zu drei Erhebungszeitpunkten (2005, 2007 und 2009) wurde erwartet, Aussagen über den quantitativen Anstieg und den inhaltlichen Ausbau des Angebotsspektrums an den Schulen machen zu können. An allen drei Erhebungszeitpunkten wurden 82 Grund- und 213 Sekundarschulen im Bundesgebiet befragt (Rollett u. a. 2011). Insgesamt kann in den Ergebnissen ein positiver Trend verzeichnet werden: Ein Ausbau der Angebotsstruktur ist insgesamt zu beobachten, drei Viertel des maximal zu erreichenden Wertes sind erfüllt, lediglich der Bereich fächerübergreifender Angebote fällt dahinter etwas zurück. In jedem Fall lässt sich ein positiver Trend für die Bereiche fachbezogener und fächerübergreifender Angebote sowie für die Freizeitangebote verzeichnen. Der Zuwachs ist dabei in vielen Fällen schon bis 2007 erreicht und wird seitdem konstant gehalten (Rollett u. a. 2011, S. 81).

Differenzierung der Ergebnisse nach Schulformen

Differenziert man zwischen Schulformen, kann festgestellt werden, dass Angebote der Hausaufgabenbetreuung an weiterführenden Schulen und an Grundschulen weitverbreitet sind, bis zu 95 Prozent der Schulen bieten sie an (Holtappels/Rollett 2009). Auch Angebote fach- und interessenbezogener Förderung finden sich mittlerweile an allen Ganztagsschulen. Das Angebot variiert je nach Schulform und Form der Ganztagsschule (offen oder gebunden): Grundschulen richten insgesamt seltener fachbezogenen Förderunterricht ein, Angebote zur Förderung der Bildungssprache finden sich vermehrt an Hauptschulen, Angebote zu mathematisch-naturwissenschaftlichen Interessenschwerpunkten werden vermehrt an Realschulen und Gymnasien eingerichtet, Angebote für Schüler mit Leistungsdefiziten überwiegen an weiterführenden Schulen gegenüber Angeboten für Schüler mit besonderen Begabungen (Holtappels/Rollett 2009).

In der jüngsten Veröffentlichung (Fischer/Holtappels u. a. 2013) wird dieser Trend bestätigt: Für 2012 wird eine Verstetigung der Angebotsentwicklung festgestellt. In einer aktuellen Online-Veröffentlichung werden die Ergebnisse wie folgt beschrieben:

> Lernunterstützende Angebote sind an allen Schulformen weit verbreitet (…). Die Hausaufgabenbetreuung ist an 93 Prozent der Schulen mit Primarstufen sowie der Gymnasien und an 81 Prozent der Schulen mit Sekundarstufe I ein Bestandteil des Ganztagsprogramms. Ein mit etwa 90 Prozent ebenfalls sehr hoher Anteil der Schulen gibt an, dass Förderunterricht bzw. Fördergruppen Bestandteil des Ganztagsangebotes sind. Etwa drei Viertel der Schulen bieten spezifische Fördermaßnahmen für bestimmte Schülergruppen an. Ein nicht unerheblicher Teil der Schulen ergänzt das Angebot der Hausaufgabenbetreuung auch mit aufgabenbezogenen Lernzeiten, deutlich weniger aber gilt dies für die Schulen mit Primarbereich. (Fischer/Holtappels u. a. 2013, S. 64)

Über die Unterrichtsentwicklung und die Gestaltung von Förderangeboten im engeren Sinne lässt sich aus dieser Darstellung der quantitativen Befunde nichts sagen. Welche Möglichkeiten stehen Schulen – strukturell gesehen – für die Angebotsgestaltung offen? Wie können sie auf den Förderanspruch reagieren? Und welche Veränderungen des Unterrichts gehen möglicherweise damit einher? Für eine Antwort muss zwingend zwischen offenen und gebundenen Ganztagsschulen unterschieden werden, da ihnen unterschiedliche Veränderungsmöglichkeiten zur Verfügung stehen (Rabenstein/Podubrin 2015).

Förderangebote an offenen Ganztagsschulen

An offenen Ganztagsschulen kann auf den Förderanspruch reagiert werden, indem man sich z. B. von den 45-Minuten-Schulstunden verabschiedet und Unterrichtsstunden von 60 Minuten Dauer anbietet. Davon erwartet man sich z. B., dass Übungsphasen besser in die reguläre Unterrichtszeit integriert und Fragen dort beantwortet werden können, wo sie entstehen: im Fachunterricht. Zudem können während bestimmter Phasen der Unterrichtszeit differenzierende Angebote gemacht werden. Eine Lerngruppe kann z. B. für bestimmte Phasen in eine erste Gruppe von Schülerinnen und Schülern aufgeteilt werden, die einer besonderen Förderung (etwa in Mathematik oder Rechtschreibung) bedürfen, in eine zweite Gruppe, der besondere Herausforderungen angeboten werden (für Mathematik wird das in Grundschulen derzeit häufig gemacht), und in eine dritte Gruppe, für die in einer bestimmten Domäne Übungsaufgaben bereitgestellt werden, die die Schülerinnen und Schüler selbstständig bearbeiten sollen. Dieses Prinzip der Aufteilung in Gruppen wird als »äußerliche Differenzierung« bezeichnet; den so geschaffenen leistungshomogenen Lerngruppen wird jedoch eine eher geringe Wirkung für die Leistungsentwicklung der Schülerinnen und Schüler zugewiesen (Neumann u. a. 2007). An offenen Ganztagsschulen kann dem Anspruch darüber hinaus begegnet werden, indem zusätzlich zum Unterricht Angebote eingerichtet werden, die von den Schülerinnen und Schülern – freiwillig für ein Halb- oder Schuljahr – ausgewählt werden. Dabei handelt es sich in der Regel um Angebote der – teilweise auch fachlich ausgewiesenen – Hausaufgabenbetreuung oder um zusätzliche fachbezogene Förderangebote, wie etwa »Förder-Latein« oder Förderung zur Lese-Rechtschreibschwäche.

Förderangebote an gebundenen Ganztagsschulen

Gebundene Ganztagsschulen haben darüber hinausgehende Möglichkeiten, die Organisation von Unterricht zu verändern. An gebundenen Ganztagsgrundschulen – teilweise auch an weiterführenden Schulen – wird der Unterricht im Zuge der Einführung der Ganztagsschule weitergehend individualisiert, indem z. B. in einem erheblichen Umfang der Unterrichtszeit mit Wochen- bzw. Arbeitsplänen gearbeitet wird (Fischer/Holtappels u. a. 2013). Längere Phasen individualisierten Arbeitens (Wochenplanarbeit, Lernbüros) wechseln sich dabei mit kürzeren Plenumsphasen ab. Eine andere Möglichkeit, vermehrt Förderangebote an gebundenen Ganztagsschulen einzurichten, besteht darin, zusätzliche, für alle verbindliche Wahlpflichtangebote (z. B. als sogenannte Lernzeiten, Arbeits- oder Übstunden) in den Schultag zu integrieren, die auch fachlich konturiert sein können (z. B. Übstunden zu Mathematik).

Im Zusammenhang mit der Angebotsentwicklung an Ganztagsschulen wird die Frage der Tagesgestaltung relevant. Unter dem Schlagwort der Rhythmisierung werden verschiedene Zeitmodelle entwickelt, die Schulen dazu anregen können, die für ihre Vorhaben und ihr pädagogisches Programm passende Zeitstruktur zu finden.

Rhythmus und Organisation von Schule

Für eine moderne Ganztagsschulentwicklung kann Rhythmisierung nun nicht, wie im Diskurs über die Frage der Tagesgestaltung an Ganztagsschulen in Deutschland lange proklamiert, als Metapher für den reformpädagogischen Kerngedanken einer kindgemäßen »Lebensschule«

verstanden werden (vgl. Rabenstein 2008). Die damit einhergehende Vorstellung eines für alle Menschen gleichen, »natürlichen« kind- und lerngerechten Rhythmus, den es bei der Gestaltung von Schule zu beachten gelte, geht weit hinter den Stand der organisationssoziologischen Diskussion zurück. Wird die Organisation von Schule als ein Produkt menschlichen Gestaltungshandelns und als eine Frage sozialer Koordination verstanden, geht es bei der Zeitorganisation von Schule u. a. um Fragen der Wahrnehmung und Nutzung von Zeit aufseiten von Lehrkräften und Schülern. Im Zentrum stehen Fragen der Gestaltung von Lernen und Unterricht, die die zeitliche Arbeitsorganisation betreffen. Dabei hat sich gezeigt, dass Fragen der zeitlichen Gestaltung von Schule und Unterricht eng mit Fragen der räumlichen Möglichkeiten verbunden sind, wie z. B. der Frage nach dem Bedarf an unterschiedlichen Räumen zum Arbeiten, für Kommunikation sowie für Ruhephasen und Pausen. Ähnliches gilt für die Schülerinnen und Schüler; insbesondere für Jugendliche werden in der Ganztagsschule Fragen der Zeitnutzung, der Gestaltung von freien Zeiten und der dafür zur Verfügung stehenden Räume wichtiger als an der Halbtagsschule, da sie mehr Zeit in der Schule verbringen. Über diese Fragen weiß man empirisch fundiert allerdings noch eher wenig.

4.3 Ganztagsschule als Schule ohne Hausaufgaben?

Hausaufgabenbetreuung, Lern- und Arbeitszeiten

Ein zentrales Element an Ganztagsschulen, das mit der Erwartung, den Einzelnen besser fördern zu können, verbunden ist, soll im Folgenden näher betrachtet werden: die Angebote der Hausaufgabenbetreuung bzw. – wie sie an vielen gebundenen Ganztagsschulen heißen – der Lern- oder Arbeitszeiten. In Lern- oder Arbeitszeiten wird die Hausaufgabenbetreuung dann umbenannt, wenn Schülerinnen und Schüler selbstständig an Übungsaufgaben arbeiten, was die gezielte, individualisierte Unterstützung durch Fachlehrer keineswegs ausschließt. Hausaufgaben sollen sich, so die Erwartung an die Unterrichtsentwicklung an Ganztagsschulen, mehr und mehr zu individualisierten, differenzierten Übungsaufgaben entwickeln.

Unter Hausaufgaben werden in der Regel solche Aufgaben verstanden, die die Schüler und Schülerinnen außerhalb der regulären Unterrichtszeit für den kommenden Unterricht bearbeiten sollen (vgl. die Definitionen bei Höhmann/Schaper 2008, S. 576). Hausaufgaben werden dabei auch als Schnittstelle zwischen Schule und Elternhaus bezeichnet, weil die Eltern über die Hausaufgaben einen Einblick in den Unterricht bekommen. Zugleich sehen sich Familien jedoch auch großen Belastungen durch Hausaufgaben ausgesetzt. Die Funktionen, die ihnen zugewiesen werden, sind mannigfaltig: Hausaufgaben können eingesetzt werden, um Schüler zu disziplinieren, ihre Lernprozesse zu kontrollieren bzw. zu überprüfen oder um sie zu fördern (Höhmann/ Schaper 2008, S. 577). Mit der Ganztagsschule nimmt die Diskussion um Hausaufgaben eine neue Wende: Ganztagsschüler sollen nach Ende des Schultages nach Hause gehen können, ohne durch weitere (Haus-) Aufgaben zeitlich belastet zu sein; die Familien sollen zudem von der Aufgabe, die Kinder bei den Hausaufgaben zu unterstützen, entlastet werden.

Übungs- und Vertiefungsstunden

Bildungspolitisch wird gebundenen Ganztagsschulen nahegelegt, auf Hausaufgaben zu verzichten, zumindest auf die, die von Tag zu Tag aufgegeben und erledigt werden (sollen). In gebundenen Ganztagsschulen kann die Hausaufgabenbetreuung durch Übungs- und Vertiefungsstunden, die in den Tagesablauf integriert sind, bzw. durch eine Individualisierung des Unterrichts ersetzt werden – etwa mithilfe des Wochen- respektive des Arbeitsplan-Unterrichts. Damit werden Übungs- und Wiederholungsphasen, die mit den traditionellen Hausaufgaben in die Familie hineingetragen werden, wieder zurück an die Schule und in den Unterricht geholt. Offene Ganztagsschulen müssen demgegenüber nach wie vor die Hausaufgaben aus dem Unterricht ausgliedern und Hausaufgabenbetreuung am Nachmittag anbieten. Um diese Diskussion zu Hausaufgaben und Ganztagsschule einordnen und zu ihr Stellung beziehen zu können, sollen im Folgenden zunächst grundlegende Fragen von Sinn und Zweck von Hausaufgaben thematisiert und dann Gestaltungsvorschläge der Hausaufgabenbetreuung in der Ganztagsschule beschrieben werden, um abschließend auf die Kontroverse – ob Hausaufgaben in der Ganztagsschule abgeschafft werden sollen – hinzuweisen.

4.3.1 Hausaufgaben sinnvoll eingesetzt?

Für den Einstieg in das Thema ist es hilfreich, sich den für das entsprechende Bundesland geltenden Erlass zu Hausaufgaben zu vergegenwärtigen. In den hier zitierten Erlassen zu Hausaufgaben (Bayern und NRW) werden wesentliche Eckpunkte des Umgangs mit Hausaufgaben in der Schule festgelegt. Erlasse erlauben auch einen Einblick in die mit den Hausaufgaben verbundenen Ziele und Erwartungen. In diesem Rahmen ist es die Aufgabe des jeweiligen Kollegiums, in Form von »Grundsätzen« nähere Absprachen über Art und Umfang von Hausaufgaben festzulegen.

Schulordnung für die Gymnasien in Bayern (Gymnasialschulordnung – GSO) vom 23. Januar 2007

§ 52 Hausaufgaben

1. Um den Lehrstoff einzuüben und die Schülerinnen und Schüler zu eigener Tätigkeit anzuregen, werden Hausaufgaben gestellt, die von Schülerinnen und Schülern mit durchschnittlichem Leistungsvermögen in angemessener Zeit erledigt werden können. 2. Die Lehrerkonferenz legt vor Unterrichtsbeginn des Schuljahres die Grundsätze für die Hausaufgaben fest; die Koordinierung der Hausaufgaben in den einzelnen Klassen unter besonderer Berücksichtigung der Anforderungen des Nachmittagsunterrichts obliegt der Klassenleiterin oder dem Klassenleiter. 3. Sonntage, Feiertage und Ferien sind von Hausaufgaben freizuhalten.

Hausaufgaben in der Primarstufe und in der Sekundarstufe I

RdErl. d. Kultusministeriums v. 2.3.1974 (GABl. NW. S. 249)*

1. Hausaufgaben ergänzen die schulische Arbeit, deren wesentlicher Teil im Unterricht geleistet wird. Ganztagsschulen sollen Hausaufgaben in das Gesamtkonzept des Ganztags integrieren, sodass es möglichst keine Aufgaben mehr gibt, die zu Hause erledigt werden müssen. Hausaufgaben können
1.1 dazu dienen, das im Unterricht Erarbeitete einzuprägen, einzuüben und anzuwenden;
1.2 zur Vorbereitung neuer Aufgaben genutzt werden, die im Unterricht zu lösen sind;
1.3 Gelegenheit zu selbstständiger Auseinandersetzung mit einer begrenzten neuen Aufgabe bieten.
Sie tragen damit dazu bei, dass Schülerinnen und Schüler fähig werden, Lernvorgänge selbst zu organisieren sowie Arbeitstechniken und Arbeitsmittel selbst zu wählen und einzusetzen.
1.4 Hausaufgaben, die als Ersatz für fehlenden oder ausfallenden Unterricht verwandt werden sollen oder der Disziplinierung dienen, sind nicht zulässig.

2. Hausaufgaben werden nach folgenden Grundsätzen erteilt:
2.1 Alle Hausaufgaben müssen aus dem Unterricht erwachsen und wieder zu ihm zurückführen. Hausaufgaben, die diese Bedingungen nicht erfüllen, sind unzulässig.
2.2.1 Hausaufgaben müssen in ihrem Schwierigkeitsgrad und Umfang die Leistungsfähigkeit der Schülerinnen und Schüler berücksichtigen und von diesen selbstständig, d. h. ohne fremde Hilfe, in angemessener Zeit gelöst werden können.
2.2.2 Damit die selbstständige Lösung von Hausaufgaben möglich ist, müssen diese eindeutig und klar, gegebenenfalls schriftlich formuliert werden; die Schülerinnen und Schüler müssen entsprechend der jeweiligen Altersstufe Ratschläge für die Durchführung der Arbeit erhalten und mit den Arbeitstechniken sowie den zur Verfügung stehenden Hilfsmitteln vertraut gemacht werden.
2.3 Es empfiehlt sich, die gestellten Aufgaben nach der Leistungsfähigkeit, der Belastbarkeit und den Neigungen der Schülerinnen und Schüler zu differenzieren.

3. Für den Umfang der Hausaufgaben ist Folgendes zu beachten:
3.1 Von Samstag zu Montag ist ohne Einschränkung aufgabenfrei; dasselbe gilt für alle Tage, denen ein Feiertag vorangeht. An Tagen mit Nachmittagsunterricht werden keine Hausaufgaben für den Unterricht des folgenden Tages gestellt.

3.2 In Schulen mit 5-Tage-Woche können von Freitag zu Montag Hausaufgaben gegeben werden, wenn am Freitag kein Nachmittagsunterricht stattfindet oder wenn nicht mehr als zwei Stunden Nachmittagsunterricht erteilt werden.
3.3 Hausaufgaben sollen so bemessen sein, dass sie, bezogen auf den einzelnen Tag, in folgenden Arbeitszeiten erledigt werden können:
für die Klassen 1 und 2 in 30 Minuten,
für die Klassen 3 und 4 in 60 Minuten,
für die Klassen 5 und 6 in 90 Minuten,
für die Klassen 7 bis 10 in 120 Minuten.
Die Klassenlehrerin oder der Klassenlehrer hat in Zusammenarbeit mit den in der Klasse unterrichtenden Fachlehrkräften das Ausmaß der Hausaufgaben zu beobachten und gegebenenfalls für einen Ausgleich zu sorgen.

4. Hausaufgaben müssen regelmäßig überprüft und für die weitere Arbeit im Unterricht ausgewertet werden. Sie werden in der Regel nicht zensiert, sollten jedoch unter pädagogischen Aspekten Anerkennung finden.

5. Sinn, Ausmaß und Verteilung von Hausaufgaben sollen mit den Schülerinnen und Schülern und in den Klassenpflegschaftsversammlungen sowie in Einzelberatungen mit Eltern erörtert werden.

6. Die Konferenzen sollen sich regelmäßig mit den Grundsätzen und den Maßstäben für Hausaufgaben sowie deren Verteilung befassen.

Bereinigt. Eingearbeitet:

RdErl. v. 24.6.1992 (GABl. NW. I S. 149); RdErl. v. 31.7.2008 (ABl. NRW. S. 403) (Stand: 1.7.2013)

Forschung

Das Thema Hausaufgaben ist für die Forschung zur Ganztagsschule wieder interessant geworden, nachdem es lange Zeit kaum bearbeitet wurde. Angesichts ihrer Relevanz im Schulalltag erstaunt, dass Hausaufgaben von der Didaktik und Unterrichtsentwicklung bisher wenig beachtet sind.

Doch während die Hausaufgaben in der Forschung derzeit wieder bearbeitet werden, sind sie als Thema in der allgemeinen Unterrichtsentwicklung und in der didaktischen Literatur kaum zu finden: Die Hausaufgaben sind das Stiefkind der Unterrichtsentwicklung. In Büchern zu Schule und Unterricht kommen sie häufig gar nicht vor. Gleichzeitig beanspruchen sie, vor allem an Halbtagsschulen und offenen Ganztagsschulen, sehr viel nachmittägliche Zeit, bedeuten für Familien, vor allem in der Unterstufe, eine hohe Belastung des Familienlebens und tragen, u. a. über Täuschungsstrategien der Schülerinnen und Schüler, viel Ärger und Unehrlichkeit in die Schule hinein. (Kohler 2013, S. 6)

Didaktisch gezielter Einsatz von Hausaufgaben

In der Forschung hat sich die Überzeugung durchgesetzt, dass Hausaufgaben didaktisch gezielt eingesetzt und nicht mit Ansprüchen überladen werden dürfen, damit die Schülerinnen und Schüler zu sinnvollen Lernprozessen und ihre Leistung steigernden Aktivitäten angeregt und nicht bloß beschäftigt werden (Trautwein/Köller/Baumert 2001; Lipowsky 2004). Eine Untersuchung von Lipowsky (2004) hebt vor allem für den Umgang mit Hausaufgaben im Fach Mathematik hervor, dass der Umgang der Lehrkraft mit den Hausaufgaben einen entscheidenden Einfluss auf das Lernpotenzial der Aufgaben habe. Ist diese vor allem an der Kontrolle, ob die Hausaufgaben gemacht wurden, interessiert, wirkt sich das negativ aus. Ist sie jedoch an der Frage, wie die Aufgaben gelöst wurden, interessiert, wirkt sich das positiv auf die Motivation der Schülerinnen und Schüler aus. Das dazu passende Verhaltenspendant findet sich auf der Schülerseite: Dettmers u. a. (2009) fanden heraus, dass die Anstrengungsbereitschaft von Schülerinnen und Schülern bei der Erledigung der Hausaufgaben in hohem Maße mit der Art der Aufgaben und dem Umgang mit den Aufgaben im Unterricht zusammenhängt. Handelt es sich vorrangig um Wiederholungsaufgaben, werden Hausaufgaben zudem zur Einschätzung von Schülerleistungen eingesetzt und ist die Lehrkraft vorrangig an der Kontrolle interessiert, schlägt sich das in einer niedrigen Anstrengungsbereitschaft der Schülerinnen und Schüler nieder.

Empirische Forschungsergebnisse zu Hausaufgaben

Einig ist man sich auf der Basis empirischer Ergebnisse, dass Hausaufgaben in geringem Maße und regelmäßig gestellt werden sollten und vor allem sachlich in den Unterricht integriert werden müssen, um lernwirksam zu sein. Das heißt: Für die Lernenden muss es auch im Unterricht einen Unterschied ausmachen, ob sie die Hausaufgaben erledigt haben oder nicht. Dabei sollte nicht die Kontrolle (un)erledigter Hausaufgaben im Vordergrund stehen, sondern die Diskussion der Lösungswege sowie möglicher Schwierigkeiten und Fragen der Schülerinnen und Schüler.

Standops Hausaufgabenmodell

Ein umfassendes didaktisches Modell zur Berücksichtigung der Hausaufgaben in der Unterrichtsvorbereitung, -durchführung und -auswertung entwickelte jüngst Standop (2013) auf der Basis der vorliegenden empirischen Forschung. Ankerpunkt in dem Modell ist die Aufgabenqualität, verstanden als Passung zwischen dem Lernbedarf bzw. dem Nutzen auf Schülerseite und der Integration der Aufgaben in den Unterricht. Für die Schülerinnen und Schüler ist es im Idealfall möglich, einen Nutzen in den Hausaufgaben zu sehen, eine positive Erwartungshaltung auszubilden, die Aufgaben auch lösen zu können und daraus insgesamt motiviert zu sein, sich mit den Aufgaben zu beschäftigen. Kommt den Aufgaben für den Verlauf des Unterrichts ein Nutzen zu, sind sie in den Unterricht integriert, macht dies auch eine sachbezogene Rückmeldung der Lehrkraft notwendig sowie eine Nachbereitung der Aufgaben. Erst aus der so vollzogenen Integration der Aufgaben in den Unterricht ergeben sich dann Konsequenzen für die Erteilung weiterer Aufgaben (Standop 2013, S. 275–276).

Unterstützung bei Hausaufgaben

Die Unterstützung bei Hausaufgaben im traditionellen Sinne obliegt den Familien. In der Forschung war demnach lange Zeit die Frage zentral, wie die Schüler und Schülerinnen in ihren Familien bei den Hausaufgaben unterstützt werden. Insbesondere suchte man nach den Effekten der häuslichen Unterstützung für das Lernen der Schüler. Die Forschung konzentrierte sich auf die Befragung von Schülern und deren Eltern. Ein zentrales Ergebnis ist, dass stark kontrollierendes, überwachendes Unterstützungsverhalten eher lernhinderlich ist, während ein an den Aufgaben orientiertes, inhaltlich interessiertes Unterstützungsverhalten eher lernförderlich ist (Wild/Gerber 2007). Direkte Einblicke in die familiäre Praxis der Hausaufgabenbearbeitung lassen sich mit dieser Form der Befragung über Fragebögen jedoch nicht erreichen.

Beobachtungen der alltäglichen Hausaufgabensituation in den Familien liegen erst mit der ethnografischen Studie von Nieswandt (2014) vor, die mit »Hausaufgaben yapmak« die Hausaufgabenpraxis in Familien türkischer Herkunft beschreibt. Unterschiedliche alltägliche Praxen werden deutlich, wie in den Familien das »Hausaufgabenmachen« organisiert, unterstützt und worauf Wert gelegt wird. Interessant in der Diskussion über Hausaufgaben und Ganztagsschule ist vor allem eine Beobachtung: Zu Hause fehlen die Peers, die Gleichaltrigen aus der eigenen Klasse, beim Erledigen der Hausaufgaben. Die Eltern oder die Geschwister müssen stellvertretend diese Position übernehmen, woraus jedoch neue, andere Konflikte als mit den Peers entstehen können.

Die Frage nach der Art und Weise der schulischen Hausaufgabenbetreuung spielt erst mit der Einführung der Ganztagsschule eine größere Rolle. Im Folgenden sollen vor allem konzeptionelle Gestaltungsvorschläge zur Hausaufgabenbetreuung in der Schule betrachtet werden. Anschließend wird die Frage nach den Möglichkeiten gezielter, individueller, auch fachlicher Förderung der Schülerinnen und Schüler in der Hausaufgabenbetreuung diskutiert.

4.3.2 *Vorschläge zur Gestaltung der Hausaufgabenbetreuung an Ganztagsschulen*

In der schulpädagogisch-programmatischen Literatur der letzten Jahre zur Gestaltung der Hausaufgabenbetreuung finden sich sehr unterschiedliche konzeptionelle Vorschläge, wie die Hausaufgabenbetreuung zu gestalten ist und in welchem Maße sie den Anspruch, den Einzelnen zu fördern, erfüllen muss und kann.

Varianten Hausaufgabenbetreuung

Zum einen wird sie als ein den Unterricht erweiterndes, primär auf das selbstständige Arbeiten der Schülerinnen und Schüler setzendes Element verstanden. Etwa im Sinne eines Silentiums sollen Kinder und

Jugendliche in betreuten Hausaufgabenstunden am Nachmittag in einem mit Medien ausgestatteten und vor allem ruhigen Raum ihre Hausaufgaben erledigen (vgl. Hendricks 2007). Die Betreuung bzw. Aufsicht über die Hausaufgaben kann von dem sogenannten zusätzlichen pädagogischen Personal übernommen werden, das nicht selbst als Lehrkraft unterrichtet.

Zum anderen wird der darüber hinausgehende Anspruch vertreten, dass in der Hausaufgabenbetreuung mehr fachliche Unterstützung geleistet werden muss (vgl. Wahler/Preiß/Schaub 2005). Dafür ist zwingend notwendig, dass das Angebot fachlich differenziert wird und Lehrkräfte zur Beratung und Unterstützung zur Verfügung stehen. Erst bzw. nur so – so die Argumentation – könnten herkunftsbedingte Benachteiligungen auch im Zusammenhang mit einer neuen Hausaufgabenkultur kompensiert werden (Höhmann/Rademacker 2006).

Anspruch an fachliche Unterstützung

Zugleich wird der Anspruch an die fachliche Unterstützung in den Ratgebern aber auch begrenzt: Die Hausaufgabenbetreuung soll nicht mit einer systematischen Nachhilfe für die Behebung von Lernschwierigkeiten verwechselt werden. Diese sei langfristig angelegt, auch müsse ihr eine Diagnose »mit einer spezifischen didaktischen Unterstützung« vorangehen (Augsburg 2005). Was vielmehr in den Ratschlägen zur Gestaltung der Hausaufgabenbetreuung an Ganztagsschulen immer wieder betont wird, ist, dass Hausaufgaben das selbstständige Arbeiten der Schülerinnen und Schüler erfordern und ermöglichen sollen, was u. a. durch differenzierte Aufgabenstellungen, die gleichsam nur aus einem veränderten Unterricht resultieren können, realisiert werden soll. Wie soll dies – nach Vorstellungen der Ratgeber – wiederum realisiert werden?

Organisation von Angeboten

In den Ratgebern für Ganztagsschulen wird vor allem die Organisation der Angebote beschrieben: Fragen der Zusammensetzung der Gruppen, der Ausstattung mit Personal und seinem Einsatz, dem Zeitpunkt und der Dauer der Betreuung, die das Personal leisten soll, stehen dabei ebenso im Zentrum wie die Frage der Kooperation zwischen Lehrern und weiterem pädagogischen Personal (Höhmann/Quellenberg 2007). Wie genau das Lernen und das Arbeiten der Schüler und Schülerinnen organisiert werden kann, bleibt dabei weitgehend offen. Standop (2013) entwickelt ein »Kooperationsmodell für die Ausgestaltung der Hausaufgabenbetreuung« für die offene Ganztagsschule, das den Blick für didaktische Fragen der Gestaltung der Hausaufgabenbetreuung schärft. Der Schwerpunkt wird wiederum auf das selbstständige Arbeiten gelegt. Kern des Modells sind zu entwickelnde individuelle Förder- und Entwicklungspläne, sodass Hausaufgaben als Wochenplanaufgaben formuliert werden und die Schülerinnen und Schüler aus einem Pool von Aufgaben die Aufgaben auswählen, die ihren Lernprozess unterstützen bzw. voranbringen. Kooperative Arbeitsformen in Gruppen werden dabei ebenso berücksichtigt wie Partnerarbeit und Formen tutoriellen Lernens. Lehrkräfte und das die Lernzeiten betreuende Personal müssen ebenso kooperieren, wie die Einbindung und das Informieren der Eltern wichtig sind. Auf Schülerseite setzt dieses Modell ein hohes Maß an Verantwortungsübernahme und Organisation des eigenen Arbeitsprozesses voraus. Nichtsdestotrotz bleiben auch in diesem Modell viele Fragen hinsichtlich der individuellen Unterstützung beim Lernen offen. Die Möglichkeit, die Schüler und Schülerinnen beim Lernen und Üben fachlich auf hohem Niveau individuell zu unterstützen, erscheint aber gerade gegenüber der familiären Hausaufgabensituation als Mehrwert des Ganztags, der zudem mehr als nur eine Betreuungsfunktion erfüllen will.

Didaktik der Einzelförderung

Noch fehlt es an einer (empirisch fundierten) Didaktik der Einzelförderung, auch eine Didaktik der fachlichen Unterstützung beim selbstständigen Arbeiten der Schülerinnen und Schüler gibt es nicht. Allzu schnell wird häufig angenommen, es sei beim selbstständigen Arbeiten damit getan, dass sich die Lehrkraft aus ihrer Vermittlerrolle zurückzieht und vorrangig nur noch berät bzw. Lernprozesse (formal) moderiert. Das selbstständige Arbeiten der Schülerinnen und Schüler wird dann mit Einzelarbeit in alleiniger Verantwortung gleichgesetzt. Doch diese Vorstellung scheint angesichts der Tendenz, dass die Verantwortung für den Lernprozess und das Lernergebnis im Unterricht insgesamt mehr und mehr aus der Lehrerhand in die Schülerhand wandert (oder zumindest wandern soll), nicht mehr angemessen. Schüler und Schülerinnen brauchen in diesem zunehmend selbstverantworteten Prozess nicht nur eine Beratung bei der Lernorganisation, sondern auch die fachliche Unterstützung der Lehrkraft.

Zu diskutieren wären in Zukunft also verstärkt folgende Fragen in Bezug auf die Art der Unterstützung der Schüler und Schülerinnen beim Lernen:

- Welche Übungsformate fördern welche Kompetenzen welcher Schüler und Schülerinnen genau?
- In welcher Weise kann z. B. für ein anspruchsvolles Üben gerade das sachlich kompetente Gespräch mit Fachlehrkräften notwendig und zielführend sein?
- Wie kann die hermeneutische Kompetenz der Lehrenden, fachliche Lernschwierigkeiten fallbezogen zu verstehen, entwickelt und verbessert werden?
- Wie können Gespräche über die Sache (den Lerngegenstand), die die Bewältigung von Lernschwierigkeiten ermöglichen, zwischen Lehrkraft und Schülern bzw. Schülerinnen verlaufen?

4.4 Empirische Forschung zur Förderung an Ganztagsschulen

In dem von der Bundesregierung aufgelegten Investitionsprogramm zur Entwicklung erweiterter Bildungs- und Betreuungsangebote durch Ganztagsschulen wurde nicht nur der infrastrukturelle Ausbau von Ganztagsschulen finanziell unterstützt, sondern in erheblichem Ausmaß auch die empirische Ganztagsschulforschung. Mit der finanziellen Unterstützung durch den Bund, die teilweise noch durch Finanzierungsmöglichkeiten der Länder ergänzt wurde, ist es u. a. zu erklären, dass sich die empirische Ganztagsschulforschung, gemessen an Forschungsprojekten und Publikationen, innerhalb von zehn Jahren erheblich entwickelt hat. Zu beobachten ist zudem eine starke Ausdifferenzierung der Forschungsfelder und -fragen, außerdem sind unterschiedliche (Sub-)Disziplinen aufgefordert zusammenzuarbeiten. Durch den Ausbau von Schulen zu Ganztagsschulen arbeiten nicht nur Lehrkräfte zunehmend mit Pädagogen und Pädagoginnen aus außerschulischen Bereichen (z. B. Jugendhilfe, Freizeitpädagogik, Kultur- und Sportpädagogik) zusammen. Auch in der Forschung sind Kooperationen zwischen Schul- und Sozialpädagogik, Professions- und Jugendforschung zunehmend wichtig, um das Feld Ganztagsschule in möglichst vielen seiner Facetten untersuchen zu können. Nicht zuletzt spielen Eltern als diejenigen Akteure, die über die Teilnahme ihrer Kinder an ganztägigen Angeboten entscheiden, für den Ausbau von Ganztagsschulen eine zentrale Rolle, sodass auch die Forschung zu Familien als Akteuren im Bildungssystem an Relevanz gewonnen hat.

Im Folgenden sollen ausgewählte Befunde der Forschung zu drei Fragen zusammengetragen werden, die im Zusammenhang mit dem Förderanspruch der Ganztagsschulen eine zentrale Rolle spielen (vgl. auch Reh u. a. 2015). Im ersten Schritt wird die Frage behandelt, welche Schülerinnen und Schüler in welcher Intensität an den Angeboten teilnehmen (4.4.1). Im zweiten und dritten Schritt werden zwei weitere Fragen in den Mittelpunkt gerückt, die in Bezug auf die Bewertung des Erfolgs von Ganztagsschulen zentral sind: Zum einen wird am Beispiel der qualitativen Studie zur Entwicklung des Hausaufgaben- und Förderangebots an der offenen Ganztagsgrundschule in Nordrhein-Westfalen der Frage nach den Sichtweisen der verschiedenen Akteure – Schülerinnen und Schüler, Lehrkräfte und Eltern – auf Ganztagsangebote nachgegangen (4.4.2). Zum anderen wird am Beispiel von Ergebnissen der quantitativen Studie zur bundesweiten Entwicklung der Ganztagsschule (StEG) die Frage nach den Wirkungen von Ganztagsangeboten auf Leistung, Motivation und Lernfreude der Schülerinnen und Schüler aufgegriffen (4.4.3). Ergänzt wird die Darstellung jeweils mit kurzen

Hinweisen, was die Forschungsergebnisse für die Schulentwicklung bedeuten könnten.

4.4.1 Erreicht die Ganztagsschule alle Schülerinnen und Schüler?

Im Zuge der Ausweitung von Ganztagsangeboten in den 2000er Jahren war man bildungspolitisch sehr darauf bedacht, immer wieder zu betonen, dass die Ganztagsschule eine Schule für *alle* sein sollte und auch werden würde. Dass die Ganztagsschule weder eine Schule nur für die Schülerinnen und Schüler werden sollte, deren Herkunftsfamilien man eine gewisse Bildungsferne zuschreibt, noch nur für diejenigen, deren Herkunftsfamilien als bildungsnah bezeichnet werden, ist nur im Kontext des ebenfalls in den 2000er Jahren wieder vehement diskutierten Themas der hohen sozialen Selektivität des deutschen Bildungssystems zu verstehen. Die Ganztagsschule sollte – neben anderen bildungspolitischen Maßnahmen – gerade durch die mit ihr verknüpften zusätzlichen Fördermöglichkeiten zu mehr Chancengleichheit im deutschen Bildungssystem beitragen (Oelkers 2008). Dies aber kann nur erreicht werden, wenn auch die Schülerinnen und Schüler, denen ein erhöhter Förderbedarf zugeschrieben wird, das Angebot der Ganztagsschule besuchen (können). Zugleich aber sollte verhindert werden, dass nur sie die Ganztagsschulen besuchen.

Leistungsheterogene Lerngruppen

Begründet wird dies mit Ergebnissen der empirischen Lehr-Lernforschung, die auf sogenannte kompensatorische Effekte von Lernleistungen hinweist (Neumann u. a. 2007). Die Zusammensetzung der Lerngruppen hat einen bedeutenden Einfluss auf die Lernleistung des Einzelnen. Mit leistungsheterogenen Lerngruppen kann demnach das Leistungspotenzial aller – gerade auch der leistungsschwächeren – Schülerinnen und Schüler erhöht werden, so die Annahme. Infolgedessen ist der Förderanspruch an Ganztagsschulen eng verbunden mit der Idee, neben – kompensatorischen – Förderangeboten auch vermehrt Angebote für die Entfaltung von Interessen bereitzustellen, also Angebote für Schülerinnen und Schüler mit besonderen Begabungen oder besonderen Interessen zu entwickeln (z. B. Mathematik, Astrologie, Schach etc.). In diesem Zusammenhang ist es also zu verstehen, dass in einer Teilstudie der bundesweiten Befragung im Rahmen der Studie zur Entwicklung der Ganztagsschule intensiv dazu geforscht wurde, welche Schülerinnen und Schüler die Angebote von Ganztagsschulen wahrnehmen (Steiner 2009, 2011a).

Benachteiligungen für Kinder und Jugendliche

Ohne nach Schulformen zu differenzieren, lautet der übergreifende Befund, dass Hausaufgaben- und fachliche Förderangebote von Schülern aus sozioökonomisch benachteiligten Haushalten bzw. mit Migrationshintergrund in beinahe gleichem Maße wie von Schülern aus sogenannten privilegierten Haushalten besucht werden (vgl. Steiner 2009). Ein Blick auf die Zahlen, der die Ergebnisse nach Ganztagsformen und Schulformen differenziert, fördert allerdings auch zutage, wie durch die Struktur des Ganztagsangebots Benachteiligungen für Kinder und Jugendliche aus nicht-privilegierten sozialen Milieus entstehen können. Empirisch gesehen, also entsprechend der in die Untersuchung eingegangenen dokumentierten Teilnehmerzahlen an den Ganztagsschulen, ist für Kinder und Jugendliche, die aus nicht-privilegierten Haushalten kommen, auf der einen Seite die Wahrscheinlichkeit höher, für ein Angebot einer offenen Ganztagsschule zwar angemeldet zu werden, es aber nicht regelmäßig zu besuchen; einem gleichen Risiko sind Kinder und Jugendliche aus privilegierten Haushalten nicht ausgesetzt. Auf der anderen Seite besuchen allerdings Kinder und Jugendliche aus nicht-privilegierten Haushalten eher gebundene Ganztagsschulen im Sekundarschulbereich, und zwar deshalb, weil sie eher Schulen der Schulformen besuchen, die auf Ganztag umgestellt haben bzw. schon länger Ganztagsschulen sind: Haupt-, Real- und Gesamtschulen (vgl. Steiner 2009). Hauptschulen weisen allerdings ein geringeres Angebot auf als Realschulen und Gymnasien (Steiner/Fischer 2011).

Klassifizierungen in Forschung und Wissenschaft

Begriffe, insbesondere solche, die in der Forschung für Klassifizierungen entwickelt und genutzt werden, sind nie nur als Beschreibungen sozialer Wirklichkeit zu verstehen. Vielmehr stellen sie Konstruktionen dar: Sie setzen Unterscheidungen voraus, um etwas Bestimmtes beobachtbar zu machen. Durch ihre immer wiederkehrende und selbstverständliche Verwendung prägen sie unser Verständnis von sozialer Wirklichkeit mit, sie beschreiben sie also nicht nur, sondern schaffen sie auch mit. Für die Begriffe in der empirisch-quantitativen Forschung, mit denen Menschen in Gruppen klassifiziert werden, um Effekte auf diese Gruppen untersuchen zu können, gilt dies in besonderem Maße.

Exemplarisch einsichtig kann dies z. B. an dem Begriff »Kinder mit Migrationshintergrund« gemacht werden. Dieser suggeriert die Existenz einer homogenen Gruppe, die jedoch zuallererst mit diesem Begriff geschaffen wird. Die Unterscheidung mit/ohne Migrationshintergrund zu treffen macht nur Sinn, wenn man dem Merkmal »Zuwanderung«, das sehr unterschiedlich gefüllt werden kann, eine über Sprachgruppen, Herkunftsmilieus und Geschlecht hinweg geltende Bedeutung zuschreibt.

Der in der Sozialforschung häufig verwendete Begriff von bildungsnahen und bildungsfernen Haushalten klassifiziert Menschen. Ihm liegt die normative Vorstellung zugrunde, vor allem Bildung in Form von institutionalisierter (formeller) Bildung mit entsprechenden Abschlusszertifikaten sei ein anzustrebendes Gut. Das Streben nach formeller Bildung wird als »normal« vorausgesetzt, Bildungsferne als defizitär etikettiert. Somit wird die Perspektive der Mittelschicht eingenommen.

Steiner (2011a) operiert nicht mit dem Begriff von Bildungsferne bzw. -nähe. Der von ihr verwendete Begriff »(nicht)privilegierte Haushalte« markiert es als Privileg, Bildung erwerben zu können bzw. Gelegenheiten zu haben, sich zu bilden. Insofern reflektiert dieser Begriff eher, dass nicht allen Menschen die für Bildung notwendigen Ressourcen und Motivationen in gleichem bzw. ausreichendem Maße schon durch ihre soziale Herkunft zur Verfügung stehen.

Herkunftsspezifisches Wahlverhalten bei Ganztagsangeboten

Darüber hinaus werden weitere Gruppen ausgemacht, die nicht in gleichem Umfang wie andere an Ganztagsangeboten teilnehmen: Schülerinnen und Schüler mit berufstätigen Eltern besuchen eher ganztägige Angebote als solche, deren Eltern nicht beide berufstätig sind (Steiner 2011a). Dabei spielt es keine Rolle, ob die Eltern Vollzeit oder Teilzeit arbeiten. Jungen und leistungsschwächere Schülerinnen und Schüler nutzen darüber hinaus das Ganztagsangebot leicht weniger als Mädchen und leistungsstärkere Schülerinnen und Schüler (Steiner/Fischer 2011). Ein herkunftsspezifisches Wahlverhalten in Bezug auf Ganztagsangebote spielt in der Grundschule insgesamt eine größere Rolle als ab Klasse 5, was auf das Alter der Schülerinnen und Schüler bzw. die abnehmende Notwendigkeit, dass sie betreut werden, zurückzuführen ist. Je älter sie sind, umso wichtiger scheint die bisherige Erfahrung mit Ganztagsangeboten für die weitere Teilnahme zu sein: Frühere Erfahrungen im Ganztag können auch später zur Teilnahme am Ganztag führen.

Gründe für eine Nicht-Teilnahme

Diskutiert wird in der Ganztagsschulforschung, inwieweit Schulen vorrangig Angebote entwickeln, die für bestimmte Schülerinnen und Schüler interessant sind. Geraten wird den Schulen, nicht nur die Teilnahme am Ganztag zu dokumentieren und zu evaluieren, sondern auch die Gründe der Nicht-Teilnahme herauszufinden. Damit verbunden ist die Frage an die Schulen, ob der Bedarf und die Interessen auch derjenigen Kinder und Jugendlichen, die eher weniger an Ganztagsangeboten teilnehmen, in gleichem Maße in der Angebotsentwicklung berücksichtigt werden (Bertelsmann Stiftung 2012, S. 69).

4.4.2 *Wie erleben Schüler, Eltern und Lehrkräfte Förderangebote?*

Ungesicherte professionelle Unterstützung der Lernprozesse

Zu den Förderangeboten an Ganztagsschulen, worunter wir hier analog zu der im Folgenden zitierten Forschung die Hausaufgabenbetreuung subsumieren, wissen wir überwiegend aus quantitativen, vereinzelt auch aus qualitativen Befragungen aller an Schule Beteiligten etwas. Die Ergebnisse lassen insgesamt die Annahme zu, dass in den Ganztagsschulen zwar vermehrt Förder- und Hausaufgabenangebote zu finden sind und diese auch von Kindern und Jugendlichen besucht werden. Eine professionelle Unterstützung der Lernprozesse der einzelnen Schülerinnen und Schüler im Sinne einer individuellen Förderung ist deswegen jedoch keineswegs schon gesichert (Rabenstein 2015). Nach einem Überblick über die Ergebnisse (vgl. auch Rabenstein/Podubrin 2015) folgt ein vertiefter Einblick in eine qualitative Studie zu den Sichtweisen von Lehrkräften und Kindern auf Hausaufgaben- und Förderangebote.

Hausaufgabenstunden an offenen Ganztagsschulen

Vor allem Hausaufgabenstunden an offenen Ganztagsschulen wurden bislang untersucht. Die Studien zeigen, dass sie laut Befragungen der beteiligten Akteure primär der »Aufgabenerledigung in einem reglementierten Zeit- und Ordnungsrahmen« dienen (Nordt/Röhner 2008, S. 77). Dabei schaffen es nur zwei Drittel der Schülerinnen und Schüler, die Aufgaben während der Hausaufgabenbetreuung vollständig zu erledigen (Nordt/Röhner 2008, S. 75; Deckert-Peaceman 2005, S. 81), während ein Drittel, laut Elternangaben jene mit unterdurchschnittlichen Leistungen, die Aufgaben häufig zu Hause beenden muss (Nordt/Röhner 2008, S. 75). Die Schülerinnen und Schüler nehmen die Hausaufgabenbetreuung als stark strukturiert und reguliert wahr, sie sehen wenig Möglichkeiten zur Kooperation (ebd., S. 74). Die Hälfte von ihnen bewertet die Hausaufgabenbetreuung dennoch positiv (ebd., S. 73). Sie signalisieren damit, die Bemühungen der Pädagoginnen als verlässliche Ansprechpartnerinnen für Erklärungen und für Unterstützung sehr zu schätzen (ebd., S. 72 f.).

Die Unzufriedenheit eines Teils der Elternschaft, die in den quantitativen Befragungen der StEG-Studie zum Vorschein kommt, weist auf den Verbesserungsbedarf der Angebote aus Sicht der Eltern hin. Etwa ein Drittel der Eltern von Kindern an weiterführenden Schulen ist mit den individualisierenden Lernangeboten sowie den Förder- und Hausaufgabenbetreuungsangeboten unzufrieden (Rollett 2007; Holtappels/Rollett 2009, S. 305) bzw. zwei Drittel der Eltern an offenen Ganztagsgrundschulen mit der Art und Weise, wie die Hausaufgabenbetreuung gestaltet wird (Beher u. a. 2007, S. 149). Eine ähnlich hohe Unzufriedenheit gilt auch für gezielte Förderangebote (ebd.). Zwar lässt sich ein Teil des negativen Urteils mit den hohen Erwartungen der Eltern an die Unterstützung bei den Hausaufgaben sowie bei den Fördermöglichkeiten erklären (Dieckmann/Höhmann/Tillmann 2007, S. 166 f.; Höhmann/Schaper 2008, S. 582). Doch können die Werte der Datenauswertung auch als Indiz dafür interpretiert werden, dass die Betreuung der Schülerinnen und Schüler in den Angeboten noch verbessert werden kann.

Studie »Lernen und Fördern«

In Nordrhein-Westfalen hat man Anfang der 2000er Jahre nicht nur die offene Ganztagsschule in der Grundschule breit eingeführt, sondern auch eine wissenschaftliche Begleitung dieser Entwicklung initiiert. Der Prozess wurde in einer Pilot- (Beher u. a. 2005) und einer Hauptstudie (Beher u. a. 2007) einerseits in seiner Breite evaluiert, andererseits wurde das Thema »Lernen und Fördern« in einer weiteren Studie (Wissenschaftlicher Kooperationsverbund 2010) vertieft. Teil dieser Weiterführung ist die Studie von Nordt (2010, 2013), die sich für die Sichtweisen der Kinder und der pädagogischen Fachkräfte auf die Hausaufgaben- und Lernzeiten interessiert. Dabei interessiert gerade die Gegenüberstellung der Orientierungen und Deutungsmuster dieser beiden Gruppen zum Thema Lernen und Fördern.

Qualitative Forschung

Die qualitative Forschung interessiert sich für die Relevanzsetzungen, die die Akteure in dem untersuchten Feld vornehmen. Deswegen zeichnet sie sich durch relativ offene Formen der Datenerhebung aus – wie narrative Interviews und Gruppendiskussionen. Es können aber auch auf ein Thema fokussierte Gespräche geführt werden, etwa mithilfe von episodischen oder problemzentrierten Interviews. Ziel qualitativer Forschung ist es, eine gegenstandsnahe Theorie zu entwickeln. Das heißt, dass die erhobenen Aussagen nach bestimmten Prinzipien systematisiert, auseinandergenommen, interpretiert und zu neu entdeckten Zusammenhängen wieder zusammengesetzt werden. Das in Empirie und Theorie vorhandene Wissen fließt in die Vorbereitung einer Untersuchung mit ein, aber es soll nicht – wie in der quantitativen Forschung – überprüft werden, vielmehr gilt es – weitgehend induktiv –, für eine empirisch fundierte Theorie ein neues Gegenstandsfeld zu entwickeln. Die qualitative Forschung eignet sich deswegen insbesondere zur Untersuchung solcher Felder, über die man noch nicht viel weiß, die es erst zu erkunden und zu beschreiben gilt. Gleichwohl sind qualitative Evaluationsstudien nicht ausgeschlossen, die z. B. vor dem Hintergrund eines bestimmten Reformprogramms nach dessen Einlösung fragen. Für die sozialwissenschaftliche Theorieentwicklung mithilfe qualitativer Methoden spielen diese Studien jedoch eine eher geringe Rolle.

Dominante Orientierungsmuster in der Hausaufgabenbetreuung

Auf der Basis von neun Einzelinterviews mit pädagogischen Fachkräften für die Hausaufgabenbetreuung an insgesamt sechs Schulen, die eine Positivauswahl darstellen, arbeitet Nordt mithilfe der Dokumentarischen Methode die Art der gewährten Unterstützung in der Hausaufgabenbetreuung an offenen Ganztagsgrundschulen heraus (Nordt 2010, 2013). Sie kann zwei dominante Orientierungsmuster nachzeichnen: Typus A zeigt ein Rollenverständnis, das im Wesentlichen an der Kontrolle der Schüleraktivitäten orientiert ist. Typus B zeigt hingegen ein Rollenverständnis, das im Wesentlichen an der Förderung der Autonomie der Schülerinnen und Schüler orientiert ist. Aus der Sicht des ersten Typus steht die Einhaltung von Regeln für eine ruhige Einzelarbeit im Vordergrund, wofür Kontrolle und Disziplin sorgen müssen; Feedback wird in der Regel zu Ergebnissen gegeben und hat zum Ziel, dass richtige Lösungen im Heft des Kindes stehen. Typus A ist sehr an den Werten »Strenge, Konsequenz und Disziplin« (Nordt 2013, S. 190) ausgerichtet. Orientierungspunkt ist dabei die Arbeit des Einzelnen.

Partnerschaftliche Unterstützung

Aus Sicht von Typus B kann Hausaufgabenbetreuung nur im Sinne einer partnerschaftlichen Unterstützung realisiert werden. Zwar wird es auch als Aufgabe der Professionellen gesehen, die Ergebnisse der Schülerinnen und Schüler zu kontrollieren, doch sind diese Kontrolle und das Feedback immer an den Möglichkeiten des Kindes zu orientieren. Den Kindern werden zudem mehr Entscheidungsspielräume eröffnet in Bezug darauf, wie sie mit Hinweisen und Ratschlägen umgehen. Typus B ist stark an den Werten »Akzeptanz, Wertschätzung und Empathie« ausgerichtet (Nordt 2013, S. 191). Das kooperative Arbeiten der Schülerinnen und Schüler wird zudem favorisiert, ihr Arbeitsprozess steht im Mittelpunkt der Rückmeldungen.

Interviewauszüge: Lehrerinnen und Lehrer

»Nach der Einschätzung ihrer pädagogischen Haltungen gefragt, beschreibt Frau Heinrich ihr Verhalten in der Hausaufgabenbetreuung als ›konsequent‹ (H., Z. 328–337). Diese Haltung zeigt sich in der von ihr beschriebenen Alltagspraxis z. B. darin, nicht mit den Kindern über die vorgegebenen Regeln und Anweisungen zu diskutieren, sondern einzufordern, dass die Kinder die Vorgaben erfüllen und sich an die Aufgaben und die Zeitvorgaben anpassen« (Nordt 2013, S. 153).

»Die Kinder haben in der jeweiligen Hausaufgabensituation das zu tun, was sie ihnen sagt, und ›zu akzeptieren, dass Dinge so sind, wie sie besprochen sind‹, und dass ›man keine Aufmerksamkeit mehr bekommt, um Dinge zu diskutieren, die man nicht ändern kann‹« (ebd.).

»Die Kontrolle der Hausaufgaben wird von Frau Heinrich als wichtiger Bestandteil der Konzeption beschrieben, der für die beiden Hausaufgabengruppen einheitlich geregelt ist und neben den Hausaufgabenkräften auch Lehrkräfte und Eltern einbezieht. (...) Die Kinder zeigen auf, wenn sie mit der Bearbeitung des für den Tag zu erledigenden Pensums fertig sind, und Frau Heinrich zeichnet die Aufgabe ab. Sie berichtet, dass das Abzeichnen nicht zufällig entstanden ist, sondern auf den Absprachen zum aktuellen Hausaufgabenkonzept beruht. Mit dem Abzeichnen durch die pädagogische Kraft soll symbolisch vermittelt werden, dass ›das Kind fertig ist‹. Es weiß nun, dass es den Raum verlassen darf (H., Z. 159–165)« (Nordt 2013, S. 154).

»Mehrfach dokumentiert sich, dass Frau Lux durch die Beobachtungen der Kinder in der Hausaufgabensituation wichtige Informationen für den Unterricht erhält. Ihre Schilderungen machen deutlich, dass sie etwas über die Gedankengänge und die individuellen Herangehensweisen der Kinder erfährt. In diesem Zusammenhang lernt sie, dass das, was für die Kinder schwierig ist, von ihr selbst zum Teil in seinem Schwierigkeitsgrad anders oder falsch eingeschätzt wird. Die Schwierigkeiten in den Hausaufgaben haben ihr z. B. gezeigt, dass sie ›die Null auch im Unterricht thematisieren‹ sollte (L., Z. 711)« (Nordt 2013, S. 160).

»Ihre Rolle in den Hausaufgaben sieht sie als durch ein partnerschaftliches Verhältnis gekennzeichnet. Sie möchte ›auf einer Ebene mit den Kindern‹ sein und, auf die konkrete Gestaltung der Betreuung bezogen, vermeiden, dass das ›Kind hochgucken muss‹ (L., Z. 509–516). Als Gegenhorizont entwirft sie das Bild, als ›Diktator‹ wahrgenommen zu werden. Sie möchte zudem nicht als Person angesehen werden, ›die alles besser weiß‹ (L., Z. 1116), sondern mehr auf einer gleichrangingen Ebene wahrgenommen werden. In der konkreten Rollengestaltung vermeidet sie es wegen dieses Anspruchs, hinter einem Kind zu stehen. Es dokumentiert sich, dass sie sich, wenn immer möglich, neben ein Kind setzt, um ihm Hilfe zu geben. Sie beschreibt sich ›als eine Unterstützerin der Kinder‹ (L., Z. 1093–1098) und zeigt sich davon überzeugt, dass die Kinder ihre Hilfe gut annehmen. Sie sieht sich auch als ›Moderatorin‹, die ›den Lernprozess unterstützt‹ (L., Z. 1162)« (Nordt 2013, S. 160).

»Sehr deutlich zeigt sich diese andere Rahmung, wenn die Gestaltung der Fehlerkontrolle beschrieben wird. Diese geht zwar ebenfalls von der pädagogischen Kraft aus, wird jedoch mehr prozess- und weniger ergebnisorientiert gestaltet. Fehlerkontrolle bedeutet für Frau Lux, ›nicht danach [zu schauen], wie viele Fehler das Kind gemacht hat, sondern danach, was es kann‹ (L., Z. 812–822). Entdeckt sie einen Fehler, dann wird dies nicht besonders betont. Sie sagt dem Kind, dass es noch einmal nachrechnen soll. Vergleichbar mit der Praxis in den weiter oben beschriebenen Fällen sind auch in der hier dokumentierten Praxis Stempel und Haken eingeführt, um die Kontrolle der Aufgaben anzuzeigen. Ein Unterschied zeigt sich jedoch in der Ausführungspraxis, die Wahlmöglichkeiten eröffnet. Wenn ein Kind mit den Aufgaben fertig ist, ›dann darf es sich einen Stempel holen zur Belohnung‹ (L., Z. 596). Die Kinder können sich für oder gegen die Belohnung entscheiden und zudem auswählen, ob sie einen Stempel oder Haken möchten« (Nordt 2013, S. 161).

Wahrnehmung der Hausaufgabenbetreuung seitens der Schüler

Diese Ergebnisse korrespondieren mit den auf 60 Einzelinterviews basierenden Ergebnissen der Schülerbefragung: Eine Gruppe schildert ein eher negatives Erleben der an Strenge und Kontrolle orientierten Hausaufgabenbetreuung (Typus A), eine andere Gruppe ein eher positives Erleben der an Akzeptanz und Unterstützung orientierten Hausaufgabenbetreuung (Typus B) (Nordt 2013, S. 197–199).

Interviewauszüge: Schülerinnen und Schüler

»Hausaufgaben alleine und ruhig sitzend zu bearbeiten, dokumentiert sich in allen Schulen mit einem Hausaufgabenkonzept als Gebot, nicht jedoch an Schule F mit den ›Lernzeiten‹. Von den Kindern werden diese Regeln thematisiert, wenn es um ihre Veränderungswünsche geht. Adda (Schule B, 3. Jg.) wünscht sich: ›Mmh, dass wir nicht so ruhig sein müssen.‹ Auch Alexa (Schule C, 3. Jg.) greift in ihren Veränderungswünschen die Vorgabe, ruhig und alleine zu arbeiten, auf. Sie gibt an, die pädagogischen Kräfte manchmal wegzaubern zu wollen, um ›von 'nem anderen Kind Hilfe‹ zu erfragen und um mit einem Kind zu ›quatschen‹, ›über die Hausaufgaben. Oder so […]‹« (Nordt 2013, S. 204).

»Die Interviews spiegeln, dass die Kinder den Zeitpunkt der Hausaufgabenbearbeitung teils als ungünstig erleben, da ihnen zuvor zu wenig Zeit zum Spielen zur Verfügung steht. Die Hausaufgabenzeiten liegen für die Kinder der Klassen 1 und 2 an Schule D überwiegend direkt nach dem Unterricht und vor dem Mittagessen, damit der organisatorische Ablauf mit Blick auf Raum und Personalkapazitäten gewährleistet ist. Diese Praxis gilt auch für die Kinder an Schule E. Helen (3. Jg.), die zu dieser Schule geht, würde dies gerne verändern: ›Ich würd' die Hausaufgaben am liebsten erst nach dem Essen machen, weil nach dem Essen ist man ja dann auch so richtig gestärkt. Und dann hat man ja auch eben schon 'n bisschen mehr Energie fürs Hirn, äh, weil bei 'ner kurzen Pause, da hilft das eigentlich nicht so viel‹« (Nordt 2013, S. 204).

»Adda (Schule A, 3. Jg.) beklagt, dass die pädagogischen Kräfte es grundsätzlich kritisch betrachten, wenn Freundinnen nebeneinander sitzen: ›Die glauben uns nie, dass wir über die Hausaufgaben reden, wenn wir [Adda und Nadine] mal zusammensitzen, dann glauben die nicht, dass wir gerade über die Hausaufgaben reden, sondern die denken, wir reden davon, was nach der Schule passieren wird‹« (Nordt 2013, S. 206).

»Amra (4. Jg.) gibt an, zunächst ihre Freundin zu fragen, wenn sie mit einer Aufgabe nicht weiterkommt. Erst, wenn diese Unterstützung nicht funktioniert, wendet sie sich an die pädagogische Kraft: ›Ich frag' meine Freundin. Wenn die das nicht so gut kann, […] dann Lehrerin oder Betreuerin.‹ Auch Lukas (3. Jg.) berichtet, dass er zunächst seinen Freund fragt, wenn die Aufgaben besonders schwierig sind und er nicht mehr weiterkommt: ›Dann gehe ich zu mein Freund, dann erklären die mir das oder zu die Lehrerin.‹ Er betont, dass er lieber ›mit anderen‹ arbeitet als alleine. Nach den Angaben der Kinder beruht die Kooperation auf gegenseitiger Bereitschaft zur Unterstützung« (Nordt 2013, 210).

»Im Unterschied zu den gerade aufgeführten Erfahrungen bringen die Kinder an Schule F die Aufgaben stärker mit der Entwicklung ihres Lernens und ihrer Kompetenzen in Zusammenhang. Lukas (3. Jg.) gibt an, dass die ›Lernzeiten‹ dazu da sind, ›damit wir besser sind, werden.‹ Er geht davon aus, dass die ›Lernzeiten‹ das Lernen fördern, ganz so wie die Erwachsenen es gesagt haben. Ganz konkret begründet er seine Zustimmung mit der von ihm unterstellten Wirkung: ›Ähm, dass wir da mehr lernen und dass wir besser im Schreiben werden.‹ Auf die Nachfrage der Interviewerin, woran er das merkt, dass er nach den ›Lernzeiten‹ beim Schreiben und Rechnen etwas besser kann, antwortet er, dass ›es dann schneller geht‹« (Nordt 2013, S. 217).

4.4.3 *Wie verbessern sich Leistungen, Motivation und Lernfreude durch ganztägige Unterrichts- und Lernangebote?*

In der Ganztagsschulforschung in Deutschland wurden bisher keine Leistungstests durchgeführt. Ein Vergleich der Leistungsentwicklung der Schülerinnen und Schüler, die Ganztagsangebote besuchen, mit der Entwicklung von jenen, die sie nicht besuchen, ist also anhand von Ergebnissen aus Lernstandsmessungen nicht möglich. Daher mussten andere Wege gefunden werden, um den etwaigen Ertrag des Ganztags auf die Lern- und Leistungsentwicklung der Kinder und Jugendlichen zu untersuchen. Erhoben wurde deshalb die Entwicklung der Noten in bestimmten Fächern: Deutsch, Fremdsprache, Mathematik. Dass Schülerinnen und Schüler in Fragebögen falsche Angaben machen könnten, ist dabei nicht das Problem. Problematisch aus Sicht der Testforschung ist vielmehr, dass Noten andere Werte von »Leistung« darstellen als die mit standardisierten Tests gemessenen Werte. So weichen Testergebnisse häufig bis zu einer Note von den Schulnoten der Schülerinnen und Schüler ab. Schulnoten spiegeln in höherem Maße – so wird das erklärt – die soziale Vergleichsgruppe wider, in der sie gegeben werden, und die Einschätzungen, die Lehrkräfte von den Potenzialen der Schülerinnen und Schüler haben.

Mithilfe standardisierter Fragebögen wurden darüber hinaus die Einschätzungen und Bewertungen der Ganztagsangebote aus Schülersicht sowie die Entwicklung von Motivation und Lernfreude durch den Besuch der Ganztagsangebote erhoben. In diesen Befragungen wurde jedoch nicht zwischen unterschiedlichen Angeboten (siehe 4.2) unterschieden. Das heißt: Befragungen ausschließlich zu den Hausaufgaben und Förderangeboten liegen nicht vor. Im Folgenden werden die Ergebnisse kurz beschrieben.

Geringerer Notenabfall bei Ganztagsschülern

(1) Zumindest für die zu Beginn der Sekundarstufe untersuchten Schüler gilt, dass – gemessen an Noten – diejenigen, die die Angebote des Ganztags besuchen, leicht bessere Leistungen zeigen als diejenigen, die das nicht tun (Fischer/Kuhn/Klieme 2009). In der Regel verschlechtern sich die Noten im Zuge der Pubertät, also von der 7. bis zur 9. Klasse. Bei den befragten Ganztagsschülern konnte nun festgestellt werden, dass die erfragten Noten über den Zeitraum von zwei Jahren gleich geblieben sind. Insofern lautet das Ergebnis, dass der Notenabfall im Vergleich mit der Vergleichsgruppe, also den Schülerinnen und Schülern, die keine Ganztagsangebote besuchen, geringer bzw. nicht zu beobachten ist, sodass auf eine positive Wirkung des Ganztags auf die Notenentwicklung geschlossen werden kann. Genau genommen fällt der Notenabfall, der zu Beginn der Sekundarstufe in der Regel bei allen Schülerinnen und Schülern zu verzeichnen ist, bei den Ganztagsschülern im Vergleich etwas weniger stark aus (Fischer/Kuhn/Klieme 2009, S. 160). Ein solcher leicht positiver Effekt auf die Notenentwicklung ist dann festzustellen, wenn die Schülerinnen und Schüler das Ganztagsangebot an mehreren Tagen besuchen und als positiv erleben, was auch bedeutet, dass sie ihm einen Nutzen für ihre schulischen Leistungen zuschreiben (Kuhn/Fischer 2011, S. 224). Eine dauerhafte Teilnahme an Ganztagsangeboten mindert zudem das Risiko einer Klassenwiederholung (Steiner 2011b).

Kritisch kann zu dieser Untersuchung jedoch zweierlei angemerkt werden: Erstens kann nicht darauf geschlossen werden, dass bestimmte

Lern- und Förderangebote eine positive Wirkung haben, weil nicht erhoben wurde, welche Angebote von den Schülerinnen und Schülern besucht wurden. Möglich wäre zum Beispiel auch, dass der Besuch einer Sport-AG die Lernbereitschaft und Motivation eines Schülers oder einer Schülerin erhöht. Zweitens: Woher weiß man, dass die Befunde nicht auf eine positive Zuschreibung der Lehrkräfte zurückzuführen sind, die die Schülerinnen und Schüler, die den Ganztag besuchen, einfach deshalb besser bewerten, weil sie sie besser kennen?

Lernförderliche Angebote

(2) Die Mehrheit der Schülerinnen und Schüler, die die Angebote besuchen, schätzt sie als lernförderlich ein (Radisch u. a. 2007). Besonders positiv beurteilt sie jene Angebote, die auf die Verbesserung der akademischen Leistung fokussieren: die Hausaufgabenhilfe und -betreuung, den Förderunterricht und fachbezogene Lernangebote (Holtappels/Rollett 2009, S. 302). Für die Schülerinnen und Schüler scheint es also – so wird diese Bewertung erklärt – einen Lernnutzen zu haben, wenn sie mehr Zeit in der Schule verbringen. Positive Effekte des Besuchs von Ganztagsangeboten werden auch als gesteigerte Schulfreude und Motivation untersucht. Insgesamt bewerten die Schülerinnen und Schüler die Angebote leicht positiv, zu Beginn der Pubertät werden sie allerdings etwas kritischer. Klieme und Rauschenbach (2011, S. 345) fassen zusammen, dass sich die Partizipationsmöglichkeiten, das Anknüpfen an Interessen und ein Angebot herausfordernder Tätigkeiten positiv auf das Urteil der Befragten auswirken. Wenn die Befragten angeben, dass sie selbst über die Teilnahme an einem Angebot entscheiden können, fällt das Urteil in der Regel ebenfalls positiver aus. Wenn sie eine umfangreiche soziale Unterstützung durch die Betreuer wahrnehmen, stehen sie den Angeboten ebenfalls eher positiv gegenüber. Jungen sind den Angeboten gegenüber allerdings insgesamt etwas kritischer eingestellt (Fischer/Brümmer/Kuhn 2011).

Diffuses Bild – kleine Effekte

Züchner und Fischer (2014) resümieren, dass die Befunde noch ein eher diffuses Bild über den Zusammenhang von Ganztagsschulbesuch, sozialer Herkunft der Schüler und Schulerfolg zulassen. Dennoch zeigen sich auch in kleinen Effekten Potenziale der Ganztagsschule, so die Hoffnung. Die Qualität der Angebote, ihre Realisierung im Einzelfall, dürfte für ihre Wirkung entscheidend sein. Ob die Ganztagsschule in Zukunft nur dann Bestand haben wird, wenn sie die hohen Erwartungen an die kompensatorische Wirkung zusätzlicher, ganztägiger Angebote erfüllt, oder ob sie sich auch als ein erweitertes schulisches Angebot, das »nur« den Qualitätsansprüchen an die Halbtagsschule genügt, weiter etablieren kann, wird sich zeigen.

Kerstin Rabenstein

5 Freizeit und Peerbeziehungen in der Ganztagsschule[1]

Außerunterrichtliche Lernangebote

In der Ganztagsschule verbringen die Schüler und Schülerinnen Zeit im Unterricht und darüber hinaus in sogenannten außerunterrichtlichen Lernangeboten. Darunter fallen neben Förderangeboten bzw. Angeboten der Hausaufgabenbetreuung, die im vierten Kapitel (in diesem Band) thematisiert werden, auch zusätzliche, fachlich ausgerichtete Angebote sowie freizeitorientierte Angebote (Fischer u. a. 2013, S. 64 ff.). In den USA können die Schulen auf eine lange Tradition von afterschool programs und extracurricularen Angeboten zurückblicken, die empirische Forschung diesbezüglich nimmt in den USA ebenso wie hierzulande sukzessive zu (Radisch 2009, S. 63 ff.). Mit der Bezeichnung von zusätzlichen Angeboten in der Schule als extracurricular wird in den USA etwas präziser als mit dem Begriff der außerunterrichtlichen Angebote darauf hingewiesen, dass es vor allem um solche Angebote geht, die nicht nur zusätzlich zum Unterricht, sondern auch zusätzlich zum curricular verankerten Unterrichtsstoff Lerngelegenheiten eröffnen (wollen). Diese Angebote an Ganztagsschulen stehen im Mittelpunkt dieses Kapitels.

Die Einführung außerunterrichtlicher Angebote in der Schule führt zu einer Ausdehnung der alltäglichen Schulzeit. Für die in Ganztagsschulen tätigen Lehrkräfte entstehen vermehrte Kooperationsanforderungen mit weiterem pädagogischem Personal, mit Erziehern, Sozialpädagogen und außerschulischen Kooperationspartnern, um eine gewisse Vielfalt an außerunterrichtlichen Angeboten anbieten und koordinieren zu können. Die hiermit verbundenen Anforderungen, in Schulentwicklungsprozessen von Ganztagsschulen vermehrt auch multiprofessionelle Kooperationen zu entwickeln, sind im sechsten Kapitel dieses Bandes dargestellt. In diesem Kapitel wird insbesondere auf die Perspektive der Kinder und Jugendlichen eingegangen. Weitet sich die alltägliche Schulzeit aus und wird ein Teil der Freizeit innerhalb der Ganztagsschule verbracht, verändern sich die Möglichkeiten der Freizeitgestaltung für Kinder und Jugendliche und damit auch der Gestaltung der Peerbeziehungen.

1 Ich danke Barbara Eggers für die Unterstützung bei diesem Kapitel.

Im Folgenden soll zunächst der Stand der Angebotsentwicklung an Ganztagsschulen resümiert werden (5.1), um sodann den Aspekt der Freizeitgestaltung in der Ganztagsschule zu vertiefen (5.2). Anschließend werden Ergebnisse empirischer Studien dargestellt, die nach den Veränderungen der Peerbeziehung durch die Verlängerung der täglichen Schulzeit in den Nachmittag hinein und somit nach (veränderten) Freundschaften im und durch den Ganztag fragen (5.3). Im letzten Schritt wird sodann ein Einblick in die US-amerikanische Diskussion zu extracurricularen Aktivitäten an Schulen gegeben (5.4). Dabei wird sich zeigen, wie eng die dortige Entwicklung mit kompensatorischen Bemühungen um Förderung und Integration von sogenannten Risikogruppen verbunden ist.

5.1 Das Angebotsspektrum

Im vierten Kapitel (in diesem Band) wurde mit der Unterscheidung von Angeboten gearbeitet, die den bundesweiten Befragungen von Schulleitungen in der Studie zur Ganztagsschulentwicklung in Deutschland (Fischer u. a. 2013) zugrunde liegt. Demnach werden fachlich spezifizierte Angebote in Mathematik, Naturwissenschaften, Deutsch und den Fremdsprachen sowie fächerübergreifende, handwerkliche, hauswirtschaftliche und technische Angebote sowie Angebote mit neuen Medien, zu Gemeinschaftsaufgaben und Formen von Schülermitbestimmung, zum sozialen interkulturellen Lernen als auch sogenannte Freizeitangebote als außerunterrichtliche Angebote verstanden. Freizeitangebote werden dabei wiederum unterschieden in solche in gebundener Form, in freiwillig zu nutzende Angebote und in Formen, in denen Schülerinnen und Schülern kein Angebot gemacht wird, sie vielmehr bei ihren Freizeitaktivitäten »bloß« beaufsichtigt werden. Deutlich wird, dass das Spektrum der Angebote sehr groß und heterogen ist. Es reicht von der Schwimm- oder Schach-AG zu Projekten wie dem Schulbauernhof, über den Computerkurs zur Schulzeitungs-AG. Es fallen auch die Mathe-Olympiade, das Schulorchester, die Theater-AG und das Fußballtraining darunter, ebenso wie die Möglichkeit, Basketball oder Tischtennis auf dem Schulhof zu spielen oder in der bis in den Nachmittag hinein geöffneten Bibliothek zu lesen. Dementsprechend liegt weder eine eigene Überblicksdarstellung zu diesen Angeboten noch Forschung vor, die sich auf das gesamte Spektrum bezieht. Vielmehr werden zum Beispiel musisch-kulturelle Angebote (Lehmann-Wermser/Naacke/Nonte 2010) und Bewegungsangebote (Laging/Stobbe 2011; Hildebrandt-Stramann/Laging/Teubner 2014) eigens untersucht. Im Folgenden soll die Verbreitung dieser Angebote resümiert werden, wie sie auf Grundlage von Erhebungen im Jahr 2012/2013 beschrieben wird (Fischer u. a. 2013, S. 64 ff.).

Sportliche Angebote sind der bundesweiten Schulleiterbefragung zufolge die an allen Schulformen am meisten verbreiteten Angebote. Auch musisch-künstlerische Angebote erfreuen sich großer Beliebtheit. Ebenso sind Angebote sozialen Lernens an allen Schulformen weitverbreitet, an den Gymnasien allerdings etwas weniger. Angebote wie Denksportspiele sind ebenso wie Angebote zu Gesundheit und Ernährung in der Primarstufe beliebter als in der Sekundarstufe. Das Angebot in diesem Bereich ist am Gymnasium am geringsten. Bei den fachlich konnotierten Angeboten verhält es sich umgekehrt: Zusätzliche mathematische, naturwissenschaftliche Angebote, (Fremd-)Sprachenangebote sowie Angebote im Bereich Politik/Heimatkunde finden sich eher am Gymnasium als an den anderen Schulformen, am wenigsten in der Primarstufe. Angebote in Heimatkunde und Politik fallen – bezogen auf ihre Verbreitung – insgesamt hinter alle anderen fachlich ausgerichteten Angebote zurück. Auch Angebote mit neuen Medien sind am Gymnasium sehr verbreitet, an den anderen Schulformen sowie in der Primarstufe kommen sie etwas weniger vor. Technische Angebote finden sich hingegen häufiger an Sekundarschulen (Fischer u. a. 2013, S. 64 ff.).

Die Schulen sind zur Entwicklung ihres Angebots mit Innovationen auf verschiedenen Ebenen konfrontiert (vgl. auch das sechste Kapitel in diesem Band). Es gilt, das Angebot breit zu fächern, um möglichst viele Schülerinnen und Schüler anzusprechen, und zugleich im pädagogischen Konzept für den Ganztag zu profilieren. Darüber hinaus sind Kooperationen mit außerschulischen Partnern zu initiieren und auf Dauer zu halten, weiteres pädagogisches Personal ist in die Schule zu integrieren (Rollett u. a. 2011). Setzt man ein möglichst breites Spektrum an Angeboten als Entwicklungsziel für die Ganztagschule voraus, kann man angesichts der Forschungsergebnisse zu dem Ausbaustand der Ganztagsschulen in Deutschland im Jahr 2009 schlussfolgern, dass in den Grundschulen und den weiterführenden Schulen noch Entwicklungsbedarf hinsichtlich der Angebotsvielfalt besteht. Vor allem Angebote zum sozialen Lernen, zu Gemeinschaftsaufgaben, interkulturellem Lernen und Schülermitbestimmung könnten an vielen Schulen weiter ausgebaut werden. Bei sich entwickelnder guter Kooperation zwischen Lehrkräften und dem weiteren pädagogischen Personal kommt es offensichtlich zu einer Konzentration auf ein bestimmtes, eher fachbezogenes Angebot, das – wenn es einmal steht – dann nur noch wenig verändert wird (ebd.).

Viele Schulen bieten schon lange ein breites Spektrum solcher Angebote an. Mit der Ganztagsschule erhalten diese Angebote jedoch einen modifizierten Rahmen: Sie müssen eingebunden werden in das Schulprogramm bzw. Ganztagskonzept der Schule. Zudem sollen eine Vielfalt und ein Umfang an Angeboten entwickelt werden, die über einzelne Arbeitsgemeinschaften an Halbtagsschulen hinausgehen. Dafür sind vermehrt Kooperationen mit außerschulischen Partnern notwendig. Schüler und Schülerinnen müssen sich außerdem verbindlich für die Angebote anmelden können. Insgesamt entsteht damit in weit höherem Maße als an der Halbtagsschule die Möglichkeit, innerhalb der Schulzeit das eine oder andere Angebot zu besuchen. Die zusätzlichen Angebote erleichtern es den Schülern und Schülerinnen, innerhalb der Schulzeit individuelle Interessen zu entwickeln bzw. ihnen nachzugehen – und das mit einem organisatorisch wie finanziell verhältnismäßig geringen Aufwand. Darüber hinaus ist mit den außerunterrichtlichen Angeboten der weitergehende Anspruch verbunden, dass die Ganztagsschule nicht nur formelle, zertifikatsbezogene Bildung vermittelt, sondern auch Möglichkeiten nichtformeller und informeller Bildungsprozesse eröffnen soll (vgl. das 2. Kapitel in diesem Band):

> Damit würden neben den herkömmlichen Unterrichtsfächern Bildungselemente in den Blick gerückt, die weit mehr zu einer allgemeinen verbesserten Handlungsfähigkeit, zu sozialer Teilhabe und Verantwortung sowie zur Entwicklung einer eigenständigen Persönlichkeit beitragen, als dies üblicherweise dem Schulunterricht zugetraut wird. (Bertelsmann Stiftung 2012, S. 142)

In der schulpädagogischen Diskussion hat sich die Wertigkeit zusätzlicher außerunterrichtlicher Angebote in den letzten Jahren erheblich erhöht. Den Bildungsmöglichkeiten außerhalb des Unterrichts wird ergänzend zum Unterricht mehr und mehr Bedeutung für den Bildungsprozess des Einzelnen zugeschrieben. Mit der vermehrten Einrichtung außerunterrichtlicher Angebote in der Ganztagsschule gehen somit auch erhöhte Ansprüche an ihre Wirkungen einher, die bislang als nur teilweise erfüllt gelten (Klieme/Rauschenbach 2011; Fischer/Brümmer/Kuhn 2011; Radisch/Fischer/Stecher/Klieme 2008; Radisch/Stecher/Fischer/Klieme 2008): Sie sollen die (Persönlichkeits-)Entwicklung der Schüler und Schülerinnen unterstützen, soziale Kompetenzen vermitteln, zum Wohlbefinden in der Schule beitragen und nicht zuletzt die motivationale Haltung zur Schule und zum Lernen befördern (vgl. die Zusammenfassung der empirischen Forschungsergebnisse zu diesen Aspekten in Kapitel 4.4.3). Kurz gesagt: Schüler und Schülerinnen sollen diesen Angeboten einen individuellen Nutzen zusprechen können, der über eine bloße zusätzliche Beschäftigung oder bloßen Spaß hinausgeht. Die Verlängerung der alltäglichen Schulzeit in den Nachmittag hinein, so ließe sich auch resümieren, ist nur mit einem erhöhten Nutzen für die Schülerinnen und Schüler zu rechtfertigen. Auf die Funktion der Aufbewahrung, der räumlichen Versorgung und Beaufsichtigung von Kindern und Jugendlichen, die für die moderne Gesellschaft durchaus eine zentrale Rolle spielt, weil sie die Eltern in dieser Zeit mit gewissen Freiheiten ausstattet (Reichenbach 2013), darf die Ganztagsschule in Deutschland nicht reduziert werden. Sie kann nur auf der Basis eines erweiterten Bildungsanspruchs gegenüber der Halbtagsschule legitimiert werden.

5.2 Freizeit in der Schule? Die Sichtweisen der Schüler und Schülerinnen

Welche Bedeutung kommt der Freizeit in der Ganztagsschule aus Sicht der Kinder und Jugendlichen zu? Während im vierten Kapitel bereits Ergebnisse aus der bundesweiten Befragung von Schülern und Schülerinnen zu ihrem Wohlbefinden an Ganztagsschulen sowie zu ihrer motivationalen Entwicklung zusammengetragen wurden (Fischer/Brümmer/ Kuhn 2011), die sich auf alle außerunterrichtlichen Angebote beziehen, soll im Folgenden ein ausgewählter Aspekt fokussiert werden: die Freizeit und das Freizeiterleben von Kindern und Jugendlichen an Ganztagsschulen.

Freizeit und Freizeiterleben

Freizeit unterliegt sowohl quantitativ – bezogen auf die zur Verfügung stehende Zeit – als auch qualitativ – bezogen auf das Verständnis von Freizeit – gesehen erheblichen Veränderungen (Opaschowski/Pries 2008). Ist Freizeit vor allem als Gegensatz zur Arbeitszeit zu verstehen und demnach Nicht-Arbeit? Ist Freizeit vor allem eine – wie auch immer gestaltete – andere Art der Beschäftigung? Oder handelt es sich bei ihr um freie, unverplante Zeit? Ist Freizeit also gleich Muße?

Idel, Reh und Fritzsche (2009) unterscheiden drei semantische Konstruktionen von Freizeit: (1) In der Antike wird Freizeit mit Muße gleichgesetzt und der geistigen Arbeit vorbehalten, die der körperlichen Arbeit und den Geschäften entgegengesetzt wird. (2) In der frühen Neuzeit wird der moderne Begriff der Freizeit geprägt, also in der Epoche der Industrialisierung, in der Arbeit als ein zentraler gesellschaftlicher Wert verankert wird (Helmstetter 2002). Mit der Einführung einer für alle verpflichtenden Unterrichts- bzw. Schulzeit im 18. Jahrhundert wird Freizeit als die andere Seite von Unterrichtszeit (bzw. Arbeitszeit) verstanden. Geistige Bildung – die Schule – wird damit der Arbeit gleich- und der Freizeit entgegengesetzt. Freizeit ist dabei zunächst vor allem die Zeit, die außerhalb der Schule verbracht wird. Freizeit setzt dabei auch getane, geleistete Arbeit voraus. (3) Schließlich wird in einem unkontrollierten Müßiggang ein Bedrohungspotenzial für die Gesellschaft gesehen und somit eine auch pädagogische Kontrolle der Freizeit diskutiert (Helmstetter 2002).

Freizeit vs. Arbeit

War Freizeit im Zuge der Industrialisierung gleichzusetzen mit Abwesenheit von Arbeit und somit vor allem mit Erholung und Wiedergewinnung der Arbeitskraft, wird ihr in den letzten Jahrzehnten zunehmend ein eigener Wert beigemessen. Freizeit wird darüber bestimmt, dass »man für etwas frei ist« (Opaschowski/Pries 2008, S. 424). Der Gegensatz von Freizeit und Arbeit löst sich allerdings derzeit auf: Freiheit in der Freizeit wurde immer im Zusammenhang mit der Notwendigkeit bzw. dem mit ihr einhergehenden Zwang gesehen, zu anderen Zeiten an anderen Orten einer obligatorischen Tätigkeit nachzugehen. Gegenwärtig scheint aber eine solche Trennung in Freizeit als freie Zeit auf der einen Seite und Arbeit als unfreie Zeit auf der anderen Seite nicht mehr angemessen, um das Verhältnis von Arbeit und Freizeit zu beschreiben (Opaschowski/Pries 2008, S. 426). Auch im Kontext von Arbeit besteht zunehmend der Anspruch, eigene Entscheidungen treffen zu können, also auch Freiheit in der Arbeit zu verwirklichen. Und im Kontext von Freizeit entstehen Verbindlichkeiten und (neue) Zwänge.

Freizeit in der Schule

In der Diskussion um die Freizeitgestaltung an Ganztagsschulen findet sich diese letzte Entwicklung insofern wieder, als immer wieder betont wird, den Gegensatz von Schule und Freizeit in der Ganztagsschule aufheben und Freizeit in die Schule integrieren zu können (Opaschowski/ 2008, S. 429). Die oben dargestellten außerunterrichtlichen Angebote in der Ganztagsschule dienen der Erholung vom Unterricht ebenso wie der freien Beschäftigung mit etwas anderem als Unterrichtsstoff. Sie sind damit einerseits über die Abwesenheit von unterrichtsbezogenen Aufgaben definiert und über einen eigenen Wert, der der Beschäftigung mit etwas anderem zugesprochen wird. Sie sind also Angebote für die Freizeit. Sie finden andererseits innerhalb der Schule und damit unter einer institutionalisierten pädagogischen Aufsicht statt. Sie sind also Angebote der Schule. Anders formuliert: Schule wird zum Freizeitort, wenn Kinder und Jugendliche in der Schule Freizeitangebote besuchen. Freizeit wird zu einem Ort mit Bildungsanspruch, wenn in der Ganztagsschule gerade das Lern- und Bildungspotenzial der Freizeitangebote betont wird (Zinnecker 2008). Die idealtypische Trennung von Schule und Freizeit, die mit der Verwendung beider Begriffe als Bezeichnung für zwei unterschiedliche Lebensbereiche analytisch vorgenommen wird, fällt mit der gegenwärtig zu beobachtenden Transformation zum Ganztag offensichtlich schwer.

Legitimationsgewinne von Schul- und Freizeitpädagogik

Schul- und Freizeitpädagogik könnten sich mit der Einführung der Ganztagsschulen, so die Interpretation dieser Entwicklung von Idel, Reh und Fritzsche (2009, S. 187), gegenseitig zu Legitimationsgewinnen verhelfen, wenn durch die Integration von Freizeitangeboten in die Schule das Moment der Selbstbestimmung der Schülerinnen und Schüler betont würde und umgekehrt – bezogen auf schulisch institutionalisierte, betreute Freizeitangebote – darauf insistiert wird, dass die Schüler und Schülerinnen hier einen kompetenten Umgang mit Freizeit erlernen. Insofern wird in programmatischen Ansätzen zur Ganztagsschule gerade ein fließender Übergang zwischen Unterricht und Freizeit als pädagogischer Zugewinn der Ganztagsschule gefeiert. Kritiker diskutieren demgegenüber, ob Ganztagsschülern nicht auch Freizeit als freie Zeit außerhalb der pädagogischen Beaufsichtigung genommen bzw. Freizeit zunehmend verschult wird.

Ergebnisse empirischer Studien

Im Folgenden sollen die Ergebnisse empirischer Studien zur Wahrnehmung der Freizeit in der Schule aus Schülersicht und sodann verschiedene Varianten des Umgangs von Schülerinnen und Schülern mit Freizeit in der Schule vorgestellt werden. Während Soremski (2011) die Praktiken der Freizeitgestaltung in und außerhalb der Schule untersucht hat, fragen Dzengel und Stein (2015) nach den Reflexionen der Schüler und Schülerinnen über die Freizeitangebote in der Ganztagsschule. Mithilfe der Methode der Gruppendiskussion rekonstruieren sie, wie die Jugendlichen Freizeit an Ganztagsschulen wahrnehmen. Die Ergebnisse werden hier zu drei Thesen verdichtet dargestellt. Damit wird vor allem auf solche Aspekte in der Diskussion zur Freizeitgestaltung von Kindern und Jugendlichen an Ganztagsschulen aufmerksam gemacht, die bisher eher selten oder nur am Rande eine Rolle spielen.

1. Aus Sicht der Schülerinnen und Schüler ist die Freiwilligkeit der Angebote der zentrale Unterschied zum Unterricht

Freiwilligkeit der Angebote

Aus der Sicht der Schüler und Schülerinnen ist die Freiwilligkeit das wesentliche Unterscheidungskriterium zwischen unterrichtsrelevanten und anderen, freizeitorientierten Angeboten (Dzengel/Stein 2015). Anders gesagt: Für die Schülerinnen und Schüler macht es einen entscheidenden Unterschied, ob sie zum Besuch eines Angebots verpflichtet sind oder sich freiwillig dafür entschieden haben. Eine freiwillig getroffene Entscheidung für ein Angebot impliziert, es auch wieder abwählen zu können. Das ist das Ergebnis einer qualitativ-explorativen Studie, die Schülerinnen und Schüler nach ihrer Wahrnehmung der Freizeitangebote – bzw. genauer: nach deren Qualität – gefragt hat (Dzengel/Stein 2015). Die Freizeitangebote nehmen sie positiv wahr, es besteht weniger Zwang, die freiwillige Wahl fördert eine engagierte Beteiligung. Dabei spielt für die Schülerinnen und Schüler das Gefühl, selbst verantwortlich für ihr Tun und somit auch für ihren Lernfortschritt zu sein, eine große Rolle. Auch die Ergebnisse früherer Studien zeigen, dass es für sie bedeutsam ist, zwischen Angeboten wählen zu können (Wahler/Preiß/Schaub 2005).

2. Schülerinnen und Schüler wollen in ihrer Freizeit mit Freunden zusammen sein und einen Nutzen aus dem Angebot ziehen

Sinn und Nutzen der Angebote

Ebenso bedeutsam wie die Wahlfreiheit sind für die Schülerinnen und Schüler die Inhalte der Angebote (Dzengel/Stein 2015). Sie erwarten von Freizeitangeboten an Ganztagsschulen nicht nur die Möglichkeit, Zeit mit ihren Mitschülern außerhalb des Unterrichts zu verbringen, sondern auch einen zusätzlichen Nutzen bezogen auf ihre Interessen (vgl. hierzu auch Radisch/Stecher/Klieme/Kühnbach 2007). Wichtig ist es für sie darüber hinaus, dass sie die Kompetenzen, über die sie bereits verfügen, in die Angebote einbringen können (Dzengel/Stein 2015). Die Zeit sinnvoll zu nutzen ist den Schülerinnen und Schülern also ebenso wichtig wie die Möglichkeit mitzuentscheiden, wie sie ihre Zeit verbringen.

3. Mit zunehmendem Alter der Schülerinnen und Schüler wächst der Wunsch nach unbetreuter Freizeit und Zeitautonomie

Freizeit ohne pädagogische Aufsicht

Insbesondere ältere Schülerinnen und Schüler wünschen sich, in der Ganztagsschule freie Zeit mit Freunden ohne pädagogische Aufsicht verbringen zu können (Hepting 2001). Die Befragten betonen, dass für sie freie Zeit außerhalb der Schule bzw. einer pädagogischen Betreuung zunehmend wichtig wird. Die Wahrnehmung von Freizeit als freier Zeit hängt eng mit dem Gefühl von Zeitautonomie zusammen als der Möglichkeit, situativ entscheiden zu können, wie und womit die Zeit verbracht wird (Weide/Reh 2010). Das Bedürfnis nach Zeitautonomie wächst offensichtlich mit zunehmendem Alter (Dzengel/Stein 2015).

Wie organisieren nun Ganztagsschüler ihre Freizeit innerhalb der Schule? Und in welches Verhältnis setzen sie diese zu ihrer außerschulischen Freizeit? Ausgangspunkt der qualitativen Untersuchung von Soremski (2011) ist die Beobachtung der zunehmenden Verschränkung von Bildungs- und Freizeitorten bzw. formellen und informellen Lernorten in räumlicher, sozialer und sachlicher Hinsicht. Mit der Tendenz zu einer Verschulung der Freizeit und einer Institutionalisierung des Aufwachsens von Kindern und Jugendlichen, wie sie in der Ganztagsschulentwicklung zu sehen sei, ginge ein Verlust von Sozialisations- und Bildungsprozessen einher, die vornehmlich in der Abwesenheit Erwachsener stattfänden. Untersucht wird nun das Freizeitverhalten der Siebt- und Neuntklässler an einer ganztägig organisierten Realschule und einem Ganztagsgymnasium mithilfe von episodischen Interviews, Online-Tagebüchern und Beobachtungen. Im Ergebnis wird eine Typologie von jugendlichen Freizeitpraktiken entwickelt. Drei der vier entwickelten Typen wird ein erfolgreiches Gestalten der inner- und außerschulischen Freizeitmöglichkeiten zugeschrieben.

- **Gleichwertigkeit von (außer-)schulischer Freizeit** (Typ I): Die Orientierung an sportlichen Aktivitäten stellt sich als ein sinnvoller und nützlicher Bezugspunkt für die Jugendlichen heraus. Gehen die Jugendlichen sportlichen Aktivitäten in größerem Umfang nach, fällt es ihnen leicht, den Schulsport als zusätzliches Training und somit als Fortführung ihrer Freizeitaktivitäten zu konstruieren, also schulische und außerschulische Freizeit als gleichwertig anzusehen und miteinander zu verbinden.
- **Ambivalenzen gegenüber schulisch gestalteter Freizeit** (Typ II): Wenn sich auch Ambivalenzen gegenüber schulisch gestalteter Freizeit beobachten lassen, finden die Schülerinnen und Schüler des zweiten Typs Wege, die innerschulischen Freizeitphasen für sich zu nutzen und innerhalb des schulischen Rahmens nach eigenem Ermessen zu gestalten. Einen stärkeren Autonomiegewinn erleben sie allerdings in ihrer außerschulischen Freizeit.
- **Zugewinn an Freiheiten** (Typ III): Ein dritter Typ, der sich auch als Variante von Typ II lesen lässt, nutzt die Ganztagsangebote im Sinne eines Zugewinns an Freiheiten für die Zeit nach der Schule. Indem etwa Hausaufgaben in dafür reservierten Zeiten in der Schule erledigt werden, ist die Freizeit uneingeschränkt nutzbar, was wiederum eine flexible und autonome Organisation des Freizeitalltags ermöglicht.
- **Unvereinbarkeit mit (außer-)schulischer Freizeit** (Typ IV): Als unvereinbar erweisen sich schulische und außerschulische Freizeit bei Typ IV. Hier werden verstärkt zeitliche Engpässe wahrgenommen. Die schulische Vor- und Nachbereitung hindert die Schülerinnen und Schüler daran, Freizeitaktivitäten wahrzunehmen und soziale Kontakte zu pflegen, sowohl in der schulischen als auch in der außerschulischen Freizeit.

Zusammenfassend zeichnet sich ab, dass Ganztagsschüler unterschiedlich erfolgreich darin sind, Freizeitaktivitäten für sich zu nutzen. Zum Freizeitraum wird die Schule erst, wenn Freizeitangebote als regenerative Ressource erfahren werden und nicht nur der schulischen Vor- und Nachbereitung dienen. Schwierig wird es, wenn eine zeitliche und soziale Konkurrenz zwischen schulischen und außerschulischen Freizeitangeboten oder zwischen Bildungsanforderungen und Freizeitaktivitäten besteht. Dies betrifft insbesondere Schülerinnen und Schüler, die die Schule nicht als Freizeitraum anerkennen. Sie müssten, so Soremski (2011, S. 216), darin unterstützt werden, die Schule als Freizeitraum anzuerkennen und Strategien zu entwickeln, um schulische Anforderungen und Freizeitinteressen innerhalb des Ganztags zu vereinbaren.

Begrenzung des pädagogischen Anspruchs

Während in der Diskussion zur Freizeitgestaltung in Ganztagsschulen die Lern- und Bildungsprozesse in Freizeitangeboten betont werden und tendenziell eine Ausweitung und Entgrenzung des schulischen Anspruchs auf die Zeit der Schülerinnen und Schüler zu beobachten ist, lassen sich die empirischen Ergebnisse zu den Sichtweisen der Schüler und Schülerinnen auch als Begrenzung des pädagogischen Anspruchs deuten, freie Zeit ebenso wie Unterrichtszeit vorrangig als Lernzeit zu verstehen. Anders formuliert: Mit der Ganztagsschulentwicklung ist verbunden, dass Freizeit und Schule erneut »paradox« aufeinander bezogen werden:

> Die freie Zeit wird zum Objekt schulpädagogischer Formung, aus freier Zeit außerhalb der Schule wird schulisch-institutionalisierte Freizeit. (...) Die Schule erscheint als Ort systematischen Lernens dazu prädestiniert zu sein, informelles Lernen in der Freizeit, die in den Diskursen nicht anders denn als Lernzeit gedacht wird, zu formalisieren. Mit der Vermittlung von Fähigkeiten zum Management der Freizeit erfüllt die Schule aber auch jene Aufgabe, die sie schon immer hatte: auf das Leben vorzubereiten – nun allerdings unter anderen, nämlich erweiterten Bedingungen. (Idel/Reh/Fritzsche 2009, S. 191)

5.3 Veränderte Schule – veränderte Peerbeziehungen?

Beziehungen unter Gleichaltrigen

Mit der Entstehung der modernen Schule und der mit ihr verbundenen Schul- bzw. Unterrichtspflicht im 18. Jahrhundert ging ein Bedeutungszuwachs der Beziehungen unter Gleichaltrigen einher. Vor der Entstehung der modernen Schule gab es keinen Ort, an dem Gleichaltrige nahezu unter sich waren. Schule ist somit als zentraler Ort der Entstehung von Peerbeziehungen zu verstehen. Im Zuge des Übergangs in die Sekundarstufe I und des Beginns der Pubertät werden die Peerbeziehungen zu einem zentralen Element für das Aufwachsen der Jugendlichen. Akzeptanz und Unterstützung durch Gleichaltrige (und insbesondere Gleichrangige) bietet Sicherheit zu einem Zeitpunkt wachsender schulischer und entwicklungspsychologischer Anforderungen (Kanevski/von Salisch 2011a, b). Insofern ist es aus sozialisationstheoretischer Perspektive von großem Interesse zu fragen, ob die Ganztagsschule den Aufbau innerschulischer Freundschaften fördert oder behindert. Wenn sich Schule und die Rolle außerschulischer Freizeitangebote mit der Verlängerung der täglichen Schulzeit in den Nachmittag hinein verändern, verändern sich auch die Gelegenheiten unter den Gleichaltrigen, den Peers, in Kontakt zu kommen, sich kennenzulernen bzw. Beziehungen zu pflegen. Welchen Einfluss hat also die Ganztagsschulentwicklung auf das Verhältnis der Gleichaltrigen untereinander in und außerhalb der Schule?

Gelegenheiten für Peerbeziehungen

Man könnte annehmen, dass die Gelegenheiten für Peerbeziehungen in der Ganztagsschule vervielfältigt, in außerschulischen Angeboten hingegen geschwächt werden. Diese Annahme stimmt jedoch nicht: In der Ganztagsschule ist der zeitliche Umfang der »freien« Zeit, also der Zeit, in der Kinder und Jugendliche ohne pädagogisches Angebot Zeit miteinander verbringen, oft sehr eingeschränkt (Kanevski/von Salisch 2011c, S. 187). Außerschulische Angebote nehmen Ganztagsschüler hingegen in fast gleichem Umfang in Anspruch wie Halbtagsschüler (Züchner 2007; Züchner/Arnold 2012). Das Anliegen der quantitativen und qualitativen Studien, die im Folgenden skizziert werden, ist es herauszufinden, wie Kinder und Jugendliche ihre Freundschaften in der Ganztagsschule und über sie hinaus erleben.

Eine standardisierte Längsschnittstudie mit Halb- und Ganztagsschülern

Kanevski und von Salisch (2011c) untersuchten den Wandel in Peernetzwerken in einer standardisierten Längsschnittstudie mit Halb- und Ganztagsschülern im Alter von zwölf bis 13 Jahren. Von 427 zum ersten Erhebungszeitpunkt befragten Schülerinnen und Schülern konnten beim zweiten Erhebungszeitpunkt noch 380 befragt werden. Zur Datenerhebung wurde das LüNIK-2 (Lüneburger Netzwerkinterview für Kinder und Jugendliche) herangezogen. Die Beziehungen der Jugendlichen sollten so hinsichtlich Art, Dauer und emotionaler Nähe erfasst und qualifiziert sowie auf ihre Beständigkeit hin geprüft werden.

Im Ergebnis zeichnet sich eine starke Neusortierung der Peernetzwerke ab, die in dieser Lebensphase allerdings auch bei Halbtagsschülern zu beobachten ist. Die Anzahl der außerschulischen Peerbeziehungen nahm zwar um etwa 50 Prozent ab, aber wider Erwarten unabhängig von der Form der besuchten Ganztagsschule. Die Vermutung, die Ganztagsbeschulung behindere den Aufbau außerschulischer Freundschaften, wurde nicht bestätigt. Ganztagsschüler geben diesen Befunden zufolge nicht in höherem Maß ihre außerschulischen Freundschaften auf als ihre Altersgenossen in der Halbtagsschule.

Geschlechtsspezifische Befunde

Dabei werden auch einige geschlechtsspezifische Befunde herausgestellt: Weniger enge Kontakte, die als »Kumpelbeziehungen« bezeichnet werden, blieben bei Jungen etwa zu 40 Prozent im Laufe des Schuljahres bestehen; etwas mehr als 20 Prozent werden zu reziproken, in der Befragung von beiden Seiten bestätigten Freundschaften aufgewertet. Das belegt, dass für Jungen reziproke Kumpelbeziehungen ein Reservoir für reziproke Freundschaften bilden. Mädchen in Ganztagsschulen nennen erstaunlicherweise weniger Freundinnen als Mädchen in Halbtagsschulen. Ebenso geben Mädchen einen stärkeren Rückgang reziproker Freundschaften im Vergleich zu ihren männlichen Mitschülern an. Insgesamt scheinen aber mehr gegenseitige Freundschaften an der Ganztagsschule bestehen zu können, auch wenn die Angaben stark zwischen den Befragten variieren.

Die Studie zeigt, dass die Bereitschaft, sich gegenseitig zu unterstützen, in den Augen der Schülerinnen und Schüler zunahm – bei den Mädchen stärker als bei den Jungen und in der Ganztagsschule deutlich stärker als in der Halbtagsschule. Auch die Bandbreite an Bereichen, in denen Hilfe angeboten wurde, erweiterte sich. Im Detail heißt das: Schülerinnen und Schüler schöpften aus dem Pool einseitiger Beziehungen, um sie zu gegenseitigen Freundschaften auszubauen – etwa 22 Prozent der Beziehungen durchliefen diese Wandlung. Die Mädchen vertieften etwa 27 Prozent ihrer einseitigen Kontakte, im Vergleich zu circa 16 Prozent bei den Jungen. Auch lösten sich bei Mädchen weniger Beziehungen komplett auf (43 Prozent Jungen gegenüber 33 Prozent Mädchen).

Kanevski und von Salisch (2011c) stellen zusammenfassend fest, dass keineswegs von weniger Gelegenheiten in der Ganztagsschule ausgegangen werden kann, in denen Freundschaften unter Jugendlichen entstehen, da trotz eines deutlichen Rückgangs an Beziehungen auch qualitative Aufwertungsprozesse stattfänden. Auch Impulse für Peerbeziehungen konnten in der Ganztagsschule ausgemacht werden. So weiten Ganztagsschüler ihren Angaben nach die Bereiche aus, in denen sie Unterstützung leisten und erfahren. Sie geben zudem häufig an, dass sich ihre Beziehungen vertiefen. Reziproke Freundschaften haben an Ganztagsschulen laut Angaben der Schülerinnen und Schüler entsprechend häufig Bestand. Ganztagsschüler beheben einen Mangel an Freundschaften stärker als ihre Altersgenossen in der Halbtagsschule durch das Aufwerten von Kumpelbeziehungen zu Freundschaften. Dennoch schlussfolgern die Autorinnen der Studie, dass auch in der Ganztagsschule mehr Freiräume geschaffen werden könnten, in denen Jugendliche Zeit und Möglichkeiten zur Pflege ihrer sozialen Beziehungen finden.

Die Entstehung und Kontinuität von Beziehungen zwischen den Schülerinnen und Schülern in einem schulformübergreifenden Ganztagsangebot untersuchen Schalkhaußer und Täubig (2011) mit einer qualitativen Befragung. Schulformübergreifende Ganztagsangebote werden in Netzwerken zwischen Schulen und außerschulischen Bildungseinrichtungen realisiert, um ein breites Angebot von nachmittäglichen Angeboten möglichst vielen Schülern und Schülerinnen zur Verfügung zu stellen. Die Ergebnisse der Studie deuten darauf hin, dass in dem nachmittäglichen Angebot keine negativ konnotierten Zuschreibungen zwischen den Gruppen von Schülerinnen und Schülern aus unterschiedlichen Schulformen entstehen, auch wenn hin und wieder negativ konnotierte Zuschreibungen in Bezug auf einzelne Personen aus einer anderen Schule bzw. Schulform zu beobachten sind. Insgesamt überwiegen in den Beschreibungen wechselseitige positive Wahrnehmungen, einzelne Schülerinnen und Schüler sowie Gruppen, die vormittags unterschiedliche Schulformen besuchen, nehmen in dem Ganztagsangebot also in wertschätzender Art und Weise aufeinander Bezug (ebd., S. 233). Die Intensität der Beziehungen variiert, sie reicht von »Über alles/mit allen-Reden« bis zu »exklusivem Reden« (ebd., S. 233), manche sehen sich nur in dem Angebot, andere treffen sich auch darüber hinaus. Dabei erweist sich die Zeit, die die Kinder und Jugendlichen in dem schulformübergreifenden Angebot verbringen, und somit die potenziell gemeinsam verbrachte Zeit als ausschlaggebend für die Entwicklung der Beziehungen.

Anpassung der Freizeitpraktiken an Rahmenbedingungen

Insgesamt lässt sich also anhand dieser empirischen Beobachtungen festhalten, dass Schüler und Schülerinnen ihre Freizeitpraktiken in hohem Maße den Rahmenbedingungen anpassen, die nicht zuletzt durch Dauer und Art des schulischen Angebots gesetzt werden. Sie finden inner- und außerschulisch Wege, Beziehungen zu Gleichaltrigen zu gestalten, die ein wichtiges Element in der Phase der Adoleszenz sind. Gelegenheiten zu gemeinsam geteilten Erfahrungen, wie sie durch Ganztagsangebote eröffnet werden, sind als eine der Voraussetzungen anzusehen, die die Entwicklung und den Aufbau von Beziehungen ermöglichen – aber bei Weitem nicht die einzige. Veränderungen und Neusortierungen in Peernetzwerken sind gerade im Übergang in die Pubertät häufig zu beobachten. Auch mit dem Ganztag bleibt die Schule in jedem Fall ein Ort der Peerbeziehungen.

5.4 Extracurriculare Aktivitäten – die US-amerikanische Diskussion

Zusätzliche Angebote an US-amerikanischen Schulen

Angebote außerhalb des Unterrichts haben in US-amerikanischen Schulen im Vergleich zu Deutschland eine bedeutend längere Tradition. Das schulische Mittagessen und umfangreiche zusätzliche Angebote, die außerhalb des regulären Stundenplans von den Kindern wahrgenommen werden können, gehören zum Alltag und bieten Lernorte, wo neue Interessen gefunden und Lebenserfahrungen gesammelt werden. Die weitverbreiteten extracurricularen Aktivitäten mit ihrem vielfältigen sozialen und kulturellen Angebot gelten als ein Grund für die hohe Identifikation vieler amerikanischer Schülerinnen und Schüler mit ihrer Schule. Während in Deutschland der Ausbau der Ganztagsschule und die Gestaltung von nachmittäglichen Förderangeboten mit dem Ziel der Qualitätsverbesserung erst seit etwa zehn Jahren in das Interesse der Forschung rücken, findet man in Nordamerika eine umfangreiche Forschungsliteratur zur Wirkung außerunterrichtlicher schulischer Angebote auf die individuelle Entwicklung der Kinder und Jugendlichen. Die

Frage kompensatorischer Effekte extracurricularer Aktivitäten steht dabei im Zentrum. Es lohnt sich also, einmal einen Blick auf die Vereinigten Staaten und ihre langjährige Erfahrung mit ganztägigen Angeboten zu werfen und zu fragen, was die Ganztagsschule in Deutschland von ihnen lernen kann (vgl. insbesondere die Darstellung in Radisch 2009, S. 63–68; Mahoney u. a. 2005).

5.4.1 *Afterschool-Programme – ein kurzer Rückblick*

Die sogenannten afterschool programs stellen eine große Bandbreite äußerer Rahmenbedingungen, inhaltlicher Schwerpunkte und Zielsetzungen dar (Miller 2003, S. 24). Im Kern unterscheiden sie sich in ihren Funktionen als reine Betreuungsangebote, freizeitpädagogische Aktivitäten und dem Angebot des erweiterten schulischen Lernens mit dem Ziel der Leistungsverbesserung. Miller geht von drei Prototypen aus, die diese vielfältige Landschaft der Nachmittagsprogramme konstituieren: die School-Age Care (SAC), das Positive Youth Development und das Extended Learning.

School-Age Care

School-Age Care bezeichnet die Betreuung aller schulpflichtigen Kinder durch ausgebildete Erzieher. In den 1980er Jahren stieg die Zahl der Frauen, die am Arbeitsleben teilnahmen, in kurzer Zeit immens an. Die Betreuung von Kindern arbeitender Mütter wurde zwangsläufig zu einer notwendigen Einrichtung. Die SAC wurde gegründet, um die Eltern dabei zu unterstützen, Familie und Arbeit auszubalancieren, und um die soziale, emotionale, kreative und körperliche Entwicklung der Kinder zu fördern. 1991 gab es circa 50 000 solcher Programme, die zusammen geschätzte 1,7 Millionen Kinder betreuten (Miller 2003, S. 25).

Positive Youth Development

Ebenso in den 1980er Jahren wurde das Programm Positive Youth Development ins Leben gerufen, das von Jugendarbeitern betreut wird. Zunächst als Präventionsmaßnahme gegen Drogenmissbrauch, Teenager-Schwangerschaften, Schulabbruch und Jugendkriminalität verstanden, vollzog sich in den 90er Jahren aufgrund mangelnden dauerhaften Erfolgs ein Paradigmenwechsel hin zu einer Vorbereitung der Kinder auf das Erwachsensein. Verwirklicht wird dies durch Angebote wie den Besuch von Freizeitzentren, die Teilnahme an Wandbild- und Gemeinschaftsprojekten oder Möglichkeiten zur künstlerischen Betätigung unter Anleitung von Erwachsenen. Aufgrund der Vielfalt von Modellen wird das Positive Youth Development eher als ein *Ansatz* der positiven Jugendentwicklung verstanden denn als klar strukturiertes Programm (Miller 2003, S. 27).

Extended Learning

Im darauffolgenden Jahrzehnt wurde das Extended Learning als dritter Prototyp entwickelt, angeleitet von Lehrern und qualifizierten Fachkräften. Die schulischen Leistungen der Kinder, vor allem der leistungsschwächsten Schülerinnen und Schüler, sollen hier durch Tutorien, Hausaufgabenhilfe und andere akademische Unterstützungsprogramme gefördert werden. Oft beschränkt sich dies auf eine bloße Verlängerung des Schultags mit den gleichen Lerninhalten und -strategien wie am Vormittag. Viele Schulen erkennen aber seit Langem die Notwendigkeit, diese Angebote neu zu strukturieren, z. B. durch die Kooperationen mit lokalen Partnern, die neue Lernerfahrungen und -kontexte sowie eine bessere Verzahnung von curricularen Vorgaben und außerschulischen Bildungs- und Freizeitangeboten ermöglichen (Miller 2003, S. 28).

Extracurriculare Aktivitäten

Zusätzlich zu den zuvor beschriebenen Prototypen existieren viele extracurriculare Aktivitäten, an denen amerikanische Kinder und Jugendliche nach der Schule teilnehmen können. Extracurriculare Aktivitäten sind strukturierte, freiwillige Aktivitäten, die von einem oder mehreren Erwachsenen (meist Experten auf ihrem Gebiet) geleitet und betreut werden. Verschiedene Freizeitangebote, religiöse Aktivitäten, Jugendgruppen, Musik- und Tanzstunden, Sport und gemeinnützige Arbeit bilden die Basis dieses extracurricularen Angebotes. Die Vielzahl von Möglichkeiten erlaubt es, in einer Gruppe mit Gleichaltrigen neue Interessen zu finden, spezifische Fähigkeiten zu erlernen und diese Erfahrungen gemeinsam zu teilen (Miller 2003, S. 29).

5.4.2 *Empirische Forschung zum Zusammenhang zwischen Teilnahme an extracurricularen Aktivitäten und Schulerfolg*

Bis zum Ende der 1980er Jahre wurde in den USA in vielen Studien zu extracurricularen Aktivitäten das Augenmerk vor allem auf die Teilnahme an den allseits beliebten schulischen Sportclubs, hier vor allem Mannschaftsportarten, und die Entwicklung der Heranwachsenden gelegt. In den letzten 15 Jahren wurden vermehrt Aktivitäten wie kirchliche Mitarbeit, Teilnahme an Theater- und Musik-AGs, Freiwilligenaktivitäten und allgemeines Engagement in der Schule (z. B. Jahrbuch, Schülerzeitung etc.) betrachtet. Die meisten Studien zeigen, dass eine positive Korrelation zwischen der Teilnahme an solchen Aktivitäten und einer positiven Entwicklung der Kinder und Jugendlichen besteht (Feldman/Matjasko 2005, S. 163). Da diese Arbeiten eine hohe Relevanz für die Diskussion um den Ganztag in Deutschland aufweisen, soll hier exemplarisch die Studie »Student Council, Volunteering, Basketball, or Marching Band: What Kind of Extracurricular Involvement Matters?« von Eccles und Barber (1999) vorgestellt werden.

Eccles und Barber gehen der Frage nach, welche Art von extracurricularen Aktivitäten die förderlichste in der Entwicklung des Kindes sei.

Die Daten stammen aus der Michigan Study of Adolescent Life Transitions, eine Längsschnittanalyse, die 1983 mit einer Kohorte von 1 800 Sechstklässlern aus zehn Schulbezirken im Südosten Michigans begann. Der Großteil der Stichprobe war weiß, lebte in Industriestädten rund um Detroit und stammte aus der Arbeiter- und Mittelklasse. Die Jugendlichen wurden bis zum Erwachsenenalter im Jahr 1997 (die meisten waren 25 bis 26 Jahre alt) in acht Wellen der Datenerhebung befragt. Die finale Analyse enthält die Daten von 1 295 Befragten (Eccles/Barber 1999, S. 13). Vier spezifische Konstrukte bilden dabei den Rahmen:

1. Beteiligung an extracurricularen Aktivitäten (*prosocial activities*: Kirchenbesuch, Teilnahme an freiwilligen oder gemeinnützigen Aktivitäten; *performance activities*: Mitglied in der Schulband, Theater, Tanzen; *team sports*: Mitglied in einem oder mehreren Schulteams; *school involvement*: Schülervertretung, Cheerleading; *academic clubs*: Debattier-, Fremdsprachen-, Mathe-, Naturwissenschafts- oder Schachclub)
2. Risikoverhalten: Verwicklung in gefährliche oder problematische Aktivitäten (Alkoholkonsum, Schule schwänzen und Drogenmissbrauch)
3. Schulischer Erfolg: Das Zugehörigkeitsgefühl der Jugendlichen zu ihrer Schule wurde hier erfragt. Zusätzlich wurden Informationen über Testergebnisse und Zeugnisse aus den Schulakten der Befragten hinzugenommen, später auch Informationen darüber, ob man an einem College eingeschrieben war.
4. Familiencharakteristika: In der ersten Erhebung wurden die Mütter zu ihren Ausbildungshintergründen befragt. Diese Informationen stellten den sozioökonomischen Familienhintergrund dar und dienten als Kontrollvariable.

Die Ergebnisse zeigen, dass die Beteiligung an extracurricularen Aktivitäten positive Auswirkungen auf den Bildungsverlauf hat und als Schutzfaktor vor potenziellem Risikoverhalten dient. Die Jugendlichen, die sozial, kirchlich oder schulisch (Theater, Musik, Schülerzeitung, academic clubs etc.) langfristig engagiert sind, zeigen über die Jahre, in denen sie die High School besuchen, allgemein bessere schulische Leistungen, tendieren weniger zu Risikoverhalten wie Alkohol- und Drogenkonsum und besuchen mit einer größeren Wahrscheinlichkeit im Alter von 21 das College (Eccles/Barber 1999, S. 18–25). Einzig die Teilnahme am Mannschaftssport weist eine Korrelation mit einem Risikoverhalten auf – dem häufigem Alkoholkonsum. Die Mitgliedschaft im Team stellt sich dennoch als Schutzfaktor heraus, da die Befragten sich ihrer Schule stärker verbunden fühlen. Demnach zeigen auch sie bessere schulische Leistungen und besuchen später das College (ebd., S. 21).

Kontakt mit Peers und Identitätsbildung

Eccles und Barber (1999, S. 30) erforschten infolgedessen zwei Mediatoren, die die positive Korrelation von einer Teilnahme an extracurricularen Aktivitäten und Schulerfolg begünstigen: den Kontakt mit gleichgesinnten Peers und die Identitätsbildung der Jugendlichen, die von der Teilnahme an Aktivitäten geprägt wird. Zu beiden Aspekten wurde die Kohorte jeweils in der 10. und 12. Klasse befragt. Es zeigte sich, dass Kinder, die an außerschulischen Aktivitäten teilnehmen, dort auch den Großteil ihrer Freunde finden. Das kollektive Verhalten der Peergroup beeinflusst das Verhalten jedes einzelnen Mitglieds. Aufgrund gleicher Interessen und der Zeit, die man gemeinsam verbringt, entwickelt sich innerhalb dieser Freundschaftsnetzwerke eine eigene Kultur, die bestimmte Verhaltensweisen und langfristige Ziele vorgibt und so das Verhalten der Jugendlichen domänenübergreifend normiert. Die Peergroups der Jugendlichen, die an extracurricularen Aktivitäten teilnehmen, zeichnen sich durch einen höheren Anteil an späteren College-Studenten aus als die Peergroups von Nicht-Teilnehmern (ebd., S. 31).

Teilnahme an Aktivitäten führt zu guten Schulleistungen

Feldman und Matjasko (2005, S. 175), die eine Zusammenschau mehrerer Evaluationsstudien machen, bestätigen, dass es einen positiven Zusammenhang von aktiver Teilnahme an strukturierten Aktivitäten und guten Schulleistungen gibt. Bei Kindern, die ihre Zeit mit unstrukturierten Tätigkeiten verbringen, zeige sich hingegen eine negative Abhängigkeit zu den Schulnoten (Feldman/Matjasko 2005, S. 179). Auch Miller (2003) verweist darauf, wie wichtig strukturierte Angebote und die Betreuung durch Erwachsene für Schulleistungen sind. In der Forschung bleiben weiterhin einige Fragen offen. Diese betreffen zum einen den Zusammenhang zwischen dem Besuch von extracurricularen Aktivitäten und Schulleistungen. Ungeklärt ist, wie es überhaupt zu der Entscheidung von Jugendlichen für extracurriculare Aktivitäten kommt bzw. ob es eine bestimmte Gruppe von Jugendlichen ist, die sich dafür entscheidet. Die Frage betrifft also auch die Einflussgrößen, die überhaupt zu einer Teilnahme führen:

> One has to question cause and effect, however. We know that higher performing students are more likely to participate in extracurricular activities. Therefore, are these results due to students' extracurricular participation or pre-existing differences between students themselves? (Miller 2003, S. 36)

Die andere Frage betrifft die Merkmale eines Angebots, die seine Qualität ausmachen und einen Einfluss auf die Schulleistungen haben. Ist es nur die Tatsache an sich, Zeit in einem betreuten Angebot zu verbringen, sind es die Beziehungen zwischen den Kindern bzw. Jugendlichen und dem pädagogischen Personal? Oder sind es bestimmte Aktivitäten, die in dem Angebot initiiert werden?

> We don't know, however, which program-related factors result in benefits to children and families. Is it the relationship with a staff member? Is it the simple fact of getting children off the streets? Is it due to specific activities that develop personal interests and a sense of competence, or the friendships that often bloom in a positive climate? (Miller 2003, S. 26)

5.4.3 *Konsequenzen aus der US-amerikanischen Diskussion für die Ganztagsschulentwicklung in Deutschland*

Besonderheiten der US-amerikanischen Diskussion

Inwiefern sind die empirischen Arbeiten zu außerschulischen Aktivitäten in den USA brauchbar für die Diskussion zur Ganztagsschule hierzulande? Einige Besonderheiten der US-amerikanischen Diskussion erschweren den Bezug: So greifen viele Arbeiten die Merkmale der pädagogischen Qualität oder Zielgerichtetheit nicht auf (Radisch 2009, S. 65). Zudem wird meist nicht näher auf die spezifischen Charakteristiken der untersuchten Betreuungs- und Förderungsformen eingegangen. Eine Klassifikation der pädagogischen Angebote wäre laut Radisch aber notwendig, um die gefundenen Unterschiede und ihre Genese evaluieren zu können (ebd., S. 66). Wie sich zeigt, gibt es auch in einem Land wie den USA, das eine lange Tradition an ganztägigen Betreuungs- und Förderangeboten an Schulen aufweist, keine einheitliche Definition und Programmatik für außerschulische Aktivitäten. Die Ergebnisse amerikanischer Studien weisen darauf hin, »dass eine theoretisch fundierte und differenzierte Analyse von Effektivität und Wirkung ganztägiger Schulmodelle notwendig ist, um das komplexe Bedingungsgefüge adäquat berücksichtigen zu können« (Radisch 2009, S. 70). Nichtsdestotrotz können die vorliegenden Ergebnisse helfen, Anhaltspunkte für die Gestaltung von Ganztagsschulen in Deutschland zu finden, die auch die Heterogenität der Einzelschulen mit ihren spezifischen Voraussetzungen berücksichtigen.

Anregungen für die Diskussion in Deutschland

Insgesamt sind folgende Befunde interessant für die Diskussion in Deutschland:

- Extracurriculare Aktivitäten eröffnen erweiterte Gelegenheiten auch für peer-kulturelles Lernen.
- Dank extracurricularer Aktivitäten in der Schule können Kinder und Jugendliche ein verändertes Verhältnis zur Schule und zum

schulischen Lernen entwickeln. Die Identifikation mit schulisch erwarteten Zielen könnte dadurch erhöht werden.

- Weitere schulische Maßnahmen müssen extracurriculare Aktivitäten flankieren, um das Risikoverhalten von Schülerinnen und Schülern zu vermindern und die Wahrscheinlichkeit des Schulerfolgs zu erhöhen.

Sibylle Rahm/Kerstin Rabenstein

6 Kooperation an der Ganztagsschule

6.1 Zusammenarbeit als Voraussetzung einer ganztägigen Organisation von Schule

Die Ausweitung des Angebots in der Ganztagsschulentwicklung erfordert die Kooperation von Lehrkräften und weiterem pädagogischen Personal. Freizeitaktivitäten oder die Betreuung von Hausaufgaben gehören im Ganztagsbetrieb zu den Aufgaben nicht nur der Lehrkräfte, sondern auch der Sozialpädagogen, Jugendarbeiter und weiterer pädagogischer Mitarbeiter, etwa aus dem Kunst- oder Theaterbereich. Es bedarf einer Vielzahl von Absprachen unter den Beteiligten, um den erhöhten Ansprüchen, die sich aus der Verlängerung der Schulzeit ergeben, gerecht zu werden. Professionstheoretisch eröffnet sich hier eine Reihe von Forschungsfeldern, die etwa die Auswirkungen der verlängerten Präsenz der Lehrkräfte in der Schule, die Bereitschaft der Beteiligten, mit anderen Berufsgruppen zusammenzuarbeiten, oder die Folgen für das professionelle Selbstverständnis des pädagogischen Personals betreffen.

Öffnung der Schule und Betreuung

Kooperative Schulentwicklung ist in Schulreforminitiativen seit Ende des 19. Jahrhunderts belegt. Diese sind getragen von einer Gemeinschaftsidee und der Vorstellung einer Öffnung der Schule hin zum Leben (Rahm 2010a). In der aktuellen Diskussion dagegen dominieren Ansprüche an Schule im Sinne eines notwendigen Betreuungsangebotes für Kinder und Jugendliche (Abel u. a. 2012). Ein ganztägiges Betreuungsangebot erfordert den Einsatz von geeignetem pädagogischen Personal, das den Ganztag zusammen mit den Lehrkräften kooperativ gestaltet. Lehrkräfte und Betreuungspersonal müssen zu einem professionellen Miteinander finden. Dies hat Folgen für das berufliche Selbstverständnis der Beteiligten. In der Professionsforschung werden die Bedingungen multiprofessioneller Kooperation untersucht (Reh u. a. 2015).

6.2 Erwartungen und Entwicklungsperspektiven

Ganztagsschule als »bessere« Schule

Vor dem Hintergrund der durchschnittlichen Ergebnisse deutscher Schülerinnen und Schüler in internationalen Schulleistungsvergleichsstudien wird das ganztägige Bildungsangebot als eine mögliche Antwort auf die Herausforderungen gesellschaftlichen Wandels betrachtet. Demgemäß lastet auf der Ganztagsschule ein Bündel von Erwartungen: Als »bessere« Schule soll sie umfassende Bildungserfahrungen ermöglichen. Durch den Ausbau von Ganztagsschulen soll nicht nur eine hohe Qualität in der Betreuung von Kindern und Jugendlichen erreicht werden, sondern auch eine optimale individuelle Förderung der Lernenden (Reh u. a. 2015; vgl. Kapitel 2). Ganztagsschulen erweitern ihr Angebots- und Bildungsspektrum, indem sie mit Kooperationspartnern zusammenarbeiten: »Auf diesem Wege werden neue Kompetenzen und Methoden in die Schule geholt, die die Chance bieten, das primär unterrichtszentrierte Lernen zu erweitern und eine umfassendere Bildung von Kindern und Jugendlichen zu ermöglichen. Dabei kooperieren die Schulen mit einer Vielzahl von Akteuren« (Arnoldt/Züchner 2008, S. 633).

Kooperationspartner

In einer Befragung von Schulleitungen, die im Rahmen der Studie zur Entwicklung von Ganztagsschulen (StEG) durchgeführt wurde, hat man die wichtigsten Kooperationspartner der Schulen ermittelt. Sportvereine sind demnach in der Anzahl die bedeutendsten Partner der Schulen, im Umfang des Angebots und in der Intensität der Zusammenarbeit sind die verschiedenen Träger der Jugendhilfe dominant. Die Bedeutung der Partner variiert mit Schulart und Schulstufe (ebd., S. 634 f.). Mit dem Kooperationsbegriff verbinden sich zahlreiche Erwartungen an arbeitsteilige Orientierungen und Leistungen von Organisationsmitgliedern. Angenommen wird, dass Kooperation die Effektivität von Einrichtungen steigert, dass sie eine optimale Nutzung der Ressourcen der Mitglieder ermöglicht, die Qualität der Schülerleistungen erhöht und die Solidarität unter den Beteiligten entwickelt (Rakhkochkine 2008, S. 613).

Die Studie belegt, dass eine strukturelle Einbindung der Kooperationspartner jedoch nur bedingt realisiert wird. Auch gibt es in der Mehrzahl der Fälle kein gemeinsames pädagogisches Konzept. Eine Verschränkung der vielfältigen Freizeit- und Sportangebote mit dem Unterricht wird am ehesten an gebundenen Ganztagsschulen realisiert (Arnoldt/Züchner 2008, S. 642 f.). So lautet das Resümee: »Bilanziert man die verschiedenen Ergebnisse, so zeigt sich, dass sich im Prozess der Ganztagsschulentwicklung auch die Kooperationsbeziehungen noch in Entwicklung befinden, deren Strukturen und Inhalte häufig noch relativ offen und unverbunden mit Unterricht und Schule sind« (ebd., S. 643).

Was ist Kooperation?

Speck u. a. kritisieren die Diffusität des Kooperationsbegriffs, der zwischen den Begriffen Zusammenarbeit, Koordination, kooperatives Handeln oder Vernetzung oszilliert und gemeinsame Ziele und hohe pädagogische Erwartungen wie z. B. gemeinsame Zielerreichung oder Gleichberechtigung der Beteiligten unterstellt. Die normative Überhöhung sinnstiftender Kooperationsbeziehungen wird als empirisch unzureichend abgesichert und als zu wenig differenziert in Bezug auf verschiedene Akteursperspektiven verworfen. Unter Verzicht auf solche Idealisierungen kann unter Kooperation eine intentionale und längerfristige Zusammenarbeit von mindestens zwei Individuen beziehungsweise sozialen Institutionen zu einem Thema verstanden werden (Speck u. a. 2011b, S. 72 f.). Von dem Kooperationsbegriff lassen sich die Begriffe Koordination und Vernetzung unterscheiden. »Koordination« kann als besondere Form der Kooperation betrachtet werden, bei der es zu einer Abstimmung der Verfahrens- und Organisationsabläufe kommt. »Vernetzung« dagegen meint die Herausbildung und Aufrechterhaltung einer Struktur, die den Intentionen der Zusammenarbeitenden dient (Rakhkochkine 2008, S. 613).

Kooperation und Schulqualität

Albisser, Keller-Schneider und Wissinger widmen sich den Formen der Zusammenarbeit in Kollegien unter dem Anspruch von Professionalität. Sie setzen die Entwicklung kooperativer Beziehungen in einen Zusammenhang mit der Schulqualitätsentwicklung und -sicherung. Kooperation und Kollegialität werden als Bausteine einer Kompetenzentwicklung im Lehrberuf betrachtet. Dabei gehen die Verfasser davon aus, dass Kooperation nicht per se qualitativ gut ist und zu besserem Unterricht führt. Kooperation kann sowohl eine positive Erfahrung als auch eine Belastung für die Beteiligten bedeuten: »Kooperation vermag positive Erfahrungen zu ermöglichen, beispielsweise als gemeinsames Realisieren eines berufsbezogenen Ziels oder als Steigerung gemeinschaftlicher Verbundenheit. Kooperation kann aber auch negative Erfahrungen bedeuten, beispielsweise als Belastung durch Absprachen und Gruppenzwänge oder durch vorgegebene Anforderungen der Organisation« (Albisser/Keller-Schneider/Wissinger 2013, S. 16).

6.3 Kooperative Schulentwicklung

Im Schulentwicklungsdiskurs wird die Kooperation von Lehrkräften als Voraussetzung für eigenverantwortliche Qualitätsentwicklung betrachtet. Lehrerkooperation muss als Ausgangspunkt für Schul- und Unterrichtsentwicklung betrachtet werden (Bonsen/Hübner-Schwartz/Mitas 2013). Zusammenarbeit ist für schulische Qualitätsentwicklung auf den Ebenen der Organisation, des Unterrichts sowie in der Personalentwicklung entscheidend. Albisser, Keller-Schneider und Wissinger (2013) unterscheiden schulbezogene Kooperation (Mesoebene), unterrichtsbezogene Kooperation (Mikroebene) und Kooperation in asymmetrischen Beziehungen in der Schule:

- Auf der Mesoebene erfordert systematische Schulentwicklung die Zusammenarbeit in Jahrgangsteams oder Fachgruppen oder eine Kooperation in der Erstellung von Schulprogrammen.
- Die Mikroebene der Kooperation betrifft die Unterrichtsentwicklung, bei der gemeinsam Unterricht geplant, durchgeführt und evaluiert oder gemeinsam die Verantwortung für Projekte übernommen wird.
- Kooperation in asymmetrischen Beziehungen findet statt, wenn zum Beispiel Praktikanten oder Referendare mit Lehrpersonen auf der Basis eines hierarchischen Schulgefüges zusammenarbeiten.

Kooperation findet in der Schulentwicklung unter Mobilisierung der personalen Ressourcen im Kollegium statt. Die Akteure der Schulentwicklung können sich je nach individuellen Voraussetzungen in den Schulentwicklungsprozess einbringen und sich gegenseitig in ihrer kollektiven Professionalität stärken (Keller-Schneider/Albisser 2013, S. 52). Anspruchsvolle Formen kollektiver Zusammenarbeit steigern die Qualität unterrichtsbezogener Kommunikation: »Qualitätsentwicklung fordert Kooperation, in welcher in Kokonstruktion an der Optimierung der Schulkultur zu Gunsten des Lernens der Schüler/innen gearbeitet wird« (Keller-Schneider/Albisser 2013, S. 52).

Kooperation der Lehrkräfte

Kokonstruktive Kooperation kann gefördert, nicht jedoch angeordnet werden. Mit dem Kooperationsbegriff verknüpfen sich hohe Erwartungen an die Sozialkompetenz von Lehrkräften. Empirische Befunde belegen, dass Lehramtsstudierende sich im Vergleich zu den Studierenden anderer Studiengänge in ihrer Sozialkompetenz (Voraussetzung für kollegiale Kooperation) höher einschätzen (Rothland 2013). Zu hinterfragen sind Vorannahmen über den Lehrberuf, die das Autonomiebedürfnis von Lehrkräften als konstantes Kooperationshindernis betrachten. Demgegenüber scheinen die Arbeitsbedingungen von Lehrkräften eine entscheidende Rolle für die Entwicklung von Kooperationsbereitschaft in der Unterrichtsentwicklung zu spielen (Köker 2013, S. 164).

Präsenzpflicht

Empirische Untersuchungen zeigen, dass an Schulen, die Präsenzpflicht haben oder an denen die Lehrkräfte freiwillig länger anwesend sind, ein Teil der zusätzlichen Zeit für klasseninterne und klassenübergreifende Kooperation genutzt wird (Reh u. a. 2015). Jedoch ist die ausgedehnte Zeitstruktur kein Garant für die Entwicklung einer elaborierten Kooperationskultur.

Top-down oder Bottom-up?

In der Schulentwicklung wird erwartet, dass Lehrkräfte integrativ im Sinne eines Schulleitbildes kooperieren (Esslinger 2002). An die Stelle bürokratietheoretischer Bestimmungen von Schule (Top-down-Verfahren) treten Vorgaben im Sinne einer schuleigenen Profilbildung (Bottom-up-Prozess). Systematische Schulentwicklung ist demnach nur unter Aktivierung aller Ressourcen der Mitglieder der eigenverantwortlichen Schule zu erreichen (Rahm/Schröck 2007; Rahm 2010b). Die Governance-Forschung zeigt jedoch, dass die Akteure auf den verschiedenen Ebenen des Bildungssystems unterschiedliche Perspektiven gegenüber der Kooperationserwartung einnehmen (Heinrich 2007). Lehrkräfte mögen etwas anderes unter Kooperation verstehen als etwa die Schulleitung. In der Schulentwicklungsforschung sind deshalb die individuellen und kollektiven Ressourcen ebenso wie die Überzeugungen der schulischen Akteure zu rekonstruieren (Wissinger 2013).

Professionelle Lerngemeinschaften

Im Konzept der »Professional Learning Community« werden kooperative Zusammenhänge in der Schulqualitätsentwicklung akzentuiert. Für die Zusammenarbeit in einer professionellen Lerngemeinschaft ist die Fokussierung auf das Lernen der Schülerinnen und Schüler entscheidend. Unter typischen Aktivitäten einer kooperierenden Lehrperson versteht man (Bonsen u. a. 2013, S. 110):

- unterrichtsbezogene Kooperation (Planung, Durchführung und Analyse von Unterricht)
- gegenseitige Unterrichtsbesuche (Hospitationen)
- reflektierenden Dialog über Unterricht
- Mentoring (Begleitung neuer Lehrkräfte)

Balance aus Teamarbeit und individueller Freiheit

Zu untersuchen ist der Zusammenhang zwischen Teamarbeit und Autonomie der Lehrkräfte. Wenn Teamarbeit als Faktor der professionellen Entwicklung betrachtet wird, muss eine Balance von Zusammenarbeit und pädagogischer Freiheit gefunden werden:

> Kooperation fördert emotionale Unterstützung sowie die Generierung und Umsetzung neuer Ideen für den Unterricht. Pädagogische Freiheit und Autonomie schließt dies nicht aus: Damit Lehrkräfte effektiv kooperieren können, müssen sie manchmal alleine arbeiten und, um effektiv autonom arbeiten zu können, bedarf es zeitweiser Kooperation. Konkret bedeutet das, dass der Kooperation Phasen folgen, in denen die Lehrkräfte die gemeinsam erarbeiteten Konzepte, Ideen und Unterrichtsstunden autonom umsetzen. Ob und inwieweit Ideen oder Vorschläge aus den Kooperationsphasen im Unterricht umgesetzt werden, bleibt letztlich der einzelnen Lehrkraft überlassen (Bonsen u. a. 2013, S. 118).

Zufriedenheit der Lehrkräfte

Lehrkräfte an Ganztagsschulen zeigen sich mehrheitlich zufrieden mit den Optionen der Arbeit an dieser Schulform. So sehen sie die Chance zu einer Verbesserung des kollegialen Zusammenhalts, mehr Gestaltungsmöglichkeiten und Potenziale von Intervention und Prävention in schulischen Zusammenhängen (Reh u. a. 2015). Die Partizipation des Kollegiums an der Konzeptentwicklung und an schulischen Entscheidungsprozessen spielt eine wesentliche Rolle bei der Entwicklung einer Kooperationskultur.

Lehrkräfte und Erzieher

Zunehmend werden Fragen der Zuständigkeit unterschiedlicher Berufsgruppen an der Gestaltung des schulischen Ganztags untersucht. Im Kontext des Forschungsprojektes »Lernkultur und Unterrichtsentwicklung in Ganztagsschulen« (LUGS) konnten auf der Basis von Audioaufnahmen von 18 Teamsitzungen verschiedene Praxen der Zusammenarbeit von Lehrkräften und Erziehern rekonstruiert werden. In einem Beitrag von Breuer (2013b) wird am Beispiel einer Kooperation mit einer Lehrerin und zwei Erzieherinnen das Muster eines Aushandlungsprozesses über Ressourcenfragen dokumentiert. Das Fallbeispiel zeigt Herausforderungen interprofessioneller Kommunikation. Lehrerin und Erzieherinnen akzentuieren gegenseitig die Autonomie des anderen, ohne sich auf einen intensiven pädagogischen Austausch einzulassen. Dagegen geht es eher um das Aushandeln von Zuständigkeitsbereichen der Beteiligten, sodass es tendenziell zu einer Entdifferenzierung des fachlich-pädagogischen Dialogs kommt.

6.4 Entgrenzungsdiskurse

Zuständigkeiten der Disziplinen

In den Sozialwissenschaften wird vor dem Hintergrund von Theorien zum gesellschaftlichen Strukturwandel eine Entgrenzung von wissenschaftlichen Disziplinen diskutiert (vgl. Nerowski 2015, S. 11–65). Im Übergang von der ersten zur zweiten reflexiven Moderne, so Beck und Lau (2005), können Grenzziehungen zwischen Kategorien von Menschen, Tätigkeiten und Dingen nicht länger eindeutig vollzogen werden. Selbst Wissenschaft wird zu einem Ort der Uneindeutigkeit (Rahm 2011). Mit der Entgrenzung als Strukturprinzip lösen sich auch die Grenzen zwischen den Disziplinen auf. Zuständigkeiten in sozialwissenschaftlichen Problembereichen sind schwer zu bestimmen. Tätigkeitsfelder der Sozialpädagogik oder Schulpädagogik überlagern sich. Mit der Einführung der Ganztagsschule ergeben sich vor diesem Hintergrund eine Reihe von Fragen, die die Grenzen von Schule betreffen: Wo fängt Schule an? Wo endet der Jugend- und Freizeitbereich? Gehört das Mittagessen noch zu Schule?

Entscholarisierung der Schule und Scholarisierung der Freizeit

Fölling-Albers konstatiert im Zusammenhang mit der Entgrenzung des pädagogischen Feldes eine »Entscholarisierung von Schule« sowie eine »Scholarisierung von Freizeit« (Fölling-Albers 2000). Das heißt:

War die Schule bislang für die Vermittlung spezieller Inhalte (Lehrkanon) durch Lehrpersonen sowie für die Zertifizierung von Leistungen zuständig und folgte sie dabei einem festen Strukturschema, so hat sich nun ein grundlegender Wandel vollzogen. Offener Unterricht, Öffnung der Schule zum Stadtteil, Projektarbeit, eine neue Lernkultur und ein gewandeltes Professionsverständnis der Lehrerschaft führen zu einer Entscholarisierung von Schule. Auf der anderen Seite ist eine Scholarisierung der Freizeit zu beobachten. Nachhilfekurse, Musikhochschulen, Sportvereine oder Computerclubs weisen in ihrer Strukturiertheit eine Nähe zur Schule auf (ebd., S. 120 ff.). Vor dem skizzierten Hintergrund kann man den Ganztag als einen Prototyp für die Entgrenzung der Schule betrachten. Ganztagsschule ist eine komplexe Lern- und Bildungswelt, in der strukturell bedingt eine kontinuierliche Vermischung von Zuständigkeiten des pädagogischen Personals stattfindet. Ein gutes Beispiel dafür ist das gemeinsame Mittagessen, bei dem Schule und Nicht-Schule, Öffentliches und Familiäres, geregelte und offene Abläufe miteinander verschmelzen. Eine genaue Bestimmung von Zuständigkeiten der beteiligten pädagogischen Professionen ist kaum zu erreichen. Ehemals unhinterfragt geltende Grenzen lösen sich auf und können nur über Absprachen unter den Beteiligten in der jeweiligen Situation abgesteckt werden. Die Ganztagsschule hat einen umfassenden Bildungsanspruch und erfordert berufsgruppenübergreifende Zusammenarbeit: »Die zukünftigen Aufgaben von Bildung können nur mit veränderten Konzepten von Schule realisiert werden und stellen graduierte Anforderungen an die Entwicklung von Unterricht und Schulleben gleichermaßen und damit auch an die Verfügbarkeit schulpädagogischer und sozialpädagogischer Kompetenzen am Ort Schule« (Prüß/Kortas/Schöpa 2009b, S. 29 f.).

Schulpädagogik und Sozialpädagogik

In der Entgrenzungsdebatte werden die Voraussetzungen einer berufsgruppenübergreifenden Zusammenarbeit diskutiert. Dabei geraten die differenten Orientierungen von Schulpädagogik einerseits und Sozialpädagogik andererseits in den Fokus. In der Schulpädagogik stellt die formelle schulische Bildung ein Leitthema dar. In der Sozialpädagogik werden dagegen lebensweltliche Settings und nichtformelle Bildungsprozesse in den Blick genommen. Hier geht es vorrangig um soziale Bedingungen von Bildung, um Lebenskompetenz und Mitverantwortung in der Gesellschaft. Die Voraussetzungen für Bildungsprozesse werden reflektiert (Böhnisch u. a. 2005; Rahm 2011). Die Bildungsdiskurse der Schulpädagogik und der Sozialpädagogik ergänzen sich. Gleichzeitig muss Grenzpolitik betrieben werden (Beck u. a. 2004): Hier ist die Schulpädagogik, dort die Sozialpädagogik zuständig. Die Ganztagsschule erfordert damit einen kontinuierlichen disziplinübergreifenden Fachdiskurs. Reflexive Kooperationsmodelle, in denen je nach Situation und Expertise jeweils neu entschieden werden muss, fordern zu einem kontinuierlichen Dialog auf, um das Ganztagsangebot gemeinsam zu verbessern (Rahm 2011, S. 24 f.).

6.5 Forschungsbefunde zur berufsgruppenübergreifenden Kooperation

Voraussetzungen gelingender Kooperation

Deinet benennt auf der Basis von Ergebnissen des Modellprojektes »TriaLog«, das eine Verbesserung der Kooperation von Jugendhilfe und Schule insbesondere bei den Themen Elternarbeit und frühe Schulmüdigkeit anstrebt, die Grundlagen für einen gelingenden Start von Kooperationsprojekten (Deinet 2011). Wichtig für den Erfolg einer Initiative ist die Nutzung strukturell verankerter Kontakte zwischen Schule und Jugendhilfeträger. Erprobte Kommunikationswege und gemeinsame Erfahrungen können Entwicklungen begünstigen. Des Weiteren ist eine gemeinsame Bedarfsermittlung als Grundlage für Vereinbarungen relevant (ebd., S. 31 f.). Projekterfahrungen verweisen auf die Nützlichkeit, Sozialpädagoginnen und Sozialpädagogen sowohl in den Unterricht (Kernzeiten) als auch in den Schulalltag einzubeziehen. Von Nutzen sind ferner die Einführung sozialpädagogischer Methoden wie etwa die Fallbesprechung sowie Flexibilität in Bezug auf Ziele und Themen der Entwicklungsarbeit (ebd., S. 32 ff.). Zur Verstetigung der Kooperation empfiehlt sich die Einplanung von Zeitressourcen ebenso wie eine klare konzeptuelle Positionierung der Jugendhilfe, die Bildung von Tandems zwischen Sozialpädagogen und Lehrkräften, die Einbindung der Fachkräfte in Teams der Jugendhilfe sowie die Kommunikation von Projekterfahrungen an weiteren Schulen (ebd., S. 36 ff.).

> Mit einer stärkeren Kooperation zwischen Jugendhilfe und Schule wird Schule auch mehr als bisher zu einem Ort sozialpädagogischen Handelns, d. h. Schule wird auf der Grundlage eines breiten Bildungsbegriffs als Lebensort thematisiert, sodass die Kooperation zwischen Jugendhilfe und Schule auch die Öffnung von Schule unterstützt. (Deinet 2011, S. 43)

Die Studie zur Entwicklung von Ganztagsschulen (StEG)

Auch in der Studie zur Entwicklung von Ganztagsschulen (StEG) konnten Befunde zur Voraussetzung und Wirkung berufsgruppenübergreifender Kooperation in Ganztagsinitiativen gewonnen werden. StEG unternimmt die wissenschaftliche Begleitung des »Investitionsprogramms Zukunft Bildung und Betreuung« (IZBB). Dabei handelt es sich um ein länderübergreifendes Forschungsprojekt, das in drei Erhebungswellen (2005, 2007 und 2009) Befragungen von Lehrkräften, Schulleitungen,

Schülerinnen und Schülern, Eltern und außerschulischen Kooperationspartnern durchführt. Im Rahmen des Ausbauprogramms wurden 45 Einzelprojekte zum Thema Ganztagsschule im BMBF-Forschungsnetzwerk Ganztagsschule zusammengeschlossen. Diese beziehen sich auf die Lern- und Unterrichtskultur, auf die Professionalisierung der Lehrkräfte, auf das Verhältnis von Familie und Ganztagsschule, auf die Rolle der Ganztagsschulen in der regionalen Bildungsplanung sowie auf kulturelle Bildung, Sport und Bewegung (Züchner/Fischer 2011, S. 10 f.).

Input, Prozess und Output

StEG orientiert sich an einem Konstrukt, in dem zwischen (1) Kontext und Inputebene, (2) Prozessebene sowie (3) Wirkungsebene (Output) unterschieden wird (Fischer u. a. 2011). Ausgegangen wird vom Input schulischer Rahmenbedingungen, von externen Kontexten (Kooperationspartnern), individuellen und familiären Kontexten (1). Die Schulentwicklungsarbeit wird auf der Prozessebene nach Angebot-Nutzungs-Aspekten (Angebot: Prozessmerkmale der Ganztagsangebote und des Unterrichts, Schulqualität; Nutzung: Unterricht und Angebote) analysiert (2). Auf der Output-Ebene sind Studien angesiedelt, die die fachübergreifenden (erzieherischen) Wirkungen sowie die Wirkungen auf den Schulerfolg erheben (3). Auch wenn der Gliederungs- und Orientierungsrahmen von StEG nicht den Anspruch erhebt, Wirkungszusammenhänge zu spezifizieren, werden doch Schulentwicklungsprozesse des Ganztags in der Rahmung von Kontext und Input, Prozess und Wirkung/Output erforscht (Fischer u. a. 2011, S. 23 f.). StEG stellt eine mehrperspektivische Untersuchung dar. Berücksichtigt werden unterschiedliche Ebenen und Personengruppen: die Schulebene, die Schülerinnen und Schüler, die Eltern, die Schulleitungen, die Lehrkräfte und das weitere pädagogisch tätige Personal sowie die Kooperationspartner der Ganztagsschule (Furthmüller u. a. 2011, S. 32). Die Mehrebenen-Untersuchung trägt der Tatsache Rechnung, dass Ganztagsschule ein von verschiedenen Akteuren im System entwickeltes Projekt darstellt.

Heterogenität des Ganztagspersonals

Die Zusammensetzung des (pädagogischen) Personals an Schulen sowie die Aufgaben, denen sich Lehrkräfte in Zusammenarbeit mit Angehörigen anderer Berufsgruppen zuwenden bzw. stellen müssen, sind seit einiger Zeit im Wandel. Forschungsbefunde weisen darauf hin, dass an Ganztagsschulen eine Vielzahl von Personen unterschiedlichster beruflicher Herkunft arbeitet. Entsprechend divers sind ihre Qualifikationen, ihre Erfahrungen, ihre Zeitbudgets sowie ihre Tätigkeitsmerkmale. So arbeiten an Ganztagsschulen Personen mit unterschiedlichen Erfahrungshintergründen. Sie üben ihre Tätigkeiten hauptberuflich, im Nebenamt oder ehrenamtlich aus. Neben Personen mit abgeschlossenem Studium gibt es solche ohne akademische Ausbildung. Nicht alle Beschäftigten haben eine pädagogische Ausbildung (Tillmann/Rollett 2011, S. 29).

Daraus ergeben sich Herausforderungen für die multiprofessionelle Zusammenarbeit. Heterogene Arbeitskulturen treffen aufeinander. Die langjährige und anspruchsvolle Ausbildung von Lehrkräften kontrastiert mit den heterogenen Erfahrungs- und Ausbildungshintergründen des weiteren Personals an Ganztagsschulen. Einerseits werden Angebote beteiligter Berufsgruppen jeweils als Bereicherung und Entlastung empfunden. Andererseits bestehen Kooperationsprobleme, die zum Beispiel in der mangelnden Einbeziehung der Lehrkräfte in die Konzeptentwicklung, in Zeitproblemen oder mangelnden Absprachen untereinander liegen können (Speck u. a. 2011a, S. 12). Dabei muss gerade der konzeptuelle Zusammenhang von Ganztagsangeboten und Unterricht als Leitorientierung der Ganztagsschulentwicklung betrachtet werden (Tillmann/Rollett 2011, S. 29). Von daher ergibt sich begründet die Frage nach den Besonderheiten und Gelingensbedingungen pädagogischer Arbeit an Ganztagsschulen.

Partizipation und Kooperation

Innerschulisch werden positive Effekte der Kooperation unter Lehrkräften erwartet und auch immer wieder empirisch belegt. Darüber hinaus ist die Relevanz der Partizipation von Schülerinnen und Schülern sowie Eltern und Lehrkräften bekannt. Mitentscheidungsmöglichkeiten bestimmen darüber, ob in Kooperation investiert wird (ebd., S. 32). StEG zeigt, dass sich an den untersuchten Grundschulen zwischen 2005 und 2007 die Partizipation verstärkt und die Bewertung der multiprofessionellen Kooperation verbessert hat (ebd., S. 43). Schulstrukturen, die eine Partizipation des weiteren pädagogischen Personals bei der Planung und Entwicklung des Schullebens begünstigen, schaffen vermehrt Anlässe zur Kooperation. Andererseits fördert die vorhandene berufsübergreifende Praxis die strukturelle Einbindung des pädagogisch tätigen Personals. Die Intensität der multiprofessionellen Kooperation und die Partizipation des weiteren pädagogischen Personals an schulischen Entwicklungsprozessen stützen sich – so scheint es – gegenseitig (ebd.).

Erwartet wird von Kooperationsprozessen in Schulen also vieles, das Wissen über sie ist hingegen eher gering. Meistens werden die Sichtweisen der Beteiligten auf die Kooperationsprozesse untersucht, seltener – bzw. erst in jüngster Zeit – die Kooperationsprozesse selbst. Die Ergebnisse von zwei aktuellen Studien zu berufsgruppenübergreifender Kooperation wollen wir infolgedessen hier vorstellen: eine qualitative Interviewstudie zur Kooperation von Sozialpädagogen und Lehrkräften (Speck/Olk/Stimpel 2011) und eine qualitative Studie zu den Sitzungen von Lehrerinnen-Erzieherinnen-Teams an Grundschulen (Breuer 2013a, b).

Studie »Professionelle Kooperation von unterschiedlichen Berufskulturen an Ganztagsschulen«

Im Forschungsprojekt »Professionelle Kooperation von unterschiedlichen Berufskulturen an Ganztagsschulen« (ProKoop) wurde die Zusammenarbeit von Ganztagsschulen mit inner- und außerschulischen Partnern rekonstruiert (Speck/Olk/Stimpel 2011). Dabei wurden Vorstellungen und Erwartungen der Akteure, Merkmale der Kooperationspraxis, Auswirkungen der ganztagsspezifischen Anforderungen auf das berufliche Selbstverständnis und das Handeln der Akteure sowie Kooperationserfolge erfragt. In der Studie wurden aus 15 Schulfallanalysen Typisierungen von unterschiedlichen Kooperationskulturen erstellt:

- Typ 1 meint das Muster der Koexistenz schulischer und außerschulischer Berufskulturen. Hier findet keine Kooperation statt, sondern ein Nebeneinander der unterschiedlichen Arbeitsbereiche. Zumeist kommt es zu einer Trennung in vormittäglichen Unterricht und nachmittägliches Betreuungs- und Bildungsangebot. Schulen dieses Typs befinden sich zumeist im Anfangsstadium ihrer Ganztagsschulentwicklung.
- Typ 2 charakterisiert den Aufbau einer innerschulischen Kooperationskultur. Hier wird ein enger Austausch zwischen Lehrkräften und innerschulischen Akteuren wie etwa den Schulsozialarbeitern und weiterem pädagogischen Personal gepflegt. Es gibt eine klare Akzentsetzung bei schulischen Belangen. Außerschulische Kooperationspartnerschaften existieren nur punktuell. Schulen des Typs 2 sind zumeist in einem fortgeschrittenen Entwicklungsstadium des Ganztagsbetriebs.
- Typ 3 zeichnet sich aus durch den Aufbau einer bereichsspezifischen Kooperationskultur. Hier bestehen langjährige Kooperationsbeziehungen zu außerschulischen Partnern, zum Beispiel zu Wirtschaftsunternehmen der Region. Die Zusammenarbeit ist thematisch begrenzt und meist vertraglich abgesichert (ebd., S. 78 f.).

Wie gelingt Kooperation?

Gelingensbedingungen der berufsgruppenübergreifenden Kooperation an Ganztagsschulen lassen sich aus den Befunden des Projekts ableiten. Offenbar spielen eine konzeptuelle Verankerung der Kooperationsvorhaben im Schulprogramm, die strukturelle Verankerung in der Schule (zeitliche, personelle, fachliche, materielle Ressourcen sowie Absicherung durch Gremien, Ansprechpartner, Vereinbarungen) und die Bereitschaft der Akteure, sich auf die Kooperationspartner einzulassen (Kennenlernen, gemeinsame Fort- und Weiterbildung, Austausch, Wissen um den anderen), eine Rolle. Darüber hinaus sind der Aufbau kontinuierlicher Kooperationsbeziehungen (Kommunikation über die gewonnenen Erfahrungen, Akzeptanz und Wertschätzung des Partners) sowie die systematische Definition von Schnittstellen für die Verknüpfung formalen, non-formalen und informellen Lernens (Verknüpfung von Unterricht und Angeboten zum sozialen Kompetenzerwerb, Freizeitgestaltung, Entspannung etc.) von Bedeutung. Dies kann beispielsweise durch Abschaffung des 45-Minuten-Stundentaktes im Unterricht und durch eine Orientierung an (außerschulischen) Projekten erfolgen (ebd., S. 79 ff.).

Studie »Kooperation als Differenzierung von Zuständigkeiten«

In der Studie »Kooperation als Differenzierung von Zuständigkeiten« (Breuer 2013a) wird der Wandel der Zusammenarbeit von Lehrkräften mit Angehörigen anderer Berufsgruppen exemplarisch an sich bildenden Lehrerinnen-Erzieherinnen-Teams an Ganztagsschulen, insbesondere solchen in gebundener Form, beobachtet. Es sind solche Teams ausgewählt worden, die gemeinsam die Verantwortung für eine Klasse oder Lerngruppe übernehmen. Kooperation von Lehrkräften und Erzieherinnen ist im Fall der Ganztagsschulen aufgrund der veränderten Organisationsstruktur nicht mehr der Freiwilligkeit besonders engagierter Personen überlassen, sondern als neue »Notwendigkeit« (Breuer 2013a, S. 8) zu verstehen. Lehrkräfte und Erzieherinnen *müssen* kooperieren, da sie gemeinsam für den Unterricht in ihrer Klasse bzw. Lerngruppe zuständig sind. Die Studie untersucht das Verhältnis, in das sich Lehrkräfte und Erzieherinnen in solchen Teamgesprächen zueinander setzen. Dabei geht sie von der Annahme aus, dass sich in den Teams Zuständigkeiten für unterschiedliche (pädagogische) Aufgaben ausdifferenzieren. Damit nimmt Breuer eine »distanzierte Perspektive« gegenüber dem vorherrschenden normativen Diskurs in der Schulentwicklung ein (Breuer 2013a, S. 9). Dem in der Schulentwicklungsdiskussion gängigen Postulat, Kooperation trage zur Lösung einer Reihe von Problemen der Schulentwicklung bei, folgt Breuer nicht. Sie verortet Kooperation auf der Ebene der Organisation von Schule; das bedeutet auch, dass sie Kooperationen nicht auf der Ebene der Profession erwartet, da pädagogische Fragen, die den Umgang mit Kindern betreffen, aufgrund der Nicht-Teilbarkeit pädagogischer Verantwortung einem systemtheoretischen Verständnis von Schule nach nicht Gegenstand von Kooperationsprozessen sein können.

Drei Muster der Verteilung von Zuständigkeiten

Breuer macht drei Muster aus, wie in Lehrerinnen-Erzieherinnen-Teams Aufgaben und Zuständigkeiten ausgehandelt und verteilt werden:

- Mit Muster A wird eine Struktur von Kooperation beschrieben, die entlang der Unterscheidung von Hauptzuständigkeit und Zuarbeit verläuft. Die Lehrerinnen dieser Teams sehen ihre Rolle im hauptverantwortlichen Management des gemeinsamen Lehr-Lernangebots, für das ein Delegieren von Aufgaben notwendig ist, um selbst den Überblick bewahren zu können. Beispielweise weisen Lehrkräfte Erzieherinnen die Übernahme von Teilaufgaben zu, die in den Bereich der Lehrtätigkeit fallen; dies geschieht beispielsweise durch die Abgabe der Dokumentation von Schülerleistungen, der Kontrolle vergleichsweise einfacher Aufgabenbearbeitungen der Schülerinnen und Schüler oder separat anzubietender Teilangebote innerhalb größerer Unterrichtsprojekte. Die Erzieherinnen schreiben Lehrpersonen die Autorität der Aufgabenzuweisung zu, reklamieren diese nicht für sich und bestätigen damit die eigene Position der Zuarbeiterin.

- Mit Muster B bezeichnet Breuer eine Struktur von Kooperation, die entlang der Entdifferenzierung von Zuständigkeiten verläuft. In diesen Fällen unterscheiden sich die Teammitglieder kaum in der Autorisierung von Aufgaben im Lehr-Lernangebot. Sie sprechen sich vielmehr wechselseitig die gleichen Fähigkeiten zu, sie sehen sich gegenseitig als gleichberechtigt in der Übernahme von anfallenden Tätigkeiten an. Die Lösung von Problemen wird gleichermaßen als Aufgabe von Lehrkräften und Erzieherinnen betrachtet und auch von beiden explizit eingefordert.
- Mit Muster C wird eine Kooperation beschrieben, die entlang fachbezogener, also domänenspezifischer Kompetenzen verläuft. Während die Lehrerinnen das Wochenplanangebot hauptverantwortlich durchführen und die Aufgaben dafür entwickeln und festlegen, konzentrieren sich die Tätigkeiten der Erzieherinnen auf die Unterstützung der Schülerinnen und Schüler sowie auf die Planung und Durchführung eigener, parallel stattfindender Angebote mit Kleingruppen oder in Form von Einzelförderung. Lehrerinnen autorisieren Erzieherinnen in einer sozialpädagogischen Expertise, Erzieherinnen selbst sehen sich dazu ebenfalls befähigt.

Autonomie innerhalb der Kooperation

Diese unterschiedliche Verteilung von Zuständigkeiten kann laut Breuer (2013a) dazu dienen, autonome Gestaltungsmöglichkeiten von Lehrerinnen und Erzieherinnen auch in Kooperationen aufrechtzuerhalten. Breuers These läuft insofern nicht darauf hinaus, dass Kooperation immer zum Gelingen pädagogischer Praxis beiträgt. Sie zielt vielmehr darauf, dass mit Kooperation auf neue Anforderungen in pädagogischen Berufen reagiert wird und es nun – auch unter Berücksichtigung der unterschiedlichen Zuständigkeiten der Professionen – um ihre Gestaltung geht.

6.6 Kooperationen in lokalen Bildungslandschaften

Zum Bildungsverständnis lokaler Bildungslandschaften

Austausch und Abstimmung sind Leitorientierungen, die in der Bildungspolitik nicht nur die Kooperation zwischen schulinternen und schulexternen Akteuren beschreiben, sondern die auf die lokale Vernetzung aller Bildungsinstitutionen abzielen. Der Leitformel »Lokale Bildungslandschaften« liegt ein breites, institutionenübergreifendes Bildungsverständnis zugrunde. Dieses impliziert Dimensionen formaler, non-formaler und informeller Bildung, eine interinstitutionelle Vernetzung, die Akzentuierung der Schulautonomie sowie die Vorstellung einer Aushandlungs- und Partizipationskultur, die alle beteiligten Bildungsakteure umfasst (local governance) (Stolz 2011, S. 44 f.). Die Ganztagsschule lässt sich, so Stolz, innerhalb dieses Spektrums eines breitgefächerten Bildungsszenarios in der Region verankern. Stolz diagnostiziert Strukturdefizite in den kommunalen Bildungslandschaften, die jedoch durch eine interinstitutionelle Kooperationskultur ausgeglichen werden können (ebd., S. 46). Beim Ausbau regionaler Bildungslandschaften mangelt es an Verbindungen und Übergängen von Ganztagsschulen zur lokal vernetzten Ganztagsbildung:

> Zwar nutzen z. B. Ganztagsschulen solche (außerschulischen, d. Verf.) Lernorte in großer Zahl, die lokale Vernetzung bringt hierbei aber keinen koordinativen Mehrwert und die vorhandenen Bildungsbüros übernehmen nur selten entsprechende Aufgaben. Aus Forschungssicht bleiben hier eindeutig Potenziale ungenutzt, etwa im Hinblick auf die logistische Erschließung außerschulischer Lernorte, die wechselseitige Öffnung von Bildungseinrichtungen, Schnuppertage etc. oder auch bezüglich einer sozialraumorientierten, lebensnahen Projektgestaltung innerhalb und außerhalb des schulischen Ganztags. (ebd., S. 50)

Zentrierung auf Schule

Die Leitformel »Lokale Bildungslandschaften« kann als Strategie zum Abbau struktureller Bildungsbenachteiligung verstanden werden. Begleitforschungen des Deutschen Jugendinstituts im Projekt »Lokale Bildungslandschaften in Kooperation von Ganztagsschule und Jugendhilfe« haben gezeigt, dass sich das Bildungsverständnis der Akteure in Bildungsregionen durch eine starke Schulzentrierung auszeichnet (Bradna/Stolz 2011). Bradna und Stolz ziehen eine skeptische Bilanz in Bezug auf die Entwicklung eines angemessenen integrativen Professionsverständnisses der beteiligten Akteure:

> Kollegiale Zusammenarbeit ist Lehrkräften eher fremd. Dass es jahrgangs- oder fachübergreifende Teamarbeit gibt oder dass regelmäßige gegenseitige Unterrichtshospitationen durchgeführt würden, ist keine gängige Praxis. Dementsprechend wird sehr stark betont, dass die universitäre Ausbildung nicht ausreichend sei und Lehrkräfte darüber hinaus der Qualifizierung bedürften. […] Zwar muss

> sich auch Jugendhilfe neuen Herausforderungen stellen, diese sind jedoch anders gelagert und verunsichern die Akteure im Hinblick auf ihr professionelles Selbstverständnis nicht in dieser Tiefe und Intensität. Ihre traditionellen professionellen Ansätze und Arbeitsweisen (Ganzheitlicher Ansatz, Teamarbeit etc.) erfahren im Grunde eine Bestätigung und Aufwertung im Rahmen der Zusammenarbeit in Ganztagsschule und Bildungslandschaft. (Bradna/Stolz 2011, S. 150)

Unterschiedliche Einschätzungen zur Kooperationspraxis

Aus den Forschungsbefunden wird deutlich, dass sich schulpädagogische und sozialpädagogische Einschätzungen multiprofessioneller Zusammenarbeit unterscheiden. Reh u. a. (2015) fassen die Ergebnisse empirischer erziehungswissenschaftlicher Forschung zur Lehrerkooperation wie folgt zusammen:

> Zusammenfassend lässt sich sagen, dass Kooperation in den empirischen Studien zur Ganztagsschulentwicklung als unumgängliche Notwendigkeit, als Voraussetzung und Folge der Entwicklung einer Schule zur Ganztagsschule gesehen wird. Widerstände in den Kollegien sowie Schwierigkeiten – auch multiprofessioneller Kooperation – werden zwar am Rande thematisiert [...], letztlich jedoch für überwindbar, Kooperation für die Entwicklung einer Schule und für eine damit stets in Verbindung gesetzte Verbesserung ihrer Qualität für unhintergehbar gehalten. (Reh u. a. 2015)

Bradna und Stolz dagegen notieren vor dem Hintergrund der Forschungsergebnisse des Projekts am Deutschen Jugendinstitut:

> Dass Jugendhilfe von Schule häufig als Dienstleister gesehen wird, wird vonseiten der Jugendhilfe durchweg problematisiert. In allen Regionen wird von massiven Konflikten aufgrund professioneller Abgrenzung berichtet: Lehrkräfte akzeptieren Ratschläge von sozialpädagogischer Seite nicht, es kommt auch zu Konflikten zwischen sozialpädagogischen Fachkräften und Schulleitungen. Die beiderseitige Versicherung, miteinander gern kooperieren zu wollen, steht im Widerspruch zu gegenseitigen Schuldzuweisungen, wenn es um die konkrete Umsetzung geht. Konflikte lassen sich nicht klären, sondern müssen entschieden werden. Aus mehreren Regionen wird berichtet, dass Konflikte häufig über die nächsthöhere Hierarchieebene (Schulaufsicht und Jugendamtsleitung) geregelt werden und gelegentlich bis auf die Ebene der kommunalen Spitze (Magistrats- oder Ratsmitglieder) und der Leitung des staatlichen Schulamtes weitergetragen werden. (Bradna/Stolz 2011, S. 150 f.

Arbeitsaufträge zum Nachbereiten

Einleitung

Befragen Sie sich und andere: Was erwarten Sie von einer Ganztagsschule? Diskutieren Sie mit Ihren Kommilitonen!

Überlegen Sie, welche Ideen der Reformpädagogik aus Ihrer Sicht heute noch bereichernd wirken können! An welchen Stellen ist demgegenüber eine deutliche Abgrenzung zu historischen Vorläufermodellen notwendig? Begründen Sie Ihre Auffassung!

Formulieren Sie – ausgehend von eigenen Beobachtungen bei Hospitationen an Ganztagsschulen – Forschungsfragen, denen am besten interdisziplinär nachgegangen werden könnte!

1. Der Begriff Ganztagsschule und seine Differenzierungen

Diskutieren Sie den Befund auf Seite 19 (Anteil der Ganztagsschulen an allen Schulen sowie der Ganztagsschüler an allen Schülerinnen und Schülern in den einzelnen Bundesländern)! Woran könnte es liegen, dass das Angebot in den Bundesländern so unterschiedlich wahrgenommen wird?

Recherchieren Sie in den Statistiken der Kultusministerkonferenz, wie sich der Ausbau *Ihrer* Schulform zur Ganztagsschule in dem Bundesland, in dem Ihre Hochschule liegt, entwickelt hat! Wie verlief der Ausbau im Vergleich zum bundesdeutschen Durchschnitt? (www.kmk.org/statistik/schule/statistische-veroeffentlichungen/allgemein-bildende-schulen-in-ganztagsform.html)

Diskutieren Sie die den Ganztagsschulbegriff des Ganztagsschulverbandes. Halten Sie die Qualitätskriterien für sinnvoll? Mit welchen konkreten Maßnahmen können die geforderten Kriterien umgesetzt werden?

Versuchen Sie eine Argumentation zu entfalten, zu welchen positiven und erwünschten Zielen die Rhythmisierung des Schultages beitragen kann. Sind mit der Rhythmisierung auch Nachteile verbunden?

Sie kennen sicher die eine oder andere Ganztagsschule aus Ihrer Schulzeit oder aus Praktika. Welchem der vier Typen (vgl. S. 29) würden Sie diese Schule zuordnen? Begründen Sie Ihre Wahl!

Übernehmen Sie die Präzisierung der Begriffe Unterrichtsschule und Tagesheimschule! Diskutieren Sie mögliche Unterscheidungen von einer Schule, die sich am »Leben« orientiert, und einer Schule, die sich an »Bildung« orientiert. Ist es möglich, Leben und Bildung so zu definieren, dass kein Überschneidungsbereich entsteht?

2. Erwartungen an Ganztagsschulen

Diskutieren Sie: Welche Gründe könnten eine Schule bei der Entwicklung eines Ganztagsprogrammes dazu bewegen,

- dieses vor allem auf die Steigerung der formellen Bildung der Schülerinnen und Schüler auszurichten?
- dieses vor allem auf die Steigerung der nichtformellen Bildung der Schülerinnen und Schüler auszurichten?
- dieses vor allem auf die Erhöhung des Wohlbefindens der Schülerinnen und Schüler auszurichten?
- dieses vor allem auf die bessere Vereinbarkeit von Familie und Beruf in Hinblick auf die Eltern der Schülerinnen und Schüler auszurichten?

Welche Gründe sprechen jeweils dagegen?

Beziehen Sie Position!

3. Zur (reformpädagogischen) Geschichte der Ganztagsschule

Was macht das Faszinosum »Reformpädagogik« heute noch aus? Brauchen wir nach wie vor eine rhetorische Überhöhung gesellschaftlich begründeter Schulreformen? Bedarf es historischer Vorbilder, um den Ganztag in Deutschland einzuführen? Diskutieren Sie!

Überlegen Sie, warum im pädagogischen Ganztagsdiskurs trotz aller Kritik auf Konzepte der Reformpädagogik zurückgegriffen wird. Wie erklären Sie sich das? Inwiefern können von diesen Konzepten Impulse für die Entwicklung heutiger Ganztagsschulen ausgehen? Formulieren Sie einen Vorschlag, wie man sich bei der Entwicklung gegenwärtiger Ganztagskonzepte auf reformpädagogische Konzepte beziehen könnte bzw. sollte!

4. Förderangebote und Hausaufgaben an der Ganztagsschule

Programme und Konzepte werden in diesem Kapitel auch als Hoffnungen und Erwartungen gelesen, die mit der Ganztagsschule verknüpft werden. Demnach haben Programme und Konzepte ihre eigene Logik, in der sie »Wahrheiten« erzeugen. Um diese Logik herausarbeiten zu können, wird vorgeschlagen, sich bei der Analyse einzelner Programme bzw. Konzepte an folgenden Fragen zu orientieren:

- Welche Vorstellungen guter Schulen, guten Unterrichts und guter Lehrkräfte liegen den Programmen und Konzepten zugrunde?
- Wie werden diese Vorstellungen plausibel gemacht, und wie glaubwürdig sind ihre Realisierungschancen?
- Wie gewinnen immer wieder auftauchende Hoffnungen im Diskurs an Überzeugungskraft?
- Wie werden die Vorstellungen gegenüber alternativen Konzepten von Schule und Unterricht dargestellt?
- Welche Fragen werden nicht gestellt? Welche blinden Flecken weisen Programme und Konzepte auf, worüber geben sie keine Auskunft?
- Welche Vorstellungen, wie Schule und Unterricht sein sollen und sein können, werden auf diese Weise im Diskurs verbreitet?

Der Förderanspruch an Ganztagsschulen wurde von Anfang an in den bildungspolitischen Rahmenkonzepten der Länder unterstrichen und in schulischen Rechtsnormen als verpflichtend verankert. In Berlin werden offene Ganztagsgrundschulen als »verlässliche Halbtagsgrundschulen mit ergänzender Förderung und Betreuung« (Senatsverwaltung für Bildung, Wissenschaft und Forschung 2010, § 26) definiert. Für die gebundene Ganztagsschule sind ergänzende Förder- und Betreuungsangebote an allen Wochentagen verpflichtend (vgl. Senatsverwaltung für Bildung, Wissenschaft und Forschung 2010, § 27). Recherchieren Sie im Internet, welche gesetzlichen Rahmenbedingungen von Ganztagsschulen (z. B. Schulgesetze der Bundesländer) für Ihr Bundesland gelten! Suchen Sie insbesondere die Paragraphen heraus, in denen der spezifische Förderauftrag der Ganztagsschule beschrieben wird.

Recherchieren Sie im Internet nach unterschiedlichen Zeitmodellen gebundener und offener Ganztagsschulen, wie sie z. B. in Schulprogrammen dokumentiert und beschrieben werden! Diskutieren Sie, welches Zeitmodell welche Möglichkeiten zur Veränderung der Unterrichtsformen mit sich bringt!

In Abschnitt 4.2 »Angebotsvielfalt, Angebotsentwicklung und Rhythmisierung« (S. 98 ff.) werden erste Anhaltspunkte für eine aus Schüler- und Lehrersicht sinnvolle zeitliche Strukturierung des Ganztags skizziert. Was die Zeitwahrnehmung, Zeitnutzung und Zeitgestaltung betrifft, ist die empirische Schulforschung noch am Anfang. In einem Forschungsprojekt könnten Schüler/innen und Lehrkräfte mit offenen Interviews gefragt werden, wie sie die Zeit in der Schule wahrnehmen, wie und wo sie die Zeit verbringen und gestalten und welche Wünsche und Bedürfnissen noch offen sind. Dabei kann auch die Frage nach den jeweiligen Bedingungen bezogen auf Personal, Räume und Ressourcen in den Blick kommen, die für die Entwicklung des pädagogischen Profils einer Ganztagsschule eine zentrale Rolle spielt.

Arbeiten Sie die gesetzlich festgelegten Eckpunkte des Umgangs mit Hausaufgaben in der Schule (S. 104) heraus und überlegen Sie, welche pädagogisch relevanten Fragen offengelassen werden, die der Gestaltung der Lehrkraft obliegen!

Über den Sinn und Zweck von Hausaufgaben wird seit jeher gestritten. In der Ganztagsschule werden sie als nicht mehr angemessen angesehen, in vielen Fällen aber trotzdem nicht abgeschafft. Was spricht für die Abschaffung von Hausaufgaben, was spricht dagegen? Arbeiten Sie die Pro- und Kontra-Argumente für Hausaufgaben in der Ganztagsschule anhand folgender Textabschnitte heraus! Prüfen Sie diese und suchen Sie nach weiteren Argumenten!

»Hausaufgaben sind ein wichtiger Teil der insgesamt zur Verfügung stehenden Lernzeit. Es gibt viele Lerntätigkeiten, wie das Einprägen von Vokabeln (…), die ohne Aufsicht und Hilfestellung von Lehrern erledigt werden können. (…) Der Einfluss auf die Leistung aber ist nicht das wichtigste Argument; es gibt andere pädagogische Argumente. Hausaufgaben können Anreiz und Gelegenheit zum selbstständigen Arbeiten sein (…). Unverzichtbar ist das Wahrnehmen und Würdigen der Bemühungen von den Schülerinnen und Schülern (…).« (Dürr/Merk 2013, S. 22)

»Wie stellt sich die Lage aus der Sicht der Schülerinnen und Schüler dar? Als Beispiel soll eine Mittelstufenschülerin am Gymnasium (...) gelten. (...) Das offene Ganztagskonzept besteht in der Regel aber auch aus Arbeitsgemeinschaften, in denen das Kollegium in bester Absicht attraktive Konkurrenz zur Hausaufgabenbetreuung schafft. Dadurch entsteht ein motivationaler Konflikt, den unsere Beispielschülerin wohl nur besteht, wenn sie ein hohes Maß an Selbstregulation und Gewissenhaftigkeit aufweist – also Eigenschaften, die sie angeblich mit Hilfe von Hausaufgaben lernen sollte. (...) Hat unsere Beispielschülerin es dann nicht geschafft, ihre Hausaufgaben in der dafür vorgesehenen Zeit zu erledigen, wird sie sich einer (der Forschung nach kaum wirksamen) Rüge aussetzen oder die Hausaufgaben abschreiben. Und das (ersten empirischen Hinweisen zufolge) zu 50 Prozent während des Unterrichts. Es bleibt also fraglich, ob die gängige Praxis der Hausaufgaben ihre Ziel erreicht und ob eine Aussetzung von Hausaufgaben nicht mehr nutzen als schaden würde.« (Dürr/Merk 2013, S. 23)

Diskutieren Sie die Verwendung von Schülerklassifizierungen (S. 112) in der empirischen Forschung! Welche Unterscheidungen werden (nicht) getroffen?

Vergleichen Sie die Ergebnisse aus der qualitativen und quantitativen Forschung (S. 115) und diskutieren Sie die jeweiligen Besonderheiten!

Interpretieren Sie die Interviewauszüge der Lehrer/innen auf Seite 116! Diskutieren Sie, inwiefern Sie einen Zusammenhang mit dem vorgestellten Typus A bzw. B sehen!

Interpretieren Sie die Interviewauszüge der Schüler/innen auf Seite 117! Diskutieren Sie, inwiefern Sie einen Zusammenhang mit dem vorgestellten Typus A bzw. B sehen!

5. Freizeit und Peerbeziehungen in der Ganztagsschule

Vergleichen Sie offene und gebundene Ganztagsschulen der gleichen Schulform an unterschiedlichen Standorten (z. B. Stadt/Land) in Bezug auf ihr Leitbild, ihr Angebotsprofil und ihre Vernetzung mit außerschulischen Partnern! Diskutieren Sie, welcher Standort und welches Ganztagsmodell welche Möglichkeiten für das Angebotsprofil der Schulen eröffnen!

Diskutieren Sie, welche Vorteile sich aus Schülersicht aus der Trennung von Unterrichtszeit und Freizeit in der Ganztagsschule infolge verschiedener Orte und einer unterschiedlichen personellen Betreuung ergeben könnten! Erläutern Sie, inwiefern die Ganztagsschule mit einem erweiterten Angebot an Freizeitmöglichkeiten auf das Leben vorbereitet!

Informieren Sie sich über die zeitliche und räumliche Gestaltung der Essens- und Pausenzeiten an Ganztagsschulen! Diskutieren Sie mögliche Folgen unterschiedlicher Zeitfenster und Räumlichkeiten für die Entwicklung der Peer-Beziehungen!

Diskutieren Sie die Besonderheiten des US-amerikanischen Diskurses (Abschnitt 5.4) und Anregungen, die daraus für die hiesige Schulentwicklung gewonnen werden können!

6. Kooperation an der Ganztagsschule

Diskutieren Sie Potenziale und Risiken der jeweiligen Kooperationsstrukturen im Hinblick auf die tägliche Organisation von individualisierten, differenzierten Unterrichtsangeboten! Welche Abstimmungs- und Klärungsnotwendigkeiten und welche Entscheidungsfreiheiten bringen sie jeweils mit sich?

Literatur

Abel, Jürgen; Heibler, Markus; Koller, Gerhard; Nerowski, Christian; Penczek, Anke; Rahm, Sibylle (2012): Erwartungen an Ganztagsschule. Ergebnisse des Projekts »Modellregion Ganztagsschule«. In: Markus Heibler und Tanja Schaad: Qualitätsentwicklung an Ganztagsschulen. Bamberg: University of Bamberg Press, S. 23–46.

Aktionsrat Bildung (2013): Zwischenbilanz Ganztagsgrundschulen. Betreuung oder Rhythmisierung? Wiesbaden: VS Verlag für Sozialwissenschaften.

Albisser, Stefan; Keller-Schneider, Manuela; Wissinger, Jochen (2013): Zusammenarbeit in Kollegien von Schulen unter dem Anspruch von Professionalität. In: Manuela Keller-Schneider, Stefan Albisser und Jochen Wissinger (Hg.): Professionalität und Kooperation in Schulen. Beiträge zur Diskussion über Schulqualität. Bad Heilbrunn: Klinkhardt, S. 9–31.

Apel, Hans-Jürgen (1995): Theorie der Schule. Historische und systematische Grundlinien. Donauwörth: Auer.

Appel, Stefan (2009a): Handbuch Ganztagsschule. Praxis, Konzepte, Handreichungen. Unter Mitarbeit von Georg Rutz. 6. Aufl. Schwalbach: Wochenschau.

Appel, Stefan (2009b): Erfahrungen aus der Schulentwicklung. Betrachtungen aus Sicht der Praxis. In: Franz Prüß, Susanne Kortas und Matthias Schöpa (Hg.): Die Ganztagsschule: von der Theorie zur Praxis. Anforderungen und Perspektiven für Erziehungswissenschaft und Schulentwicklung. Weinheim und München: Juventa, S. 59–68.

Arnoldt, Bettina; Züchner, Ivo (2008): Kooperationsbeziehungen an Ganztagsschulen. In: Thomas Coelen und Hans-Uwe Otto (Hg.): Grundbegriffe Ganztagsbildung. Das Handbuch. Wiesbaden: VS Verlag für Sozialwissenschaften, S. 633–644.

Augsburg, Ralf (2005): Knackpunkt Hausaufgaben. Online verfügbar unter (www.ganztagsschulen.org/de/5695.php.

Beck, Ulrich; Bonß, Wolfgang; Lau, Christoph (2004): Entgrenzung erzwingt Entscheidung: Was ist neu an der Theorie reflexiver Modernisierung? Frankfurt am Main: Suhrkamp.

Beck, Ulrich; Lau, Christoph (2005): Theorie und Empirie reflexiver Modernisierung. In: Soziale Welt 56, S. 107–135.

Beetz, Sibylle (1997): Hoffnungsträger »Autonome Schule«. Frankfurt am Main: Peter Lang.

Beher, Karin; Haenisch, Hans; Hermens, Claudia; Liebig, Reinhard; Nordt, Gabriele; Schulz, Uwe (2005): Offene Ganztagsschule im Primarbereich. Begleitstudie zu Einführung, Zielsetzungen und Umsetzungsprozessen in Nordrhein-Westfalen. Weinheim und München: Juventa.

Beher, Karin; Haenisch, Hans; Hermens, Claudia; Nordt, Gabriele; Prein, Gerald; Schulz, Uwe (2007): Die offene Ganztagsschule in der Entwicklung. Empirische Befunde zum Primarbereich in Nordrhein-Westfalen. Weinheim: Juventa.

Benner, Dietrich; Kemper, Herwart (2003): Theorie und Geschichte der Reformpädagogik. Weinheim und Basel: Beltz.

Bertelsmann Stiftung (Hg.) (2012): Ganztagsschule als Hoffnungsträger für die Zukunft? Ein Reformprojekt auf dem Prüfstand. Gütersloh: Verlag Bertelsmann Stiftung.

BMBF (=Bundesministerium für Bildung und Forschung) (2003): Ganztagsschulen – Zeit für mehr. Investitionsprogramm »Zukunft, Bildung und Betreuung«. Berlin: BMBF.

BMFSFJ (=Bundesministerium für Familie, Senioren, Frauen und Jugend) (2005): 12. Kinder- und Jugendbericht. Bericht über die Lebenssituation junger Menschen und die Leistungen der Kinder- und Jugendhilfe in Deutschland. Berlin: BMFSFJ.

Böhnisch, Lothar; Schröer, Wolfgang; Thiersch, Hans (2005): Sozialpädagogisches Denken. Weinheim und München: Juventa.

Bonsen, Martin; Hübner-Schwartz, Carola; Mitas, Olivia (2013): Teamqualität in der Schule. Lehrerkooperation als Ausgangspunkt für Schul- und Unterrichtsentwicklung. In: Manuela Keller-Schneider, Stefan Albisser und Jochen Wissinger (Hg.): Professionalität und Kooperation in Schulen. Beiträge zur Diskussion über Schulqualität. Bad Heilbrunn: Klinkhardt, S. 105–122.

Bradna, Monika; Stolz, Heinz-Jürgen (2011): Professions- und Institutionenverständnis im Gestaltungskontext lokaler Bildungslandschaften. In: Karsten Speck, Thomas Olk, Oliver Böhm-Kasper, Heinz-Jürgen Stolz und Christine Wiezorek (Hg.): Ganztagsschulische Kooperation und Professionsentwicklung. Weinheim und Basel: Beltz Juventa, S. 138–153.

Braune, Agnes (2008): Motivation. In: Ewald Kiel (Hg.): Unterricht sehen, analysieren, gestalten. Bad Heilbrunn: Klinkhardt, S. 37–64.

Brehler, Ylva; Weide, Doreen (2009): Weiterführende Schulen im Profilierungszwang. Ganztagsangebote als Anreiz und Erfordernis für eine »Restschülerschaft«. In: Fritz-Ulrich Kolbe, Sabine Reh, Bettina Fritzsche, Till-Sebastian Idel und Kerstin Rabenstein (Hg.): Ganztagsschule als symbolische Konstruktion. Fallanalysen zu Legitimationsdiskursen in schultheoretischer Perspektive. Wiesbaden: VS Verlag für Sozialwissenschaften, S. 119–134.

Brenner, Peter J. (2005): Ganztagsschule Deutschland. Die Pädagogisierung der Gesellschaft und der »betreute Mensch«. In: Universitas (12), S. 1221–1231.

Breuer, Anne (2013a): »Kooperation als Differenzierung von Zuständigkeiten. Lehrer-Erzieher-Teams an ganztägigen Grundschulen«, Dissertation/Manuskript an der Humboldt-Universität zu Berlin.

Breuer, Anne (2013b): Lehrer-Erzieher-Teams. Kooperation als Differenzierung von Zuständigkeit. In: Manuela Keller-Schneider, Stefan Albisser und Jochen Wissinger (Hg.) (2013): Professionalität und Kooperation in Schulen. Bad Heilbrunn: Klinkhardt, S. 85–101.

Brezinka, Wolfgang (1990): Grundbegriffe der Erziehungswissenschaft. Analyse, Kritik, Vorschläge. 5. Aufl. München u. a.: Ernst Reinhardt.

Burk, Karlheinz (2007): Zeitstrukturmodelle. In: Katrin Höhmann, Heinz Günter Holtappels, Ilse Kamski und Thomas Schnetzer (Hg.): Entwicklung und Organisation von Ganztagsschulen. Anregungen, Konzepte, Praxisbeispiele. 3. Auflage. Dortmund: IFS, S. 66–72.

Burow, Olaf-Axel; Pauli, Bettina (2006): Ganztagsschule entwickeln. Von der Unterrichtsanstalt zum Kreativen Feld. Schwalbach: Wochenschau.

Coelen, Thomas (2006): Ausbildung und Identitätsbildung. Theoretische Überlegungen zu ganztägigen Bildungseinrichtungen in konzeptioneller Absicht. In: Hans-Uwe Otto und Jürgen Oelkers (Hg.): Zeitgemäße Bildung. Herausforderung für Erziehungswissenschaft und Bildungspolitik. Unter Mitarbeit von Petra Bollweg. München, Basel: Ernst Reinhardt, S. 131–148.

Deckert-Peaceman, Heike (2005): Hausaufgaben in der Ganztagsgrundschule aus der Perspektive von Kindern im Spannungsfeld zwischen Individualisierung und Standardisierung. In: Margarete Götz und Karin Müller (Hg.): Grundschule zwischen den Ansprüchen der Individualisierung und Standardisierung. Wiesbaden: VS Verlag für Sozialwissenschaften, S. 77–83.

Deinet, Ulrich (2011): Strukturen schaffen, Schnittmengen bilden und gemeinsam handeln – Anregungen für die Kooperation zwischen Jugendhilfe und Schule. In: Wolfgang Geiling, Daniela Sauer und Sibylle Rahm (Hg.): Kooperationsmodelle zwischen Sozialer Arbeit und Schule. Bad Heilbrunn: Klinkhardt, S. 28–43.

Dettmers, Swantje; Trautwein, Ulrich; Lüdtke, Oliver (2009): Eine Frage der Qualität? Die Rolle der Hausaufgabenqualität für Hausaufgabenverhalten und Leistung. In: Unterrichtswissenschaft 37 (3), S. 196–212.

Dieckmann, Katja; Höhmann, Katrin; Tillmann, Katja (2007): Schulorganisation, Organisationskultur und Schulklima an ganztägigen Schulen. In: Heinz Günter Holtappels, Eckhard Klieme, Thomas Rauschenbach und Ludwig Stecher (Hg.): Ganztagsschule in Deutschland. Ergebnisse der Ausgangserhebung der »Studie zur Entwicklung von Ganztagsschulen« (StEG). Weinheim: Juventa, S. 164–185.

Diederich, Jürgen; Tenorth, Heinz-Elmar (1997): Theorie der Schule. Ein Studienbuch zu Geschichte, Funktionen und Gestaltung. Berlin: Cornelsen Scriptor.

Dräger, Jörg (2012): Vorwort. Das Potenzial der Ganztagsschule besser ausschöpfen. In: Bertelsmann Stiftung (Hg.): Ganztagsschule als Hoffnungsträger für die Zukunft? Ein Reformprojekt auf dem Prüfstand. Gütersloh: Verlag Bertelsmann Stiftung, S. 7–10.

Dreeben, Robert (1980): Was wir in der Schule lernen. Frankfurt am Main: Suhrkamp.

Durdel, Anja (2006): Starke Ganztagsschulen brauchen stärkeorientierte Schulentwicklung. Das Programm »Ideen für mehr! Ganztägig Lernen«. In: Sabine Knauer und Anja Durdel (Hg.): Die neue Ganztagsschule. Gute Lernbedingungen gestalten. Weinheim und Basel: Beltz, S. 21–37.

Dürr, Ralf; Merk, Samuel (2013): Hausaufgaben? – Eine Kontroverse. In: Pädagogik 65 (3), S. 22/23.

Dzengel, Jessica; Stein, Doreen (2015): Zur Schülersicht auf Freizeitangebote im offenen Ganztag. In: Sabine Reh, Bettina Fritzsche, Till-Sebastian Idel und Kerstin Rabenstein (Hg.) (2015): Lernkulturen. Rekonstruktionen pädagogischer Praktiken an Ganztagsschulen. Wiesbaden: VS Springer (Im Erscheinen).

Eccles, Jacquelynne S.; Barber, Bonnie L. (1999): Student Council, Volunteering, Basketball, or Marching Band: What Kind of Extracurricular Involvement Matters? In: Journal of Adolescent Research 14 (1), S. 10–43.

Einsiedler, Wolfgang; Martschinke, Sabine; Kammermeyer, Gisela (2008): Die Grundschule zwischen Heterogenität und gemeinsamer Bildung. In: Kai S. Cortina, Jürgen Baumert, Achim Leschinsky, Karl U. Mayer und Luitgard Trommer (Hg.): Das Bildungswesen in der Bundesrepublik Deutschland. Strukturen und Entwicklungen im Überblick. Vollst. überarb. Neuausgabe. Reinbek: Rowohlt, S. 325–374.

Enderlein, Oggi (2006): In die Schule geh ich gern …? Bedingungen für eine gute Ganztagsschule aus Sicht der Kinder. In: Sabine Knauer und Anja Durdel (Hg.): Die neue Ganztagsschule. Gute Lernbedingungen gestalten. Weinheim und Basel: Beltz, S. 99–106.

Esslinger, Ilona (2002): Berufsverständnis und Schulentwicklung: ein Passungsverhältnis? Eine empirische Untersuchung zu schulentwicklungsrelevanten Berufsauffassungen von Lehrerinnen und Lehrern. Bad Heilbrunn: Klinkhardt.

Esslinger-Hinz, Ilona; Sliwka, Anne (2011): Schulpädagogik. Weinheim und Basel: Beltz.

Feldman, Amy F.; Matjasko, Jennifer L. (2005): The Role of School-Based Extracurricular Activities in Adolescent Development: A Comprehensive Review and Future Directions. In: Review of Educational Research 75 (2), S. 159–210.

Fend, Helmut (2008): Neue Theorie der Schule. Einführung in das Verstehen von Bildungssystemen. 2. Aufl. Wiesbaden: VS Verlag für Sozialwissenschaften.

Fischer, Natalie; Brümmer, Felix; Kuhn, Hans Peter (2011): Entwicklung von Wohlbefinden und motivationalen Orientierungen in der Ganztagsschule. Zusammenhänge mit der Prozess- und Beziehungsqualität in den Angeboten. In: Natalie Fischer, Heinz Günter Holtappels, Eckhard Klieme, Thomas Rauschenbach, Ludwig Stecher und Ivo Züchner (Hg.): Ganztagsschule: Entwicklung, Qualität, Wirkungen. Längsschnittliche Befunde der Studie zur Entwicklung von Ganztagsschulen (StEG). Weinheim und Basel: Juventa, S. 227–245.

Fischer, Natalie; Holtappels, Heinz Günter; Stecher, Ludwig; Züchner, Ivo (2011): Theoretisch-konzeptionelle Bezüge. Ein Analyserahmen für die Entwicklung von Ganztagsschulen. In: Natalie Fischer, Heinz Günter Holtappels, Eckhard Klieme, Thomas Rauschenbach, Ludwig Stecher und Ivo Züchner (Hg.): Ganztagsschule: Entwicklung, Qualität, Wirkungen. Längsschnittliche Befunde der Studie zur Entwicklung von Ganztagsschulen (StEG). Weinheim: Juventa, S. 18–29.

Fischer, Natalie; Holtappels, Heinz Günter; Klieme, Eckhard; Rauschenbach, Thomas; Stecher, Ludwig; Züchner, Ivo (Hg.) (2011): Ganztagsschule: Entwicklung, Qualität, Wirkungen. Längsschnittliche Befunde der Studie zur Entwicklung von Ganztagsschulen (StEG). Weinheim und Basel: Juventa.

Fischer, Natalie; Klieme, Eckhard; Holtappels, Heinz Günter; Rauschenbach, Thomas; Stecher, Ludwig (Hg.) (2013): Ganztagsschule 2012/2013. Deskriptive Befunde einer bundesweiten Befragung. Frankfurt am Main: DIPF/IFS/JLU/DJI. Online verfügbar unter www.pedocs.de/volltexte/2014/8924/pdf/Fischer_Klieme_2013_Bundesbericht_Schulleiterbefragung_2012_13.pdf.

Fischer, Natalie; Kuhn, Hans Peter; Klieme, Eckhard (2009): Was kann die Ganztagsschule leisten? In: Zeitschrift für Pädagogik. 55. Jg., Beiheft 54, S. 143–167.

Fölling-Albers, Maria (2000): Entscholarisierung von Schule und Scholarisierung von Freizeit? In: Zeitschrift für Soziologie der Erziehung und Sozialisation 20 (2), S. 118–131.

Furthmüller, Peter; Neumann, Dagmar; Quellenberg, Holger; Steiner, Christine; Züchner, Ivo (2011): Die Studie zur Entwicklung von Ganztagsschulen. Beschreibung des Designs und Entwicklung der Stichprobe. In: Natalie Fischer, Heinz Günter Holtappels, Eckhard Klieme, Thomas Rauschenbach, Ludwig Stecher und Ivo Züchner (Hg.): Ganztagsschule: Entwicklung, Qualität, Wirkungen. Längsschnittliche Befunde der Studie zur Entwicklung von Ganztagsschulen (StEG). Weinheim: Juventa, S. 30–56.

Füssel, Hans-Peter; Leschinsky, Achim (2008): Der institutionelle Rahmen des Bildungswesens. In: Kai S. Cortina, Jürgen Baumert, Achim Leschinsky, Karl U. Mayer und Luitgard Trommer (Hg.): Das Bildungswesen in der Bundesrepublik Deutschland. Strukturen und Entwicklungen im Überblick. Vollst. überarb. Neuausgabe. Reinbek: Rowohlt, S. 131–204.

Gantke, Claudia (2008): Die gebundene Ganztagsschule in Bayern. In: Dorit Bosse, Ingelore Mammes und Christian Nerowski (Hg.): Ganztagsschule. Perspektiven aus Wissenschaft und Praxis. Bamberg: University of Bamberg Press, S. 159–170.

Ganztagsschulverband (2013): Presseerklärung des Ganztagsschulverbandes, Landesgruppe Hamburg. Vom 12.12.2013. Ganztagsschulverband. Hamburg.

Ganztagsschulverband (o. J.): Programmatik des Ganztagsschulverbandes. Online verfügbar unter www.ganztagsschulverband.de/bundesverband/programmatik-positionen.html.

Giesecke, Hermann (1995): Wozu ist die Schule da? In: Neue Sammlung 35 (3), S. 93–104.

Grunder, Hans-Ulrich; Gross, Nerina; Jäggi, Annina; Kunz, Marianne (2013): Nachhilfe. Eine empirische Studie zum Nachhilfeunterricht in der deutschsprachigen Schweiz. Bad Heilbrunn: Klinkhardt.

Grunert, Cathleen (2012): Bildung und Kompetenz. Theoretische und empirische Perspektiven auf außerschulische Handlungsfelder. Wiesbaden: Springer VS.

Hascher, Tina (2004): Wohlbefinden in der Schule. Münster, New York, München, Berlin: Waxmann.

Hegel, Georg W. F. (2006): Rede vom 2. September 1811. In: Georg W. F. Hegel: Nürnberger Gymnasialkurse und Gymnasialreden (1808–1816). Hg. v. Klaus Grotsch. Hamburg: Felix Meiner, S. 481–492.

Heid, Helmut (2004): Das Theorie-Praxis-Verhältnis im Kontext pädagogischen Denkens und Handelns. Beitrag zur Analyse der Realisierungsbedingungen eines Theorie-Praxis-Diskurses. In: Heike Ackermann und Sibylle Rahm (Hg.): Kooperative Schulentwicklung (S. 37–48). Wiesbaden: VS Verlag für Sozialwissenschaften.

Heinrich, Martin (2007): Governance in der Schulentwicklung. Von der Autonomie zur evaluationsbasierten Steuerung. Wiesbaden: VS Verlag für Sozialwissenschaften.

Helmke, Andreas (2012): Unterrichtsqualität und Lehrerprofessionalität. Diagnose, Evaluation und Verbesserung des Unterrichts. 4. Aufl. Seelze-Velber: Klett Kallmeyer.

Helmstetter, Rudolf (2002): Austreibung der Faulheit, Regulierung des Müßiggangs. Arbeit und Freizeit seit der Industrialisierung. In: Ulrich Bröckling und Eva Horn (Hg.): Anthropologie der Arbeit. Tübingen: Gunter Narr, S. 259–279.

Hendricks, Renate (2007): Eine neue Hausaufgabenkultur. Die veränderte Rolle der Hausaufgaben in der Ganztagsschule. In: Lernende Schule 10 (39), S. 15–17.

Hepting, Roland (2001): Die Ganztagsschule – ein attraktives Angebot für Schüler und Eltern? Darstellung der Ergebnisse einer Schüler- und Elternbefragung an der Realschule im Bildungszentrum Markdorf, einer Schule mit dem Angebot einer Ganztagsbetreuung. In: Lehren und lernen 27 (4), S. 26–32.

Hildebrandt-Stramann, Reiner; Laging, Ralf; Teubner, Jürgen (Hg.)(2014): Bewegung und Sport in der Ganztagsschule – StuBSS. Ergebnisse der qualitativen Studie. Baltmannsweiler: Schneider Verlag Hohengehren.

Hinz, Alfred (2008): Schule ist Stätte der Personwerdung, was sonst? Ein Plädoyer für die Ganztagsschule am Beispiel der Bodenseeschule St. Martin. In: Dorit Bosse, Ingelore Mammes und Christian Nerowski (Hg.): Ganztagsschule. Perspektiven aus Wissenschaft und Praxis. Bamberg: University of Bamberg Press, S. 141–153.

Höhmann, Katrin; Quellenberg, Holger (2007): Förderung als Schulentwicklungsfokus in Ganztagsschulen. In: Pädagogik 59 (2), S. 42–47.

Höhmann, Katrin; Rademacker, Hermann (2006): Hausaufgaben und die Frage nach dem Sinn. In: Katrin Höhmann und Heinz Günter Holtappels (Hg.): Ganztagsschule gestalten. Konzeption – Praxis – Impulse. Stuttgart: Klett, S. 132–144.

Höhmann, Katrin; Schaper, Saskia (2008): Hausaufgaben. In: Thomas Coelen und Hans-Uwe Otto (Hg.): Grundbegriffe Ganztagsbildung. Das Handbuch. Wiesbaden: VS Verlag für Sozialwissenschaften, S. 576–584.

Holtappels, Heinz Günter (2006): Stichwort Ganztagsschule. In: Zeitschrift für Erziehungswissenschaft 9 (1), S. 5–29.

Holtappels, Heinz Günter (2007): Ganztagsschule entwickeln und gestalten. Zielorientierung und Gestaltungsansätze. In: Katrin Höhmann, Heinz Günter Holtappels, Ilse Kamski und Thomas Schnetzer (Hg.): Entwicklung und Organisation von Ganztagsschulen. Anregungen, Konzepte, Praxisbeispiele. 3. Auflage. Dortmund: IFS, S. 7–44.

Holtappels, Heinz Günter; Rollett, Wolfram (2009): Individuelle Förderung an Ganztagsschulen. In: Ingrid Kunze und Claudia Solzbacher (Hg.): Individuelle Förderung in der Sekundarstufe I und II. Baltmannsweiler: Schneider Verlag Hohengehren, S. 291–312.

Idel, Till-Sebastian; Reh, Sabine; Fritzsche, Bettina (2009): Freizeit – Zum Verhältnis von Schule, Leben und Lernen. In: Fritz-Ulrich Kolbe, Sabine Reh, Bettina Fritzsche, Till-Sebastian Idel und Kerstin Rabenstein, (Hg.): Ganztagsschule als symbolische Konstruktion. Fallanalysen zu Legitimationsdiskursen in schultheoretischer Perspektive. Wiesbaden: VS Verlag für Sozialwissenschaften, S. 179–193.

Kanevski, Rimma; Salisch, Maria v. (2011a): Fördert die Ganztagsschule die Entwicklung sozialer und emotionaler Kompetenzen bei Jugendlichen? In: Ludwig Stecher, Heinz-Hermann Krüger und Thomas Rauschenbach (Hg.): Ganztagsschule – Neue Schule? Eine Forschungsbilanz. Wiesbaden: VS Verlag für Sozialwissenschaften, S. 237–259.

Kanevski, Rimma; Salisch, Maria v. (2011b): Peer-Netzwerke und Freundschaften in Ganztagsschulen. Weinheim und Basel: Beltz Juventa.

Kanevski, Rimma; Salisch, Maria v. (2011c): Stabilität und Wandel der Peer-Netzwerke von Jugendlichen in Ganztagsschulen und Halbtagsschulen. In: Regina Soremski, Michael Urban und Andreas Lange (Hg.): Familie, Peers und Ganztagsschule. Weinheim und München: Juventa, S. 183–204.

Keck, Rudolf W. (2009): Zur Geschichte der Schule. In: Sigrid Blömeke, Thorsten Bohl, Ludwig Haag, Gregor Lang-Wojtasik und Werner Sacher (Hg.): Handbuch Schule. Bad Heilbrunn: Klinkhardt, S. 157–161.

Keller-Schneider, Manuela; Albisser, Stefan (2013): Kooperation von Lehrpersonen und die Bedeutung von individuellen und kollektiven Ressourcen. In: Manuela Keller-Schneider, Stefan Albisser und Jochen Wissinger (Hg.): Professionalität und Kooperation in Schulen. Bad Heilbrunn: Klinkhardt, S. 33–56.

Keller-Schneider, Manuela; Albisser, Stefan; Wissinger, Jochen (Hg.) (2013): Professionalität und Kooperation in Schulen. Bad Heilbrunn: Klinkhardt.

Keuffer, Josef; Trautmann, Matthias (2008): Unterricht. In: Thomas Coelen und Hans-Uwe Otto (Hg.): Grundbegriffe Ganztagsbildung. Das Handbuch. Wiesbaden: VS Verlag für Sozialwissenschaften, S. 537–565.

Key, Ellen (1992/1902): Das Jahrhundert des Kindes. Berlin: S. Fischer.

Kielblock, Stephan; Stecher, Ludwig (2014): Ganztagsschule und ihre Formen. In: Thomas Coelen und Ludwig Stecher (Hg.): Die Ganztagsschule. Eine Einführung. Weinheim und Basel: Beltz Juventa, S. 13–28.

Kiper, Hanna (2013): Theorie der Schule. Institutionelle Grundlagen pädagogischen Handelns. Stuttgart: Kohlhammer.

Klieme, Eckhard; Rauschenbach, Thomas (2011): Entwicklung und Wirkung von Ganztagsschule. Eine Bilanz auf Basis der StEG-Studie. In: Natalie Fischer, Heinz Günter Holtappels, Eckhard Klieme, Thomas Rauschenbach, Ludwig Stecher und Ivo Züchner (Hg.): Ganztagsschule: Entwicklung, Qualität, Wirkungen. Weinheim und München: Juventa, S. 342–350.

Klieme, Eckhard; Warwas, Jasmin (2011): Konzepte der individuellen Förderung. In: Zeitschrift für Pädagogik 57 (6), S. 805–818.

KMK = Sekretariat der Ständigen Konferenz der Kultusminister der Länder in der Bundesrepublik Deutschland (2014a): Allgemein bildende Schulen in Ganztagsform in den Ländern in der Bundesrepublik Deutschland. Statistik 2008 bis 2012. KMK. Berlin.

KMK (= Sekretariat der Ständigen Konferenz der Kultusminister der Länder in der Bundesrepublik Deutschland) (2014b): Definitionenkatalog zur Schulstatistik 2014. Berlin: KMK. Online verfügbar unter www.kmk.org/statistik/schule/statistische-veroeffentlichungen/definitionenkatalog-zur-schulstatistik.html.

KMK = Sekretariat der Ständigen Konferenz der Kultusminister der Länder in der Bundesrepublik Deutschland (2008): Allgemein bildende Schulen in Ganztagsform in den Ländern in der Bundesrepublik Deutschland. Statistik 2002 bis 2006. Berlin.

Koehler, Heide (2007): Lernorganisation. In: Katrin Höhmann, Heinz Günter Holtappels, Ilse Kamski und Thomas Schnetzer (Hg.): Entwicklung und Organisation von Ganztagsschulen. Anregungen, Konzepte, Praxisbeispiele. 3. Auflage. Dortmund: IFS, S. 59–65.

Kohler, Britta (2013): Was wissen wir über Hausaufgaben? Ergebnisse der Forschung und Konsequenzen für die Praxis. In: Pädagogik 65 (3), S. 6–9.

Köker, Anne (2013): Das Autonomiebedürfnis von Lehrer/innen als Kooperationshindernis. Ein Mythos? In: Manuela Keller-Schneider, Stefan Albisser und Jochen Wissinger: Professionalität und Kooperation in Schulen. Bad Heilbrunn: Klinkhardt, S. 152–166.

Kolbe, Fritz-Ulrich; Rabenstein, Kerstin; Reh, Sabine (2006): »Rhythmisierung«. Hinweise für die Planung von Fortbildungsmodulen für Moderatoren. Berlin, Mainz. Online verfügbar unter www.ganztag-blk.de/cms/upload/pdf/berlin/Kolbe_et.al_Rhythmisierung.pdf.

Kolbe, Fritz-Ulrich; Reh, Sabine (2008): Reformpädagogische Diskurse über die Ganztagsschule. In: Thomas Coelen und Hans-Uwe Otto (Hg.): Grundbegriff Ganztagsbildung. Das Handbuch. Wiesbaden: VS Verlag für Sozialwissenschaften, S. 665–673.

Kuhn, Hans Peter; Fischer, Natalie (2011): Entwicklung der Schulnoten in der Ganztagsschule. Einflüsse der Ganztagsteilnahme und der Angebotsqualität. In: Natalie Fischer, Heinz Günter Holtappels, Eckhard Klieme, Thomas Rauschenbach, Ludwig Stecher und Ivo Züchner (Hg.): Ganztagsschule: Entwicklung, Qualität, Wirkungen. Weinheim und München: Juventa, S. 207–245.

Laging, Ralf; Stobbe, Cordula (2011): Bewegungsaktivitäten als Bildungsangebot in der Ganztagsschule. Ergebnisse einer Befragung aus dem Projekt StuBSS. In: Michael Krüger und Nils Neuber (Hg.): Bildung im Sport. Beiträge zu einer zeitgemäßen Bildungsdebatte. Wiesbaden: VS Verlag für Sozialwissenschaften, S. 201–223.

Lehmann-Wermser, Andreas; Naacke, Susanne; Nonte, Sonja (Hg.)(2010): Musisch-kulturelle Bildung in der Ganztagsschule. Empirische Befunde, Chancen und Perspektiven. Weinheim und Basel: Juventa.

Lietz, Hermann (1970/1897): Emlohstobba. Roman oder Wirklichkeit – Bilder aus Vergangenheit, Gegenwart oder Zukunft? In: Hermann Lietz: Schulreform durch Neugründung. Ausgewählte pädagogische Schriften. Hg. v. Rudolf Lassahn. Paderborn: Ferdinand Schöningh, S. 4–30.

Lietz, Hermann (1970/1898): Die Organisation der Landerziehungsheime. In: Hermann Lietz: Schulreform durch Neugründung. Ausgewählte pädagogische Schriften. Hg. v. Rudolf Lassahn. Paderborn: Ferdinand Schöningh, S. 37–41.

Lipowsky, Frank (2004): Dauerbrenner Hausaufgaben – zusätzliche Lernchancen oder verschwendete Zeit? Aktuelle Befunde der empirischen Forschung und mögliche Konsequenzen für die Unterrichtspraxis. In: Pädagogik 56 (12), S. 40–44.

Ludwig, Harald (1993): Entstehung und Entwicklung der modernen Ganztagsschule in Deutschland. Bd. 1. Köln: Böhlau.

Ludwig, Harald (2008): Geschichte der modernen Ganztagsschule. In: Thomas Coelen und Hans-Uwe Otto (Hg.): Grundbegriffe Ganztagsbildung. Wiesbaden: VS, S. 517–526.

Luhmann, Niklas (2002): Das Erziehungssystem der Gesellschaft. Frankfurt am Main: Suhrkamp.

Mack, Wolfgang (2009): Von der Konfrontation zur Kooperation. Bildungstheoretische Begründungen einer neuen Form der Kooperation von Schule und Jugendhilfe. In: Franz Prüß, Susanne Kortas und Matthias Schöpa (Hg.): Die Ganztagsschule: von der Theorie zur Praxis. Anforderungen und Perspektiven für Erziehungswissenschaft und Schulentwicklung. Weinheim und München: Juventa, S. 295–305.

Mahoney, Joseph L.; Larson, Reed W.; Eccles, Jacquelynne S.; Lord, Heather (Hg.) (2005): Organized Activities as Contexts of Development. Extracurricular Activities, After-School and Community Programs. Mahwah, NJ: Erlbaum.

Messner, Rudolf (2004): Was Bildung von Produktion unterscheidet. Oder: Die Spannung von Freiheit und Objektivierung und das Projekt der Bildungsstandards. In: Erziehung und Unterricht 154 (7–8), S. 693–716.

Miller, Beth M. (2003): Critical Hours. Afterschool Programs and Educational Success. Online verfügbar unter www.nmefoundation.org/getmedia/08b6e87b-69ff-4865-b44e-ad42f2596381/Critical-Hours.

Nerowski, Christian (2008): Die Tagesschule als Modell der Zeitstrukturierung durch Umverteilung des Unterrichts. In: Dorit Bosse, Ingelore Mammes und Christian Nerowski (Hg.): Ganztagsschule. Perspektiven aus Wissenschaft und Praxis. Bamberg: University of Bamberg Press, S. 79–92.

Nerowski, Christian (2012): Traumfabrik Ganztagsschule. Welche Erwartungen stellen die Eltern an den Ganztag? In: Pädagogische Führung 23 (3), S. 119–123.

Nerowski, Christian (2015): Die Grenze der Schule. Eine handlungstheoretische Präzisierung. Weinheim und Basel: Beltz Juventa.

Neumann, Marko; Schnyder, Inge; Trautwein, Ulrich (2007): Schulformen als differenzielle Lernmilieus. Institutionelle und kompositionelle Effekte auf die Leistungsentwicklung im Fach Französisch. In: Zeitschrift für Erziehungswissenschaft 10 (3), S. 399–420.

Nieswandt, Martina (2014): Hausaufgaben *yapmak*. Ein ethnographischer Blick auf den Familienalltag. Bad Heilbrunn: Klinkhardt.

Nordt, Gabriele (2010): Hausaufgaben/Lernzeiten aus der Sicht der pädagogischen Kräfte und Kinder. In: Wissenschaftlicher Kooperationsverband (Hg.): Lernen und Fördern in der offenen Ganztagsschule. Vertiefungsstudie zum Primarbereich in Nordrhein-Westfalen. Weinheim und München: Juventa, S. 269–315.

Nordt, Gabriele (2013): Lernen und Fördern in der Hausaufgabenpraxis der offenen Ganztagsgrundschule in Nordrhein-Westfalen. Eine qualitative Studie aus der Perspektive der pädagogischen Kräfte und der Kinder. Münster: Waxmann.

Nordt, Gabriele; Röhner, Charlotte (2008): Hausaufgaben in der offenen Ganztagsgrundschule. Ein Beitrag zur Förderung des schulischen Lernens und der Schulqualität? In: Widersprüche: Zeitschrift für sozialistische Politik im Bildungs-, Gesundheits- u. Sozialbereich 110, S. 67–80.

Oelkers, Jürgen (1992): Reformpädagogik. Eine kritische Dogmengeschichte. Weinheim und München: Juventa.

Oelkers, Jürgen (2008): Chancengleichheit im deutschen Bildungswesen. In: Thomas Coelen und Hans-Uwe Otto (Hg.): Grundbegriffe Ganztagsbildung. Das Handbuch. Wiesbaden: VS Verlag für Sozialwissenschaften, S. 851–859.

Oelkers, Jürgen (2011): Eros und Herrschaft. Die dunklen Seiten der Reformpädagogik. Weinheim und Basel: Beltz.

Opaschowski, Horst W.; Pries, Michael (2008): Freizeit, Freie Zeit, Muße und Geselligkeit. In: Thomas Coelen und Hans-Uwe Otto (Hg.): Grundbegriffe Ganztagsbildung. Das Handbuch. Wiesbaden: VS Verlag für Sozialwissenschaften, S. 422–431.

Opp, Karl-Dieter (2005): Methodologie der Sozialwissenschaften. Einführung in Probleme ihrer Theorienbildung und praktischen Anwendung. 6. Aufl. Wiesbaden: VS Verlag für Sozialwissenschaften.

Overwien, Bernd (2008): Informelles Lernen. In: Thomas Coelen und Hans-Uwe Otto (Hg.): Grundbegriffe Ganztagsbildung. Das Handbuch. Wiesbaden: VS Verlag für Sozialwissenschaften, S. 128–136.

Petersen, Peter (1924): Allgemeine Erziehungswissenschaft. Berlin und Leipzig: Walter de Gruyter & Co.

Petersen, Peter (1955): Führungslehre des Unterrichts. Braunschweig: Georg Westermann.

Prange, Klaus (2005): Die Zeigestruktur der Erziehung. Grundriss der Operativen Pädagogik. Paderborn: Schöningh.

Prüß, Franz (2009): Ganztägige Bildung und ihre Bedeutung für Entwicklungsprozesse. In: Franz Prüß, Susanne Kortas und Matthias Schöpa (Hg.): Die Ganztagsschule: von der Theorie zur Praxis. Anforderungen und Perspektiven für Erziehungswissenschaft und Schulentwicklung. Weinheim und München: Juventa, S. 33–58.

Prüß, Franz; Kortas, Susanne; Schöpa, Matthias (2009): Die Ganztagsschule: von der Theorie zur Praxis. Weinheim und München: Juventa.

Prüß, Franz; Kortas, Susanne; Schöpa, Matthias (2009a): Einleitung. In: Franz Prüß, Susanne Kortas und Matthias Schöpa (Hg.): Die Ganztagsschule: von der Theorie zur Praxis. Anforderungen und Perspektiven für Erziehungswissenschaft und Schulentwicklung. Weinheim und München: Juventa, S. 9–14.

Prüß, Franz; Kortas, Susanne; Schöpa, Matthias (2009b): Aktuelle Anforderungen an die Erziehungswissenschaft und die pädagogische Praxis. In: Franz Prüß, Susanne Kortas und Matthias Schöpa (Hg.): Die Ganztagsschule: von der Theorie zur Praxis. Anforderungen und Perspektiven für Erziehungswissenschaft und Schulentwicklung. Weinheim und München: Juventa, S. 15–32.

Rabenstein, Kerstin (2008): »Rhythmisierung«. Diskurse, Modelle und Forschungen zur Zeitstrukturierung von ganztägigen Lernangeboten. In: Thomas Coelen und Hans-Uwe Otto (Hg.): Grundbegriffe Ganztagsbildung. Das Handbuch. Wiesbaden: VS Verlag für Sozialwissenschaften, S. 548–556.

Rabenstein, Kerstin (2010): Zeitstrukturierung an Ganztagsschulen. Entwicklungen in der Unterrichtsgestaltung. In: Christian Nerowski und Ursula Weier (Hg.): Ganztagsschule organisieren – ganztags Unterricht gestalten. Bamberg: University of Bamberg Press, S. 83–95.

Rabenstein, Kerstin (2015): An den Grenzen des Förderns. Eine videografische Studie zu Subjektivation in individualisierenden Lernangeboten an Ganztagsschulen. Wiesbaden: VS Springer (im Erscheinen).

Rabenstein, Kerstin; Podubrin, Evelyn (2015): Praktiken individueller Förderung in Hausaufgaben- und Förderangeboten. Empirische Rekonstruktionen pädagogischer Ordnungen. In: Sabine Reh, Bettina Fritzsche, Till-Sebastian Idel und Kerstin Rabenstein (Hg.): Lernkulturen. Rekonstruktionen pädagogischer Praktiken an Ganztagsschulen. Wiesbaden: VS Verlag für Sozialwissenschaften (im Druck).

Radisch, Falk (2009): Qualität und Wirkung ganztägiger Schulorganisation. Theoretische und empirische Befunde. Weinheim und München: Juventa.

Radisch, Falk; Fischer, Natalie; Stecher, Ludwig; Klieme, Eckhard (2008): Qualität von unterrichtsnahen Angeboten an Ganztagsschulen. In: Thomas Coelen und Hans-Uwe Otto (Hg.): Grundbegriffe Ganztagsbildung. Das Handbuch. Wiesbaden: VS Verlag für Sozialwissenschaften, S. 910–917.

Radisch, Falk; Klieme, Eckhard (2003): Wirkung ganztägiger Schulorganisation. Bilanzierung der Forschungslage. Literaturbericht im Rahmen von »Bildung Plus«. Deutsches Institut für internationale pädagogische Forschung DIPF. Frankfurt am Main.

Radisch, Falk; Stecher, Ludwig; Fischer, Natalie; Klieme, Eckhard (2008): Wirkungen außerunterrichtlicher Angebote an Ganztagsschulen. In: Thomas Coelen und Hans-Uwe Otto (Hg.): Grundbegriffe Ganztagsbildung. Das Handbuch. Wiesbaden: VS Verlag für Sozialwissenschaften, S. 929–937.

Radisch, Falk; Stecher, Ludwig; Klieme, Eckhard; Kühnbach, Olga (2007): Unterrichts- und Angebotsqualität aus Schülersicht. In: Heinz Günter Holtappels, Eckhard Klieme, Thomas Rauschenbach und Ludwig Stecher (Hg.): Ganztagsschule in Deutschland. Ergebnisse der Ausgangserhebung der »Studie zur Entwicklung von Ganztagsschulen« (StEG). Weinheim: Juventa, S. 227–260.

Rahm, Sibylle (2010a): Kooperative Schulentwicklung. In: Thorsten Bohl, Werner Helsper, Heinz Günter Holtappels und Carla Schelle (Hg.): Handbuch Schulentwicklung. Bad Heilbrunn: Klinkhardt, S. 83–86.

Rahm, Sibylle (2010b): Theorien der Schule und ihrer Entwicklung. In: Sibylle Rahm und Christian Nerowski (Hg.): Enzyklopädie Erziehungswissenschaft Online. Fachgebiet Schulpädagogik. Weinheim, München: Juventa. (www.erzwissonline.de: DOI 10.3262/EEO09100144).

Rahm, Sibylle (2011): Entgrenzung des Schulischen – Konturen neuer professioneller Selbstverständnisse im pädagogischen Sektor. In: Wolfgang Geiling, Daniela Sauer und Sibylle Rahm (Hg.): Kooperationsmodelle zwischen Sozialer Arbeit und Schule. Bad Heilbrunn: Klinkhardt, S. 10–27.

Rahm, Sibylle; Schröck, Nikolaus (2007): Schulentwicklung – von verwalteten Schulen zu lernenden Organisationen. In: Hans-Jürgen Apel und Werner Sacher (Hg.): Studienbuch Schulpädagogik. Bad Heilbrunn: Klinkhardt, S. 155–174.

Rakhkochkine, Anatoli (2008): Kooperation von Bildungsorten. In: Thomas Coelen und Hans-Uwe Otto: Grundbegriffe Ganztagsbildung. Wiesbaden: VS Verlag für Sozialwissenschaften, S. 613–620.

Rauschenbach, Thomas; Arnoldt, Bettina; Steiner, Christine; Stolz, Heinz-Jürgen (2012): Ganztagsschule als Hoffnungsträger für die Zukunft? Ein Reformprojekt auf dem Prüfstand. Expertise des Deutschen Jugendinstituts (DJI) im Auftrag der Bertelsmann Stiftung. Gütersloh: Bertelsmann.

Rauschenbach, Thomas; Otto, Hans-Uwe (2008): Die neue Bildungsdebatte. Chance oder Risiko für die Kinder- und Jugendhilfe? In: Hans-Uwe Otto und Thomas Rauschenbach (Hg.): Die andere Seite der Bildung. Zum Verhältnis von formellen und informellen Bildungsprozessen. 2. Auflage. Wiesbaden: VS Verlag für Sozialwissenschaften, S. 9–29.

Reh, Sabine; Rabenstein, Kerstin; Fritzsche, Bettina; Idel, Till-Sebastian (Hg.) (2015): Die Transformation von Lernkulturen. Zu einer praxistheoretisch fundierten Ganztagsschulforschung. In: Sabine Reh, Bettina Fritzsche, Till-Sebastian Idel und Kerstin Rabenstein (Hg.): Lernkulturen. Rekonstruktionen pädagogischer Praktiken an Ganztagsschulen. Wiesbaden: VS Verlag für Sozialwissenschaften.

Reheis, Fritz (2010): Ein Plädoyer für die entschleunigte Schule. Zur Eigenzeitlichkeit von Leben, Bildung und Schule. In: Christian Nerowski und Ursula Weier (Hg.): Ganztagsschule organisieren – ganztags Unterricht gestalten. Bamberg: University of Bamberg Press, S. 59–68.

Reichenbach, Roland (2013): Für die Schule lernen wir. Plädoyer für eine gewöhnliche Institution. Seelze: Klett-Kallmeyer.

Rekus, Jürgen (2003): Braucht die Ganztagsschule eine spezifische Schultheorie? In: Jürgen Rekus (Hg.): Ganztagsschule in pädagogischer Verantwortung. Münster: Aschendorff, S. 86–101.

Rekus, Jürgen (2005): Theorie der Ganztagsschule. Praktische Orientierungen. In: Volker Ladenthin und Jürgen Rekus (Hg.): Die Ganztagsschule. Alltag, Reform, Geschichte, Theorie. Weinheim und München: Juventa, S. 279–297.

Rekus, Jürgen (2009): Ganztagsschule. In: Sigrid Blömeke, Thorsten Bohl, Ludwig Haag, Gregor Lang-Wojtasik und Werner Sacher (Hg.): Handbuch Schule. Theorie, Organisation, Entwicklung. Bad Heilbrunn: Klinkhardt, S. 270–275.

Röhrs, Hermann (2001). Die Reformpädagogik. Ursprung und Verlauf unter internationalem Aspekt. Weinheim und Basel: Beltz.

Rollett, Wolfram (2007): Schulzufriedenheit und Zufriedenheit mit dem Ganztagsbetrieb und deren Bedingungen. In: Heinz Günter Holtappels, Eckhard Klieme, Thomas Rauschenbach und Ludwig Stecher (Hg.): Ganztagsschule in Deutschland. Ergebnisse der Ausgangserhebung der »Studie zur Entwicklung von Ganztagsschulen« (StEG). Weinheim: Juventa, S. 283–313.

Rollett, Wolfram; Lossen, Karin; Jarsinski, Stephan; Lüpschen, Nadine; Holtappels, Heinz Günter (2011): Außerunterrichtliche Angebotsstruktur an Ganztagsschulen. Entwicklungstrends und Entwicklungsbedingungen. In: Natalie Fischer, Heinz Günter Holtappels, Eckhard Klieme, Thomas Rauschenbach, Ludwig Stecher und Ivo Züchner (Hg.): Ganztagsschule: Entwicklung, Qualität, Wirkungen. Längsschnittliche Befunde der Studie zur Entwicklung von Ganztagsschulen (StEG). Weinheim und Basel: Juventa, S. 76–96.

Rothland, Martin (2013): Voraussetzungen von Lehramtsstudierenden für die Kooperation im Lehrerberuf. Berufsbezogene Einstellungen und soziale Kompetenz. In: Manuela Keller-Schneider, Stefan Albisser und Jochen Wissinger (Hg.): Professionalität und Kooperation in Schulen. Bad Heilbrunn: Klinkhardt, S. 87–104.

Sandfuchs, Uwe (2009): Förderunterricht. In: Karl-Heinz Arnold, Uwe Sandfuchs und Jürgen Wiechmann (Hg.): Handbuch Unterricht. 2. Aufl. Bad Heilbrunn: Klinkhardt, S. 271–276.

Schalkhaußer, Sofie; Täubig, Vicki (2011): Schulformübergreifende Ganztagsangebote als Beziehungsraum. In: Regina Soremski, Michael Urban und Andreas Lange (Hg.): Familie, Peers und Ganztagsschule. Weinheim und München: Juventa, S. 219–239.

Scheibe, Wolfgang (1999): Die reformpädagogische Bewegung. Eine einführende Darstellung. 10. Aufl. Weinheim und Basel: Beltz.

Scherr, Albert (2008): Subjekt- und Identitätsbildung. In: Thomas Coelen und Hans-Uwe Otto (Hg.): Grundbegriffe Ganztagsbildung. Das Handbuch. Wiesbaden: VS Verlag für Sozialwissenschaften, S. 137–145.

Scholz, Joachim; Reh, Sabine (2009): Verwahrloste Familien – Familiarisierte Schulen. Zum Verhältnis von Schule und Familie in den Diskursen der deutschen Schulgeschichte seit 1800. In: Fritz-Ulrich Kolbe, Sabine Reh, Till-Sebastian Idel, Bettina Fritzsche und Kerstin Rabenstein (Hg.): Ganztagsschule als symbolische Konstruktion. Fallanalysen zu Legitimationsdiskursen in schultheoretischer Perspektive. Wiesbaden: VS Verlag für Sozialwissenschaften, S. 159–177.

Senatsverwaltung für Bildung, Wissenschaft und Forschung (2010): Verordnung über den Bildungsgang der Grundschule (Grundschulverordnung – GsVO) vom 19. Januar 2005 (GVBl. S. 16) in der Fassung vom 9. September 2010 (GVBl. S. 440). Online verfügbar unter (www.berlin.de/imperia/md/content/sen-bildung/rechtsvorschriften/grundschulverordnung.pdf?start&ts=1285241747&file=grundschulverordnung.pdf).

Soremski, Regina (2011): »Da gucken wir, dass wir an einem Strang ziehen«. Kooperation zwischen Familie und Ganztagsschule als Bildungs- und Erziehungspartnerschaft? In: Regina Soremski, Michael Urban und Andreas Lange (Hg.): Familie, Peers und Ganztagsschule. Weinheim und München: Juventa, S. 111–128.

Soremski, Regina (2011): »Ich hab für meine Freizeit so was von gar keine Zeit.« Zur Frage der Vereinbarkeit außerschulischer und schulischer Freizeit im Alltag von jugendlichen GanztagsschülerInnen. In: Regina Soremski, Michael Urban und Andreas Lange (Hg.): Familie, Peers und Ganztagsschule. Weinheim und München: Juventa, S. 205–217.

Soremski, Regina; Urban, Michael; Lange, Andreas (Hg.) (2011): Familie, Peers und Ganztagsschule. Weinheim und München: Juventa.

Speck, Karsten; Olk, Thomas; Böhm-Kasper, Oliver; Stolz, Heinz-Jürgen; Wiezorek, Christine (Hg.) (2011): Ganztagsschulische Kooperation und Professionsentwicklung. Weinheim und Basel: Beltz Juventa.

Speck, Karsten; Olk, Thomas; Böhm-Kasper, Oliver; Stolz, Heinz-Jürgen; Wiezorek, Christine (2011a): Multiprofessionelle Teams und sozialräumliche Vernetzung? Befunde zur Ganztagsschulentwicklung. In: Karsten Speck, Thomas Olk, Oliver Böhm-Kasper, Heinz-Jürgen Stolz und Christine Wiezorek (Hg.): Ganztagsschulische Kooperation und Professionsentwicklung. Weinheim und Basel: Beltz Juventa, S. 7–28.

Speck, Karsten; Olk, Thomas; Stimpel, Thomas (2011b): Professionelle Kooperation unterschiedlicher Berufskulturen an Ganztagsschulen – Zwischen Anspruch und Wirklichkeit. In: Karsten Speck, Thomas Olk, Oliver Böhm-Kasper, Heinz-Jürgen Stolz und Christine Wiezorek (Hg.): Ganztagsschulische Kooperation und Professionsentwicklung. Weinheim und Basel: Beltz Juventa, S. 69–84.

Standop, Jutta (2008): Grundschulen in ganztägiger Form. In: Thomas Coelen und Hans-Uwe Otto (Hg.): Grundbegriffe Ganztagsbildung. Das Handbuch. Wiesbaden: VS Verlag für Sozialwissenschaften, S. 527–537.

Standop, Jutta (2013): Hausaufgaben in der Schule. Theorie, Forschung, didaktische Konsequenzen. Bad Heilbrunn: Klinkhardt.

Steiner, Christine (2009): Mehr Chancengleichheit durch die Ganztagsschule? In: Ludwig Stecher, Cristina Allemann-Ghionda, Werner Helsper und Eckhard Klieme (Hg.): Ganztägige Bildung und Betreuung. Zeitschrift für Pädagogik 55. Jg., 54. Beiheft, S. 81–105.

Steiner, Christine (2011a): Teilnahme am Ganztagsbetrieb. Zeitliche Entwicklung und mögliche Selektionseffekte. In: Natalie Fischer, Heinz Günter Holtappels, Eckhard Klieme, Thomas Rauschenbach, Ludwig Stecher und Ivo Züchner (Hg.): Ganztagsschule: Entwicklung, Qualität, Wirkungen. Längsschnittliche Befunde der Studie zur Entwicklung von Ganztagsschulen (StEG). Weinheim und Basel: Juventa, S. 57–75.

Steiner, Christine (2011b): Ganztagsteilnahme und Klassenwiederholung. In: Natalie Fischer, Heinz Günter Holtappels, Eckhard Klieme, Thomas Rauschenbach, Ludwig Stecher und Ivo Züchner (Hg.): Ganztagsschule: Entwicklung, Qualität, Wirkungen. Weinheim: Juventa, S. 187–206.

Steiner, Christine/Fischer, Natalie (2011): Wer nutzt Ganztagsangebote und warum? In: Ludwig Stecher; Heinz-Hermann Krüger und Thomas Rauschenbach (Hg.): Ganztagsschule – Neue Schule? Eine Forschungsbilanz. Zeitschrift für Erziehungswissenschaft. Sonderheft 15, Wiesbaden: VS Verlag für Sozialwissenschaften, S. 185–203.

Stolz, Heinz-Jürgen (2011): Lokale Bildungslandschaften. Systemisch-pädagogische Perspektiven. In: Wolfgang Geiling, Daniela Sauer und Sibylle Rahm (Hg.): Kooperationsmodelle zwischen Sozialer Arbeit und Schule. Bad Heilbrunn: Klinkhardt, S. 44–55.

Stötzel, Janina; Wagener, Anna L. (2014): Historische Entwicklungen und Zielsetzungen von Ganztagsschulen in Deutschland. In: Thomas Coelen und Ludwig Stecher (Hg.): Die Ganztagsschule. Eine Einführung. Weinheim und Basel: Beltz Juventa, S. 49–64.

Tillmann, Katja; Rollett, Wolfram (2011): Multiprofessionelle Kooperation und Partizipation an Ganztagsschulen – Welche Auswirkung hat die strukturelle Einbindung des weiteren pädagogisch tätigen Personals auf die berufsgruppenübergreifende Zusammenarbeit? In: Karsten Speck, Thomas Olk, Oliver Böhm-Kasper, Heinz-Jürgen Stolz und Christine Wiezorek (Hrsg.): Ganztagsschulische Kooperation und Professionsentwicklung. Studien zu multiprofessionellen Teams und sozialräumlicher Vernetzung. Weinheim und München: Juventa, S. 29–47.

Tillmann, Klaus-Jürgen (2007): Ganztagsschule. Die richtige Antwort auf PISA? In: Katrin Höhmann, Heinz Günter Holtappels, Ilse Kamski und Thomas Schnetzer (Hg.): Entwicklung und Organisation von Ganztagsschulen. Anregungen, Konzepte, Praxisbeispiele. 3. Auflage. Dortmund: IFS, S. 45–58.

Tobsch, Verena (2013): Betreuung von Schulkindern. Ein weiterer Schlüssel zur Aktivierung ungenutzter Arbeitskräftepotenziale? SOEPpapers on Multidisciplinary Panel Data Research (573). Berlin: DIW.

Traub, Silke. Selbstgesteuert lernen im Projekt? Anspruch an Projektunterricht und dessen Bewertung aus Sicht von Lehrenden und Lernenden. Zeitschrift für Pädagogik 57 (2011) 1, S. 93–113.

Trautwein, Ulrich; Köller, Oliver; Baumert, Jürgen (2001): Lieber oft als viel: Hausaufgaben und die Entwicklung von Leistung und Interesse im Mathematik-Unterricht der 7. Jahrgangsstufe. In: Zeitschrift für Pädagogik 47 (5), S. 703–724.

Vogel, Peter (2008): Bildung, Lernen, Erziehung, Sozialisation. In: Thomas Coelen und Hans-Uwe Otto (Hg.): Grundbegriffe Ganztagsbildung. Das Handbuch. Wiesbaden: VS Verlag für Sozialwissenschaften, S. 118–127.

Wahler, Peter; Preiß, Christine; Schaub, Günther (2005): Ganztagsangebote an der Schule. Erfahrungen – Probleme – Perspektiven. München: DJI Verlag.

Weide, Doreen; Reh, Sabine (2010): Freizeit in der Schule ist doch gar keine *freie Zeit* – oder: Wie nehmen Kinder ihre Zeit in der Ganztagsschule wahr? In: Friederike Heinzel und Argyro Panagiotopoulou (Hg.): Qualitative Bildungsforschung im Elementar- und Primarbereich. Bedingungen und Kontexte kindlicher Lern- und Entwicklungsprozesse. Baltmannsweiler: Schneider Verlag Hohengehren, S. 259–275.

Weiss, Gerd; Lerche, Thomas (2008): Übung. In: Ewald Kiel (Hg.): Unterricht sehen, analysieren, gestalten. Bad Heilbrunn: Klinkhardt, S. 143–169.

Weiß, Marlene (2013): Grabenkampf um die Ganztagsschule. In: Süddeutsche Zeitung, 06.11.2013. Online verfügbar unter http://sz.de/1.1812159.

Wiater, Werner (2005): Unterrichtsprinzipien. 2. Aufl. Donauwörth: Auer.

Wild, Elke; Gerber, Judith (2007): Charakteristika und Determinanten der Hausaufgabenpraxis in Deutschland von der vierten zur siebten Klassenstufe. In: Zeitschrift für Erziehungswissenschaft 11 (3), S. 356–380.

Wissenschaftlicher Kooperationsverband (Hg.) (2010): Lernen und Fördern in der offenen Ganztagsschule. Vertiefungsstudie zum Primarbereich in Nordrhein-Westfalen. Weinheim und München: Juventa.

Wissinger, Jochen (2013): Schulleitungshandeln und Förderung der Professionalität unter Lehrpersonen. Eine Analyse institutioneller und struktureller Entwicklungsbedingungen. In: Manuela Keller-Schneider, Stefan Albisser und Jochen Wissinger (Hg.): Professionalität und Kooperation in Schulen. Bad Heilbrunn: Klinkhardt, S. 185–208.

Wyneken, Gustav (1919). Schule und Jugendkultur. Jena: Eugen Diederichs Verlag.

Wyneken, Gustav (1922): Wickersdorf. Lauenburg: Adolf Saal.

Zinnecker, Jürgen (2008): Schul- und Freizeitkultur der Schüler. In: Werner Helsper und Jeanette Böhme (Hg.): Handbuch der Schulforschung. Wiesbaden: VS Verlag für Sozialwissenschaften, S. 531–554.

Züchner, Ivo (2007): Ganztagsschule und die Freizeit von Kindern und Jugendlichen. In: Heinz Günter Holtappels, Eckhard Klieme, Thomas Rauschenbach und Ludwig Stecher (Hg.): Ganztagsschule in Deutschland: Ergebnisse der Ausgangserhebung der »Studie zur Entwicklung von Ganztagsschulen« (StEG). Weinheim und München: Juventa, S. 333–352.

Züchner, Ivo (2008): Ganztagsschule und Familie. In: Heinz Günter Holtappels, Eckhard Klieme, Thomas Rauschenbach und Ludwig Stecher (Hg.): Ganztagsschule in Deutschland. Ergebnisse der Ausgangserhebung der »Studie zur Entwicklung von Ganztagsschulen« (StEG). 2., korrigierte Auflage. Weinheim: Juventa, S. 314–332.

Züchner, Ivo; Arnoldt, Bettina (2012): Sport von Kindern und Jugendlichen in Ganztagschule und Sportverein. In: Schulpädagogik heute 3 (6), S. 1–14.

Züchner, Ivo; Fischer, Natalie (2011): Ganztagsschulentwicklung und Ganztagsschulforschung. Eine Einleitung. In: Natalie Fischer, Heinz Günter Holtappels, Eckhard Klieme, Thomas Rauschenbach, Ludwig Stecher und Ivo Züchner (Hg.): Ganztagsschule: Entwicklung, Qualität, Wirkungen. Längsschnittliche Befunde der Studie zur Entwicklung von Ganztagsschulen (StEG). Weinheim: Juventa, S. 9–17.

Züchner, Ivo; Fischer, Natalie (2014): Kompensatorische Wirkungen von Ganztagsschulen – Ist die Ganztagsschule ein Instrument zur Entkopplung des Zusammenhangs von sozialer Herkunft und Bildungserfolg? In: Zeitschrift für Erziehungswissenschaft. Sonderheft 24, S. 349–367.